世界哲學家叢書

胡　　　　宏

王　立　新　著

1996

東大圖書公司印行

國立中央圖書館出版品預行編目資料

胡宏／王立新著．--初版．--臺北市：
東大發行：三民總經銷，民85
　　　面；　　公分．--(世界哲學家
叢書)
參考書目：面
含索引
ISBN 957-19-1861-X (精裝)
ISBN 957-19-1862-8 (平裝)

1.(宋)胡宏—學術思想—哲學

125.296　　　　　　　　　　84013997

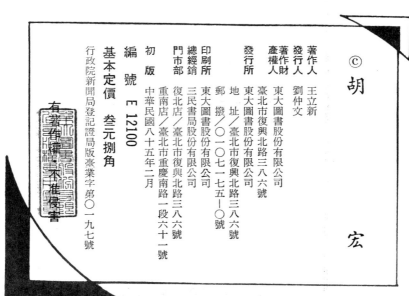

ⓒ 胡　宏

著　作　人　王立新
發　行　人　劉仲文
著作權財
產　權　人　東大圖書股份有限公司
發　行　所　東大圖書股份有限公司
　　　　　地址／臺北市復興北路三八六號
　　　　　郵撥／〇一〇七一七五一〇號
印　刷　所　東大圖書股份有限公司
總　經　銷　三民書局股份有限公司
門　市　部　復北店／臺北市復興北路三八六號
　　　　　重南店／臺北市重慶南路一段六十一號
初　　　版　中華民國八十五年二月

編　　　號　E 12100

基本定價　叁元捌角

行政院新聞局登記證局版臺業字第〇一九七號

有著作權不准侵害

ISBN 957-19-1862-8 (平裝)

「世界哲學家叢書」總序

　　本叢書的出版計畫原先出於三民書局董事長劉振強先生多年來的構想，曾先向政通提出，並希望我們兩人共同負責主編工作。一九八四年二月底，偉勳應邀訪問香港中文大學哲學系，三月中旬順道來臺，即與政通拜訪劉先生，在三民書局二樓辦公室商談有關叢書出版的初步計畫。我們十分贊同劉先生的構想，認為此套叢書（預計百冊以上）如能順利完成，當是學術文化出版事業的一大創舉與突破，也就當場答應劉先生的誠懇邀請，共同擔任叢書主編。兩人私下也為叢書的計畫討論多次，擬定了「撰稿細則」，以求各書可循的統一規格，尤其在內容上特別要求各書必須包括（1）原哲學思想家的生平；（2）時代背景與社會環境；（3）思想傳承與改造；（4）思想特徵及其獨創性；（5）歷史地位；（6）對後世的影響（包括歷代對他的評價），以及（7）思想的現代意義。

　　作為叢書主編，我們都了解到，以目前極有限的財源、人力與時間，要去完成多達三、四百冊的大規模而齊全的叢書，根本是不可能的事。光就人力一點來說，少數教授學者由於個人的某些困難（如筆債太多之類），不克參加；因此我們曾對較有餘力的簽約作者，暗示過繼續邀請他們多撰一兩本書的可能性。遺憾的是，此刻在政治上整個中國仍然處於「一分為二」的艱苦狀態，加上馬列教條的種種限制，我們不可能邀請大陸學者參與撰寫工作。不過到目前為止，我們已經獲得八十位以上海內外的學者精英全力支持，包

括臺灣、香港、新加坡、澳洲、美國、西德與加拿大七個地區；難
得的是，更包括了日本與大韓民國好多位名流學者加入叢書作者的
陣容，增加不少叢書的國際光彩。韓國的國際退溪學會也在定期月
刊《退溪學界消息》鄭重推薦叢書兩次，我們藉此機會表示謝意。

　　原則上，本叢書應該包括古今中外所有著名的哲學思想家，但
是除了財源問題之外也有人才不足的實際困難。就西方哲學來說，
一大半作者的專長與興趣都集中在現代哲學部門，反映著我們在近
代哲學的專門人才不太充足。再就東方哲學而言，印度哲學部門很
難找到適當的專家與作者；至於貫穿整個亞洲思想文化的佛教部門，
在中、韓兩國的佛教思想家方面雖有十位左右的作者參加，日本佛
教與印度佛教方面卻仍近乎空白。人才與作者最多的是在儒家思想
家這個部門，包括中、韓、日三國的儒學發展在內，最能令人滿意。
總之，我們尋找叢書作者所遭遇到的這些困難，對於我們有一學術
研究的重要啟示（或不如說是警號）：我們在印度思想、日本佛教
以及西方哲學方面至今仍無高度的研究成果，我們必須早日設法彌
補這些方面的人才缺失，以便提高我們的學術水平。相比之下，鄰
邦日本一百多年來已造就了東西方哲學幾乎每一部門的專家學者，
足資借鏡，有待我們迎頭趕上。

　　以儒、道、佛三家為主的中國哲學，可以說是傳統中國思想與
文化的本有根基，有待我們經過一番批判的繼承與創造的發展，重
新提高它在世界哲學應有的地位。為了解決此一時代課題，我們實
有必要重新比較中國哲學與（包括西方與日、韓、印等東方國家在
內的）外國哲學的優劣長短，從中設法開闢一條合乎未來中國所需
求的哲學理路。我們衷心盼望，本叢書將有助於讀者對此時代課題
的深切關注與反思，且有助於中外哲學之間更進一步的交流與會通。

　　最後，我們應該強調，中國目前雖仍處於「一分為二」的政治
局面，但是海峽兩岸的每一知識分子都應具有「文化中國」的共識
共認，為了祖國傳統思想與文化的繼往開來承擔一分責任，這也是
我們主編「世界哲學家叢書」的一大旨趣。

傅偉勳　韋政通

一九八六年五月四日

自　序

　　胡宏並不像二程、朱熹和象山那樣「耀眼」， 因此在理學的研究中，經常被忽略掉。這一方面可能是因為胡宏一生不仕，所以在當時的社會政治生活中並不顯赫。因此《宋史》甚至沒將胡宏列入道學傳中，道學傳中的胡宏，只是因其弟子張栻而被略提了一筆。而本傳中也是在其父胡安國之下約略提及。胡宏之在「官修」或類似官修的文獻中被提及，多半是因為他在紹興間的「上高宗封事」、「責高閌請幸太學講《易‧泰卦》一事，及〈與秦檜之書〉一事」等。若不是因為胡宏「干預」了當時的政治生活，恐很難見於史載了。《宋史》本傳所記，《建炎以來繫年要錄》所記、明陳邦瞻的《宋史紀事本末》、 以及清吳乘權的《綱鑑易知錄》中所記不過上述幾事。其它典籍也多半限於這些。另一方面可能是由於朱熹等對《知言》的疑義所致。《知言疑義》因朱熹在理學中「舉天下無不在下風」的特殊地位而判定了《知言》的「不軌」，從而使當時和後世的學者們不以《知言》為意。這一點幾乎導致了《知言》的失傳。這不能不說是思想史研究中的巨大遺憾。

　　但是，「禍兮福所倚」，胡宏在當時和後世的巨大影響，也得利於朱熹等的《知言疑義》。朱熹等傾力致疑《知言》，《知言》因此又備受重視。陳亮等（甚至包括朱熹和呂祖謙）之所以深受胡宏影響，大約也正是得力於《知言疑義》的「引見」。而對於胡宏的了解，同樣更多地得力於朱熹的致疑。《朱文公文集》、《朱子語類》等，

正是記載胡宏最多的典籍,這些均為後世研究者了解胡宏指引了「門徑」。而胡宏之所以能為後世研究者所「看重」,也正是因為《知言疑義》對胡宏的誤解。人們在批判程、朱理學的「激憤」情緒中,發現新大陸一般,看到了胡宏之作為理學「異端」的存在和價值。而這種所謂「發現」, 事實上比《知言疑義》更可疑。胡宏以一個面目幾乎全非的形象,作為自己所提倡的一貫思想的反對者的身份出現在研究者的著述中。這不能不說是思想史研究中的一個有趣的現象。胡宏與董仲舒的命運似乎剛好是兩極,董氏似在未被真正理解的前提下遭到了強烈批判,而胡宏則在被完全誤解的情況下得到了褒揚。

胡宏創立性本論,從時間和內容上看,可以說是理學發展史中的第二條基本路線,象山心學是第三條路線。胡宏對於「盡心成性」的強調,實於邏輯上(未必事實上)開啟了象山心學的新進路。而程朱的理本論也因性本論的出現而更加徹底了。這一點正是朱熹得利於胡宏處。朱熹在對胡宏的哲學批判中成長起來,使理本論更加純粹,集而大成了。

從朱熹對胡宏和象山的不同態度中,已經能夠看出胡宏的學術地位。朱熹疑胡宏有性無善惡之嫌,說他的「不可以善惡辨」的性有類同於告子的「湍水」之性的嫌疑,無非是想確保胡宏理學思想的「純潔性」。而對象山,則直呼為「告子」,顯然是將其當成了「異端」。對胡宏則敬畏而「致疑」, 對象山則蔑視而「鳴鼓」。 據此,理學研究重象山而輕胡宏就不是應該不應該的問題,而是是否合乎實際的問題了。

本書共分八章。

第一、二章主要介紹胡宏的生平、著述、時代與學術師承。第

三章介紹胡宏的經世政治思想。在這一章中，讀者可以看到，胡宏不僅是一位傑出的理學思想家，而且還是一位卓有建樹的政治理論家。第四、五、六、七章，介紹胡宏的理學思想。力圖恢復胡宏的本來面目，還胡宏以歷史的真實。第八章，介紹胡宏的教育思想，了解胡宏對教育的歷史性貢獻。

韋政通老師在1993年11月18日致作者的信中指出：

胡宏本人的材料並不算多，「但他的哲學思想牽連甚廣，要釐清他的傳承、凸顯他的創見，以及他對湖湘學統的影響，很需要一番大工夫。」

作者雖謹記教誨，極盡努力，但因才智所限，自不能盡如人願。

此書之出版，若能還胡宏及其思想的歷史本真於一、二，實已幸甚。誠望前輩與同仁不吝斧正，以校疏偏，倘能如此，更有何憾！

作者多蒙韋政通老師誨教，受益良多。且又多受前輩如牟宗三等著述之啟發，又蒙臺灣淡江大學李正治先生、北京大學陳來老師及邱建新、徐風林以至湖南湘潭友人劉定等先生在資料方面所提供的便利等。

作者在北大期間，臺灣《社會科學：中國文化》雜誌社長歐崇敬先生受韋政通老師之托前往詢晤，並與北京大學的王駿先生一同給作者以不少的關心。另如一些同事、同學、朋友、學生、家人等均給了作者不同方式的關懷與關注。

如果沒有這些，本書的完成是很難想像的，在此一併致以由衷的感謝！

王立新

1995年12月27日記於哈爾濱

胡　宏

目　次

第一章　胡宏的生平及其著述

　　胡宏（1105—1161），字仁仲，胡安國幼子。宋建寧府崇安（今福建崇安）人，南宋著名理學家，湖湘學派宗師和湖湘學統的開創者。自幼致力學習儒學，長從楊時、侯仲良學，一生無意仕途，謝絕為官。高宗建炎年間（1127—1130），因戰亂隨父兄避地荊門（今湖北當陽），旋至湖南湘潭，後長期寓居五峰（祝融、天柱、芙蓉、紫蓋、石廩）之下，授徒講論，研治理學，因此尊為「五峰先生」。

一、胡宏的生平

　　關於胡宏，向來研究並不多，但在其生卒的確切年代問題上，卻有許多不同說法。本書作者依據所能見到的材料，考辨權衡，認為胡宏生卒年當為（1105—1161）。❶

---

❶　關於胡宏的生卒年，主要有以下幾種說法：
　　第一，生於宋徽宗崇寧四年（1105），卒於高宗紹興二十五年（1155）。上海辭書出版社1979年版《辭海》主此說。
　　第二，生於宋徽宗崇寧五年（1106），卒於高宗紹興三十二年（1162）。臺灣鼎文書局版《宋人傳記資料・索引》主此說。
　　第三，生於徽宗崇寧元年（1102），卒於高宗紹興三十一年（1161）。姜亮夫《歷代人物年裏碑傳綜表》主此說。《崇正辯、斐然集》附錄一《胡寅年譜》亦主此說。
　　但據胡寅《斐然集》卷二十七〈祭弟婦唐氏〉，知宏婦唐氏卒於紹

2・胡 宏

（一）幼聞過庭之訓

胡宏於宋徽宗崇寧四年乙丑（1105），出生在優秀的士大夫家庭。其父胡安國，是程門私淑弟子，以善治《春秋》著稱於世。胡宏從小即接受良好的儒學教育。

胡宏的幼年和童年時期，正是胡安國在仕途和學術上的上升時期。就在胡宏出生的同一年，胡安國提舉湖南學事，並開始研治《春秋》。胡安國在胡宏的幼年和童年時期，給了胡宏嚴格的「過庭之訓」，為胡宏未來生身立世和研治儒學，打下了堅實的基礎。根據《胡氏傳家錄》中有過家庭教育言論的記載，可以看出胡氏久有良好的家教傳統。這一點使胡宏受益頗深。他在〈題司馬傳公帖〉中回憶稱：

> 愚晚生西南僻陋之邦，幼聞過庭之訓，至於弱冠。❷

這種「過庭之訓」，使胡宏從小即崇尚古聖先賢，立下了治學的弘願，計劃著開拓一條自己的人生和思想之路。不過此一條，表明胡宏的出生地點當在湖南。

胡安國本從程頤的兩個同道講友朱長文與靳裁之，私淑河南程氏學，但在胡宏出生前後，又結識程門高弟楊時，通過楊時又結識

興十七年，而宏於〈與秦檜之書〉中稱「而今年又喪婦」，知此書作於紹興十七年。又於書中稱「四十三年矣」，當知宏四十三歲，上推四十三年，正是徽宗崇寧四年（1105）。又朱熹跋五峰詩云「紹興庚辰」作詩譏諷劉共父，胡宏作詩「箴警之」，此是1160年，熹又云「明年胡子卒」，故胡宏卒於1161年。

❷ 《胡宏集》190頁。

侯仲良與游酢，以三人為講友，進一步問河南程氏學。旋經楊時介
紹，信識程門另一高弟謝良佐。胡安國在與程門諸高弟的交往中，
對程氏學有了更普遍、更真切地了解，從而更加堅定了對程氏兄弟
及其學問的推崇。高宗紹興七年（1137），「安國聞陳公輔請禁程頤
之學」，借張浚（張栻父，是南宋「中興名相」）推薦和高宗召見之
機，上疏極稱：「孔孟之道不傳久矣，自頤兄弟始發明之，然後知
可學而至。今使學者師孔孟而禁從頤學，是入室而不由戶也。」❸
疏中對周（敦頤）、張（橫渠）諸子，尤其是二程倍加稱譽。表現
了對河南程氏學的極度尊崇。胡安國的這種思想和心態，深刻地影
響了胡宏，使胡宏對二程之學更加傾慕不已。所謂弱冠而後，「有
游學四方，訪求歷世名公遺跡之志，不幸戎馬生於中原，此懷不得
伸久矣。」❹云云，所指除字面意義之外，更主要的是未能有更多的
機會向楊時等進一步學習程氏學問。這一點胡宏在其《程氏雅言》
的前、後序中有明確地表露。

　　胡宏天資極高，於十五歲時即自行編成《程氏雅言》，並自為
之序。且於同一年撰就《論語說》，這大約就是後來所撰《論語指
南》的最初藍本。胡宏在《程氏雅言》前後序中，對孔孟道統極盡
褒揚，而以荀子與揚雄為異端加以駁斥，並對王安石、蘇氏（軾與
轍兄弟）和歐陽修的儒學思想進行了剖析和批判。認為「王氏支
離」，「不得其全」；「歐氏淺於經」，「不得其精」；「蘇氏縱橫」，「不
得其雅」。惟程氏兄弟，「天實生之，當五百餘歲之數，稟真元之會，
紹孔孟之統，振六經之教。」❺胡宏自謂：「予小子恨生之晚，不得

---

❸　《宋史紀事本末・道學崇黜》。

❹　同前注❷。

❺　〈程氏雅言後序〉，《胡宏集》159頁。

供灑掃於先生之門。」❻表示了未能生逢其時，從而親躬受教於河南
程氏之門的由衷遺憾。為了彌補這一「損失」，胡宏「始集其遺言，
行思而坐誦，息養而瞬存，因其所言而得其所以言，因其所以言而
得其言之所不及者。」 並認為這樣就「與侍先生之坐而受先生之教
也，又何異焉！」❼ 了。

　　對於胡宏的早年「有成」， 胡安國興奮不已，但「懼其果於己
用」，遂授胡宏以所撰《通鑑舉要補遺》❽，使胡宏進一步接受歷史
教育。這一點使胡宏受益不淺，為其向後治史，尤其是編撰《皇王
大紀》奠定了良好的基礎。

（二）長游太學、輾轉遷徙

　　宣和七年乙巳（1125）， 胡宏隨父胡安國至京師，因得緣識楊
時，旋入太學，從楊時學，❾成為二程再傳弟子。胡宏在此一段時
間內，又與同學於楊時的張九成（子韶）過從較密，雙方在學術觀
點上可能互有影響。張九成是從謝良佐到陸象山過渡的關鍵性中介
人物，有明顯的心學傾向，所以朱熹說：「上蔡之說一轉而為張子韶，
子韶一轉而為陸子靜。」❿胡宏後來對「心」的極盡強調，可能多少
受了一些張子韶的啟發，而張九成的「理之至處亦不離人情，但人

---

❻　〈程氏雅言前序〉，《胡宏集》158頁。

❼　同前注 ❻。

❽　《嘉慶重修崇安縣志》卷第七《人物列傳》。

❾　胡宏〈與高抑崇書〉稱：「宣和之末，先君至京師，諸俊秀謁祭酒楊公
　　……」而前注 ❽ 文中有「長游太學，師事楊時、侯仲良。」概胡宏與
　　「先君至京師」「謁楊公」是「宣和之末」，而師事侯仲良是靖康元年
　　荊門避亂時事。

❿　《宋元學案・上蔡學案》。

捨人情求至理，此所以橫去甚遠。」❶❶等思想料亦是受了胡宏「於日用間察識本心」的影響。

　　胡宏從學楊時的時間並不長，從宣和之末到靖康元年十月，最多不足十個月的時間。胡安國於靖康元年十月受門下侍郎耿南仲和中書侍郎何𣁟等排擠，被除知通州（今江蘇南通市），胡宏遂隨父出京，不久又與父兄一同避地荊門。恰值程門另一高弟侯仲良也來此地避亂。胡安國〈與楊太諫書〉中有云：「侯某去春自荊門潰卒甲馬之中，脫身相就於漳水之濱，今已兩年，其安於羈苦，守節不移，固所未有。至於講論經術，則通貫不窮，商榷時事，則纖微皆察，因遣子宏從之游。」❶❷

　　其實同從侯仲良「游」的，還有胡宏次兄胡寧（茅堂），所以胡宏稱：「某兄弟從之游」。侯師聖「議論聖學，必以《中庸》為至。」❶❸而且存真識偽工夫尤深。「有張燾者，攜所藏明道先生《中庸解》以示之，師聖笑曰：『何傳之誤！』此呂與叔晚年之所為也。」❶❹

　　胡宏在《中庸》問題上，受侯師聖之益不淺，而且亦能辨偽，「後十年，⋯⋯大梁向沈又出所傳明道先生解，⋯⋯某反複究觀詞氣，大類橫渠《正蒙》書，而與叔乃橫渠門人之肖者，徵往日師聖之言，信以今日己之所見，此事與叔所著無可疑甚明，⋯⋯」❶❺

　　這一段時間，二帝「北狩」，金兵侵略，「皇興南渡」，戰亂頻

---

❶❶　《宋元學案・橫浦學案・橫浦心傳》。

❶❷　《宋元學案・劉李諸儒學案》。

❶❸　〈題呂與叔中庸解〉，《胡宏集》189頁。

❶❹　同前注❶❸。

❶❺　同前注❶❸。

仍，生民塗炭，宗廟社稷之憂，無時不至。高宗建炎四年庚戌（1130），
侯仲良預言戰亂將至荊門，勸胡氏父子從速離去，胡安國信從，胡
宏遂與父兄再度遷徙，輾轉至於湖南碧泉，時年胡宏26歲。

　　這是一次具有歷史意義的搬遷，從此，胡氏父子定居湖南，建
立書堂，講論授徒，傳播理學，從此形成了著名的「湖湘學派」（亦
稱「湖南一派」）。

　　胡安國本欲遷徙吳、越之地，中途「遇腹心之疾，不至而返。
徜徉游行，遂至湖南。」❶這時，安國弟子黎明「為卜室廬」於碧泉。
胡氏遂定居於此。《宋元學案・五夷學案・五夷門人》稱：「黎明字
才翁，長沙人也。以孝友信義著稱。師事胡文定公。建炎之亂，文
定避地荊門，先生為卜室廬，具器幣，往迎之。胡氏之居南岳，實
昉於此。……而湖湘學派之盛，先生最有功焉。去今六百歲，其能
舉其姓氏者……」。

　　黎明確有不泯之功，所卜碧泉之地，僻靜幽美，極宜修性澄心，
因此備受胡氏父子所愛。胡安國「橫涉清流，顧而嘆曰：『此非滄
浪之水乎？何其清之甚也！源可尋而濯我纓乎？』」胡安國因此而「徘
徊不能去……乃求得其地」❶。

　　胡安國是此後八年過世的，此八年中，胡安國「休於衡山，買
山結廬，名曰書堂」❶，教授生徒，傳播理學並傾全力撰修和改定
自己的《春秋傳》。胡安國「自少留心此經」❶並於紹興四年（1134）
將胡氏《春秋傳》初步撰成。其實胡安國治《春秋》早已著名，紹

---

❶　〈有本亭記〉，《胡宏集》153頁。

❶　同前注 ❶ 153、154頁。

❶　胡寅《斐然集》卷二十五〈先公行狀〉。

❶　同前注 ❶ 。

興元年胡安國任中書舍人兼侍講，高宗就曾對他說：「聞卿深於春秋，方欲講論」，「遂以《左氏傳》付安國點句正音」。而胡安國卻以為《左氏傳》繁碎不經，於是受高宗口諭講《春秋》，高宗稱譽說：「他人通經，豈胡安國比！」❷⓿

紹興五年，高宗又令胡安國進一步完善所撰《春秋傳》，翌年十二月，傾注了胡安國畢生心血的《春秋傳》最後完成。高宗讀後，謂「深得聖人之旨」。紹興八年四月，胡安國病卒，享年六十五歲。

胡安國「彊學力行，以聖人為標的，志在康濟時艱。見中原淪沒，遺黎塗炭，常若痛切於其身。雖數以罪去，其愛君憂國之心，遠而彌篤，每有君命，即置家事不問。然風度凝遠，蕭然裏表，視天下萬物無一足以嬰其心。……渡江以來，儒者進退合義，以安國、尹焞為稱首。侯仲良言必稱二程先生，他無所許可，後見安國，嘆曰：『吾以為志在天下，視不義富貴真如浮雲者，二程先生而已，不意復有斯人也。』……良佐嘗語人（指朱震）曰：『胡康侯如大冬嚴雪，百草萎死，而松柏挺然獨秀者也。』」❷❶

胡安國不僅人格偉岸，而且學術謹嚴，成就很高，所撰《春秋傳》為宋以後科舉考試的標準答案。胡安國更於理學的傳播上，做出了重要貢獻。全祖望在《宋元學案・五夷學案》的開篇即稱：「私淑洛學而大成者，胡文定公其人也。……南渡昌明洛學之功，文定幾俟於龜山，蓋晦翁、南軒、東萊，皆其傳也。」❷❷

---

❷⓿　《宋史・胡安國傳》。

❷❶　同前注 ❷⓿ 。

❷❷　「三賢」之中，張栻為胡宏親傳，朱、呂則曾受業安國從子胡憲（籍溪），朱熹從學胡憲時間較長，並頗受益於胡宏《知言》。從這個意義上講，「三賢」皆文定再傳。

「晦翁」即朱熹，南軒為張栻，東萊是呂祖謙。三人並稱「東南三賢」。

胡安國膝下三子：曰寅（致堂本安國從子，養而為己子）、胡寧（茅堂）、胡宏（五峰）。從學者另如從子胡憲，以及曾幾、胡銓等。

胡安國無論在人格方面，還是在學術思想方面，都給了胡宏以深刻地影響。胡安國因疾勞而病辭於世，使胡宏受到沉重打擊，胡宏因此而悲痛不已。但胡宏畢竟不是一般意義上的孝子賢孫，他將因慈父過世而產生的悲哀，迅即化成了治學的内動力。

胡宏以「相父志」❷為至孝，欲追思父親遺願，沿著胡安國開創的學術思想道路走下去，故稱：「仰望先君子，智之不及至遠也。然守遺體，奉遺訓，期確然自守，不敢與世俗同波，故作亭源上，名曰『有本』。表著其所願學，以無忘先君子平生之言，比於盤盂之銘，幾杖之戒，庶幾我先君子之志不殞於地，亦若是泉之流衍，亙萬古而不窮也。」❷

從此，胡宏開始了真正獨立的治學生涯。

（三）優游於衡山之下

胡安國在世時，胡氏一家的經濟生活就不很寬裕，及其歿，胡宏又終身不仕，收入日蹙，家境更苦。胡宏不得不躬耕鋤作，每日為艱苦的體力勞動和艱難的家庭生活所困擾。沉重的生活負擔，常使胡宏艱於呼吸，以至形容枯槁，未老先衰了。

所謂「先人即世，忽已十載。惟是，布衣藜杖，尋壑經丘，勸

---

❷　胡安國在卜定碧泉之居時曾說：「吾老矣，二、三子其相吾志」。見前注 ⑯。

❷　同前注 ⑯。

課農桑，以供衣食；不如是，則啼飢號寒，且無以供粢盛，奉祭祀，將飄零滲淡，無以成其志矣。積憂思與勤苦，而齒落髮白，夙興冠櫛，引鏡自窺，顏色枯槁，形容憔悴，身之窮困，如此足矣。」❷⁵正是指這段時間的艱苦生活遭遇。但這一點並沒能使胡宏消沉下去，而是使他經受了考驗，磨練了意志，使其信念更加堅定，人格愈臻完美了。

在「優游衡山之下」的這段時間中，胡宏時刻關心國家形勢變化，關懷民眾疾苦，關注民族命運與前途，表現了一個優秀士大夫「進亦憂，退亦憂」的高尚情懷。

紹興九年，胡宏上書高宗皇帝，指出：「今海內大亂，二聖播越，⋯⋯蕞爾女真，深入諸華，劫遷天子，震驚陵廟，污辱王家，害虐蒸民，此萬世不磨之辱，臣子必報之仇，子孫所以寢苫枕戈，弗與共天下者也。其宜為仇，孰與紂？而陛下顧慮畏懼，忘之不敢以為仇。」❷⁶胡宏指斥高宗皇帝安於江左之樂，對其忘卻祖宗深恥、華夏大辱表示了強烈不滿，並針對高宗的妥協求和指出：「夫金人何愛於我？其疑我謀我之心焉有限制！土我土，人我人，然後彼得安枕而臥也。苟順其欲而不吝，名號、土地、人民、財貨以委之，正是以肉投虎，肉不盡，其博噬不已。」❷⁷胡宏沉痛地指出：「夫以臣之疎賤，念此痛心，當食則噎，未嘗不投著而起，思欲有為，況陛下當其任乎！」❷⁸胡宏在〈上光堯皇帝書〉的最後，語重心長地懇諫高宗指出：「陛下幸聽臣言，反求諸心，神而明之，施於有政，

---

❷⁵　〈與秦檜之書〉，《胡宏集》104頁。

❷⁶　〈上光堯皇帝書〉，《胡宏集》85—86頁。

❷⁷　同前注 ❷⁶ 85頁。

❷⁸　同前注 ❷⁷ 。

滅仇讐，誅叛逆，恢復中原，仁覆天下，乃其功也。惟陛下加聖心焉，勿使臣徒為此空言而已也。實宗社幸甚！」❷❾

胡宏不僅表現了高潔的民族氣節、憂君憂國憂民的摯誠情懷，而且對柄臣媚敵誤國和阿諛柄臣者表示了極大的憤慨並予以了不留情面的揭露和批判。

紹興十四年，楊時弟子高閌為國子司業，國學大成殿建成，高閌請高宗幸太學，於是「帝幸太學，秦熺（秦檜從子收養以為繼）執經，閌講《易·泰卦》，賜三品服」❸❶。高閌作表請高宗，表中附秦檜等議和，以太母（徽宗后）被放歸為福，並以當時為太平。胡宏見表後，立即作書嚴責道：

宣和之末，先君至京師，諸俊秀謁祭酒楊公（楊時），　公首以閣下為稱。……及見請幸太學之表，某心惕然，不意閣下有斯請而有斯言也。自中原失守，鑾輿南渡，行幸之無定所。……及今柄臣擅國，違天逆理，專事阿黨，利惑君心，阻塞義理之路，而汲引庸佞，戕伐國本，以奉事仇敵，襲舊京敗亡之道。……閣下既受其知遇，何不懇懇為之言乎？言之或聽，天下國家實幸也。　❸❶

胡宏進一步指斥道：「太母，天下之母，其縱釋乃惟金人之命，此中華之所大辱，臣子所不忍言者也。而柄臣乃敢欺天罔人，以大辱為大恩乎？……今閣下目覩忘仇滅理，北面向敵，以苟晏安之事，猶偃然為天下師儒之首。既不能建大倫，明天人之理，以正君心，乃阿諛柄臣，希合風旨，求舉太平之典，又為之詞云云，欺天罔人孰甚焉！是黨其惡也。人皆謂閣下平生志行掃地盡矣。」❸❷

❷❾　同前注 ❷❻ 103頁。

❸❶　《宋史·高閌傳》。

❸❶　〈與高抑崇書〉，《胡宏集》112—113頁。

　　紹興十六年，胡宏不幸喪子，翌年其妻唐氏又亡。唐氏是一位賢良之婦，辛苦操持，以幫助胡宏，正如胡寅所記，「來賓胡門，逮事遵章，祗肅晨昏。燕及弟姒，情同友昆。相其夫君，克有諸孫。室家令儀，外無間言。歷時多艱，翼翼辛勤。」❸❸

　　妻之子喪，給胡宏以致命的精神打擊，但胡宏並沒有沉淪下去，依然堅定地精究義理，護持精神操守，不堪權奸之命。

　　早在紹興十二年，秦檜曾致書胡寅，欲使胡寅改變主張，重新出仕，「併及二弟」，遭到胡寅的拒絕。❸❹

　　胡宏亦於紹興十七年致書秦檜，表示了寧可忍飢受寒，而視不義富貴如浮雲的高貴氣節：

　　稽諸數千年間，士大夫顛冥於富貴，醉生而夢死者，無世無之，何啻百億。雖當世足以快胸臆、耀妻子，曾不旋踵而身名俱滅。某志學以來，所不願也。至於杰然自立志氣，充塞乎天地，臨大節而不可奪，有道德足以贊時，有事業足以拔亂，進退自得，風不能靡，波不能流，身雖死矣，而凜凜然長有生氣如在人間者，是真可謂大丈夫矣。❸❺

　　秦檜本與胡安國有故交，「始，安國頗重秦檜之大節（指秦檜反對張邦昌僭號一事）」❸❻。後來秦檜擅國求和，結黨營私，利惑君心，胡寅遂與絕交並棄官歸家，直至秦檜死後，始復出為官。

　　黃百家稱：「文定因遊廣平之薦，誤交秦檜，失知人之明。想

----

❸❷　同前注 ❸❶ 113頁。

❸❸　〈祭弟婦唐氏〉，《斐然集》卷二十七。

❸❹　〈寄秦丞相書〉，同前注 ❸❸ 卷十七。

❸❺　同前注 ❷❺ 。

❸❻　同前注 ❷❶ 。

先生（指胡宏）兄弟竊所痛心，故顯與秦絕，所以致堂有新州之徙。先生初以陰補右承務郎，避檜不出。至檜死，被召，以疾卒。嗚呼！此真孝子慈孫，克蓋前人之衍者也，其志昭然，千古存見焉！」 ❸❼

朱熹亦稱：「秦檜當國，卻留意故家子弟，往往被他牢寵出去，多墜家聲。獨明仲（胡寅字明仲）兄弟卻有樹立，終不歸附。」 ❸❽

更有「宏能蕭然自遠，蟬蛻於權力之外。其書（指〈與秦檜之書〉）辭婉而意嚴，視其師楊時委屈以就蔡京者，可謂青出於藍而冰寒於水矣」 ❸❾的評價。

對此，胡宏是當之無愧的。

胡宏還在〈與秦檜之書〉中，提出了恢復岳麓書院的主張，並稱：「以某有繼述先人之志，特命為山長，……於以表朝廷崇儒廣教之美。」

胡宏本有經世之志，亦通經世之學，但卻不願墮身官場，顛冥於富貴之間，惟願在治學和育人之中，有意義地度過一生，以保持自己「大丈夫」的不屈人格。

孔子嘗謂：「邦有道則仕，邦無道則卷而懷之」 ❹❶胡宏咒責高閌，說他「既不能建大倫，明天人之理」，就應當如晉朝董養一樣，「遠引而去」，脫離「厚黑」官場，以保持清白的人格。胡宏之隱居衡山五峰之下，也正是為了這一點。但是，胡宏之隱，與道家的不為世事所羈之隱，以及佛徒的厭棄世事的出家，是在本質上完全不同的。胡宏身在衡山之下，心存社稷之間，無時不以君上、國家

❸❼　《宋元學案・五峰學案》。

❸❽　同前注 ❸❼ 。

❸❾　《四庫全書總目提要・集部別集類》。

❹❶　《論語・衛靈公》。

社稷、民族命運和人民疾苦為念。前引〈上光堯皇帝書〉、〈與高抑崇書〉和〈與秦檜之書〉以及此間所作的書、札等均能表明這一點。但胡宏在此一段時間之內，尚能表現出恬然娛於山水之間的品格，卻不是源於「心遠地自偏」的超脫心態，而是因為他已達到了「天人合一」的人生境界。

　　胡宏於此間作了很多詩章，這些詩章正是這種人生境界的自我表露。

　　　　西風吹我對秋光，要攬銀河萬里長。
　　　　洗盡人間煩惱障，大家無事得清涼。❹

　　　　靈源一派似河傾，隱映長天萬古情。
　　　　林影淡搖秋月冷，澗翻先凝玉壺清。
　　　　舊栽沿岸柳陰合，新種數株梅子成。
　　　　誰引人來問消息，只緣山外有流聲。❹

　　　　春色初收夏氣清，路分松檜入崢嶸。
　　　　深盤岣嶁千峰下，遠抱瀟湘一線明。
　　　　大眾總迷身在處，三關除卻道方平。
　　　　山林若是有情住，何異紅塵爭利名。❹

　　　　瀟湘煙霧隱千重，風月磯綸在在同。

---

❹　〈和僧二首〉之一，《胡宏集》75頁。

❹　〈和朝叔夏碧泉〉，《胡宏集》61頁。

❹　〈題法輪寺〉，《胡宏集》61頁。

　　笑傲飛帆名利客，扣舷都入暝歌中。

　　小舟游漾占江天，家在蘆花一縷煙。

　　最是好風明月夜，棹謳相應亦忘筌。❹❹

　　應當說，胡宏的這些詩章是有相當藝術價值的，但這些「胸中無滯是神仙，行止由來各有天。」❹❺的詩章，卻並不是立意於超絕塵寰，因此也就不是純粹自然主義的審美人生，而是具有濃烈倫理主義色彩的憂患人生。這一點在同一時期的其它詩章中表現更為明顯：

　　孝悌須知是本根，萬般功行且休論。

　　聖門事業無多子，守此心為第一門。❹❻

　　忙中不忘識本心，一點靈光自在明。

　　只在靜中緣底事，恐遭顛沛不貟成。❹❼

　　湘上初識故鄉人，萬事不論惟論心。

　　要識此心真面目，不知君意向沉吟。❹❽

　　此心妙無方，比道大無配。

　　妙處果在我，不用襲前輩。

　　得之媚睫間，直與天地對。

---

❹❹　〈漁子〉，《胡宏集》71頁。

❹❺　〈吳承遠譏登山〉，《胡宏集》64頁。

❹❻　〈贈人〉，《胡宏集》72頁。

❹❼　〈次劉子駒韻〉，《胡宏集》72頁。

❹❽　〈絕句二首〉之一，《胡宏集》72頁。

混然員且成，萬古不破碎。❹

　　誠實地講，這些詩章就很難說有多大的藝術價值，作這些詩的目的，並不在於形式上的對仗工整與否與韻律的鏗鏘抑或柔美。換句話說並不是為了寫詩而寫詩，而是用以實現道德教化的功能。這些「言志詩」和「載道文」是胡宏察識良心苗裔和從而盡心成性的道德修養理論的簡化形式。更有甚者，胡宏將詩歌形式當成了排除異端的武器和手段。〈和馬大夫闢佛五首〉詩云：

　　　　真諦休談欲度人，度人先自正其身。
　　　　天倫棄擲如蕭梗，反以他親作己親。（一）
　　　　諸子隨流本既分，西天更有一般僧。
　　　　高談性命稱仁者，支遁悠悠莫可憑。（二）
　　　　三綱亡有辨夷華，一處分明萬不差。
　　　　可怪棄君逃父客，妄談心印自雄誇。（三）
　　　　天開學海在明倫，中有妙處誰能臻。
　　　　風波浩渺不得度，傾向浮屠去問津。（四）
　　　　貪真不去只空談，近代禪林盛此風。
　　　　憂世最憐秦地老，指迷端有洽中公。（五）❺

　　這簡直就是一篇討佛檄文。文中列舉佛性本空，人倫被棄，無君無父，空談涅槃佛理而不著人生邊際等罪狀，並盛稱儒學以明倫為要，其中妙處絕非佛道所能臻至。胡宏並於〈送璉老〉詩中極稱：

<hr/>

❹　〈示二子〉，《胡宏集》68頁。

❺　《胡宏集》76頁。

「焚香再拜願聖主，一統三教清乾坤」❺。仿佛要重新掀起一場滅佛運動一般。

　　史家陳寅恪嘗謂詩能證史，並經常使用以詩證史和以史證詩的方式進行歷史研究。其實詩不僅能夠證史，還能證詩人的思想發展史，而且尤其能證詩中所蘊涵的歷史狀況下的詩人的現實思想。胡宏的詩章即是「個案」之一。張栻所謂「優游南山之下餘二十年」云云❺，其實並不表明胡宏於此一段時間之內生活悠閑，心無所繫。胡宏所以能如此，完全因為他超脫了個人功利。所謂「消磨利欲十分盡，免得臨機剖判難」❺正是這種「無我」境界的自我表白。但是胡宏並未置社稷與民眾的「利欲」而不顧，如他自己所聲稱的那樣：

　　　一身之利，無謀也，而利天下者則謀之；一時之利，無謀也，而利萬世者則謀之。……《易》曰：「不家食，吉。」是命焉，焉能舍我靈龜而逐人之昏昏乎也？❺

　　胡宏認為：

　　　「『窮則獨善其身，達則兼善天下』者，大賢之分也；『達則兼善天下，窮則兼善萬世』者，聖人之分也。」❺

---

❺　《胡宏集》57頁。

❺　《南軒文集・胡子知言序》。

❺　〈寵辱〉，《胡宏集》70頁。

❺　《知言・紛華》，《胡宏集》24頁。

❺　同前注❺ 26頁。

　　胡宏以聖人自任，他不僅以「窮則兼善萬世」的信念和標準感動著和營造著自己，並且教書育人，培養了一大批理學家和傳播理學的志士。他力誡自己與弟子們：「人但恐立志不堅確，樹立不終久。……若志意堅定，樹立日豐厚久長，則所居即為聖地也。」❺
胡宏進而疾聲壯呼：

　　　　道學衰微，風教大頹，吾徒當以死自擔，力相規戒，庶幾有
　　　　立於聖門，不淪胥於污世也。❺

　　胡宏從父親胡安國過世，直至自己作古，共歷二十餘年的時間。二十餘年間，胡宏「優游南山之下……玩心神明，不舍晝夜，力行所知，親切至到。析太極之精微，窮皇王制作之端，綜事理於一原，貫古今於一息，指人欲之偏，以見天理之全，即形而下者而發無聲無臭之妙。使學者驗端倪之不遠，而造高深之無極。」創立了「體用該貫，可舉而行」❺的理學思想體系，達到了極高的學術境界，受到了後世極高的評價。全祖望稱：「紹興諸儒所造，莫出五峰之上。其所作《知言》，東萊以為過於《正蒙》，卒開湖湘之學統。今豫章以晦翁故祀澤宮，而五峰缺焉，非公論也。」❺

　　胡宏不僅自己達到了極高的思想和人生境界，所傳弟子中，亦不乏超拔者。其中如張栻、彪居正、吳翌、胡廣仲、胡伯逢等，均

----

❺　〈與譚子立書〉，《胡宏集》147頁。
❺　同前注 ❺ 。
❺　同前注 ❺ 。
❺　同前注 ❸ 。關於胡宏更多的評價，請參見本章《著述》部分。

是當時名儒，朱熹稱之為「湖南諸公」。 彪居正在湘中影響很大，當時有「彪夫子」之稱。胡宏弟子中，尤以張栻為著，與朱熹、呂祖謙齊名，並稱「東南三賢」。

張栻字敬夫，又字欽夫，號南軒，亦字樂齋，學者稱南軒先生，是南宋中興名相張浚子。漢州綿竹（今四川綿竹縣）人，自幼聰穎過人，十五歲左右，即已是一位飽學少年。張栻於紹興三十一年(1161)，奉父命往衡山拜謁胡宏。起初，「欽夫累求見五峰不得，其解其故，因托先生（指孫蒙正）微扣之，五峰笑曰：『渠家學佛』。先生以告，欽夫涕泣求見，遂得湖湘之傳。欽夫嘗嘆曰：『栻若非正孺（孫蒙正字正孺，亦胡宏弟子），幾乎迷路。』」 ⑥⓪

張栻因孫蒙正之「微扣」，得識胡宏。「五峰一見，知其大器，即以所聞孔門論仁親切之旨告之。公退而思，若有得也，以書質焉而先生（指胡宏）報之曰：『聖門有人，吾道幸甚。』公益自奮力，以古聖賢自期，作《希顏錄》一篇，早夜觀省，以求警策。所造深遠矣，……」 ⑥①

張南軒確實造詣極高，黃宗羲稱：「朱子平生相切磋得力者，東萊、象山、南軒數人而已，東萊則言其雜，象山則言其禪，惟於南軒，為所佩服。」又稱：「南軒受教五峰之日淺，然自一聞五峰之說，即默體實踐，孜孜勿釋；又其天資聰敏，其所見解，初不歷階級而得之。五峰之門，得南軒而有耀。」全祖望亦稱：「南軒似明道，晦翁似伊川。向使南軒得其永年，所造更不知如何也。」 ⑥②

張栻正式拜胡宏為師，行弟子禮於文定書堂後不久，胡宏便因

⑥⓪　《宋元學案·元城學案》。

⑥①　朱熹語，見《宋元學案·南軒學案》。

⑥②　前引梨州與謝山語錄均同前注 ⑥① 。

治學之勞和生活之苦而一病作古。在此之前的紹興二十五年，在張浚、陳同武、汪應辰、淩九夏等的極力推薦下，高宗始詔命起用胡宏。時秦檜剛剛死去。但胡宏卻因病推辭了詔命，並於六年之後病逝於衡山之下，享年57歲。身後被追贈為正郎，謚曰明。

「自胡安國以《春秋》傳家，諸子皆潛心勵志，負志節，恢廓深遠，建崇論宏議，以消庸靡之習。是有得於《春秋》之旨者也。宏在諸子中偉抱卓識，自許尤為不偶。較其學術，亦最優也。」❻❸

這種評價，應當說是客觀而公正的。

胡宏病重期間，從弟胡實（廣仲）「以詩來督作文」，胡宏答以〈絕句五首〉，告其勿作「文人狂客所為」。其一云：

　　我病死無日，經書更窮年。
　　少年宜若勵，詩酒勿流連。❻❹

並希望廣仲「於經史內，嚴自作工程」， 從而繼承胡安國所開創的「真儒門風」，使之發揚光大。

胡宏病篤之時，弟子彪居正前來探視，「且求教焉」。胡宏告之以「聖門工夫要處，只在個敬字。」❻❺

這是理學家最後的聲音！

「花開千種麗，葉下一般黃」， 一代鴻儒溘然長逝。哲學家之逝雖在「中壽」之時，但其所開「湖湘學統」， 連同他博大精深的思想，在南宋及以後的中國歷史進程中，均產生了深遠的影響，而

---

❻❸　《歷代名儒傳》卷五。

❻❹　〈絕句五首〉，《胡宏集》81頁。

❻❺　同前注 ❸❼ 。

其人格的偉力，則為後世中國士人樹立了不朽的豐碑，銘刻汗青，
永垂竹帛了。

　　胡宏身後，朱子強盛，加之南軒未得真傳，湖湘無另外大家弟
子，胡宏連同所著《知言》，幾乎淹沒於世。研究宋代理學思想者，
很少注意胡宏，即使有限的涉獵，也多半一帶而過，且更多地是出
於對胡宏的誤解。惟牟宗三「獨具只眼，指出五峰思想自成一體
系。」❻❻認定胡宏是南宋眾多理學家和理學派別中，真正繼承孔孟道
統、得理學真傳而又開拓出一條新路的思想家。❻❼

　　誠然，對於胡宏的思想貢獻和學術地位，還有待於在進一步的
研究和檢討中不斷論證，但整理並繼承這一份寶貴的思想遺產，汲
取其思想中有開創性和於拯救現代人有益處的東西，乃是必須而應
當的。這是我們的事業，也是我們的責任。

二、胡宏的著述

　　胡宏的著作，主要有《知言》、《五峰集》、《皇王大紀》和《敘
古蒙求》等。

（一）《知言》

　　《知言》是一部綜合性的哲學著作。記載了胡宏的理學思想、

---

❻❻　劉述先語，見〈宋明儒學之特質及其現代意義〉，文載《中國文化論文
　　集》第七集41頁。臺灣幼獅文化事業公司出版。
❻❼　參見牟宗三《心體與性體》第一冊第一部《綜論》及第二冊第三章《胡
　　五峰之知言》。臺灣正中書局民國七十五年十月初版八十二年二月第九
　　次印行。

論學方面的言論等，同時也包含有胡宏的經世政治思想和教育思想等。

孔子曾說：「不知命，無以為君子也。不知禮，無以立也。不知言，無以知人也。」⑱

所謂「知命」，就是知「天命」和「天之所命」，也就是知性。所謂「立」，就是順性循理而成「仁」，「仁」者，「人」也。孔子由重「知命」，進而亦重「知言」，因為「知言」是「知人」的前提。「知人」而後，捨短取長，從而「非禮勿視、聽、言、動」，進而順性而行，以至於命。因此才有「不患人之不己知，患不知人也。」⑲「知人」既如此重要，「知言」作為「知人」的前提就顯得尤為重要。

孟子解釋孔子的「知言」說：「何為知言？曰：詖辭知其所蔽，淫辭知其所陷，邪辭知其所離，遁辭知其所窮。」⑳認為可以通過詖（不正）、淫（過份）、邪（狡詐）、遁（回避）等言詞的考察，實現對於發言者的蔽（被誤）、陷（陷溺）、離（不忠）、窮（失職）等的認識和把握。

《易·繫辭》更謂：「將叛者，其辭慚；中心疑者，其辭枝；吉人之言寡，躁人之言多。誣善之人其辭游。失其守者，其辭屈。」

如上所引，乃知《知言》之稱謂的由來。但胡宏以所著為《知言》並不為是了認識個體人的德行和智能，而在於通於「知言」可以識得普遍的人性。另外排斥異端邪說，亦是其主要的核心用意之一。正如真德秀所指出的那樣：「孟子以知詖、淫、邪、遁為知言，

---

⑱　《論語·堯曰》。

⑲　《論語·學而》。

⑳　《孟子·公孫丑上》。

胡子之書以是名者，所以辨異端之言與吾聖人異也。楊墨之害不息，孔子之道不著，故《知言》一書於諸子百家之邪說，辭而辟之，極其詳焉。蓋以繼孟子也。學者誠能深味其指，則於吾道之正且大，異端之偏而小，若辨白黑，若數一二矣。」❼

其實胡宏所辭而辟之的，不僅是楊（朱）、墨（翟），還有劉（歆）、馬（司馬遷），揚（雄）、荀（況），也包括當時的「世儒」，更有釋、道。

胡宏欲通過對異端邪說的「辭辟」和「世儒」偏頗的糾正，實現對「聖學」真諦的把握，從而拯道學於既衰，扶大廈之將傾，將孔孟道統不偏不倚地承繼下來，弘揚開去，進而為儒者安身立命提供真實可靠的依據。關於這一點，張栻亦有明示：

> 學者誠能用其言而精察於視、聽、言、動之間，卓然知夫心之所以為妙，則性命之理蓋可默識。而先生之意所以不異於古人者，亦可得而言矣。若乃不得其意而徒誦其言，不知求仁而坐談性命，則幾何其不流於異端之歸乎？❼❷

胡宏欲「以死自擔」「道學衰微」的實質，也正在這裏。

《知言》是胡宏在衡山五峰之下治學所悟和講學的隨筆、箚記、言論及論學等的匯編。他在講學過程中不斷修改訂正，直至晚年病重時，猶且有所改動和更定。大約還沒有完全無疏漏，胡宏即已辭世作古。因此，呂祖謙在〈與朱侍講書〉中所謂「十年前初得五峰《知言》，見其間滲漏張皇處多」❼❸，概非妄言。這一點大約也影響

❼　〈跋胡子知言稿〉，《西山真文忠公文集》卷二十四。

❼❷　同前註 ❺❷。

了《知言》的傳播，使許多不識真相的學者，如「十年前」的呂祖
謙一樣，「遂不細看」。

《知言》的最早成書，可能是經過胡廣仲、胡伯逢等弟子，尤
其是宏子大時稍事整理，張栻大約也參與了整理。張栻作序之後，
始流行於世。朱熹和呂祖謙可能都是通過張栻得到的《知言》。

《知言》作為胡宏身後湖湘學者們的標準教科書，為湖湘學者
所推崇。後世理學家及學者們也都給予了相當高的評價。

張栻稱《知言》曰：「其言約，其義精，誠道學之樞要，治制
之蓍龜。」❼❹

朱熹雖為《知言》設了「八端致疑」，但也不得不稱「知言之
書，用意深遠，析理精微」❼❺，謂其「思索精到處，何可及也。」❼❻

呂祖謙雖云「十年前初得五峰《知言》，見其滲漏張皇處多，
遂不細看。」但「十年後」「翻閱」卻發現自己原來「所知終是短底，
向來見其短而忽其長，正是識其小者。」並進而確認「《知言》過於
《正蒙》。」❼❼ 評價之高，推崇之至，幾至無以復加。

陳龍川則「得其文觀之，見其辨析精微，力扶正道，惓惓斯世
如有隱憂，……而出處之義終不苟……」❼❽

真德秀以為通過《知言》，可以辨斥異端，識聖學之真。❼❾

魏了翁也說《知言》中多有「廣大而精微處」，並稱《知言》

❼❸　同前注 ❸❼。
❼❹　同前注 ❺❷。
❼❺　〈答胡伯逢書〉，《朱文公文集》卷四十六。
❼❻　同前注 ❸❼。
❼❼　同前注 ❸❼。
❼❽　〈胡仁仲遺文序〉，《陳亮集》卷十四。
❼❾　參見前注 ❼❶。

揭穿了先儒如劉歆與鄭玄等在《周禮》中的篡謬。❽

元許有壬認為「《知言》一書」，「性命道德之微無不貫。」❽

明程敏政費了三十餘年苦苦尋覓，得《知言》孤本，重予刊刻，並將《知言》作為「知學問義」的標的。❽

黃宗羲歸納了朱熹的《知言疑義》，並不以為然。而稱：「有朱子之疑，則胡氏之說，未始不相濟也。」❽

清全祖望則因《知言》而認定：「紹興諸儒所造，莫出五峰之上。」❽

伍崇曜則欲將《知言》作為「講宋學之指歸。」❽

近人牟宗三精究《知言》，歸以「八點大義」❽。並據此認定「胡五峰是南渡後第一個承北宋三家尤其是明道而重新消化反省者。」❽，並由此進而認定胡宏與劉宗周為理學三系（餘為伊川、朱子系，象山、陽明系）中惟一的「明道之嫡系」❽。

由以上分列，可見《知言》對當時和後世的影響之一斑。

而湖湘學者對《知言》更是崇愛無加。

張栻弟子吳儆說：「五峰先生《知言》一書，傳於世實甚久。凡後學之自伊、洛者皆知，敬信服行，如洙泗之有孔氏……吾黨之

---

❽　同前注 ❸ 。

❽　〈五峰文集後序〉，《至正集》卷三十三。

❽　〈胡子知言跋〉，《粵雅堂叢書》本《胡子知言》卷末。

❽　同前注 ❸ 。

❽　同前注 ❸ 。

❽　同前注 ❽ 。

❽　詳見《心體與性體》第二冊503—505頁，版次同前注 ❻ 。

❽　同前注 ❽ 509頁。

❽　同前注 ❽ 第一冊54頁。

士……皆知以此道為終身根本之地，如蕭何之守關中，寇恂之守河內，則庶幾乎知其稅駕。不然，吾懼其終身之無所歸也。」❽

　　其實「東南三賢」以《知言》為放矢之的的事實，亦以表明《知言》的重要性和在當時理學界的「權威」和「經典」地位。難怪湖湘後學將《知言》擡到了與《論語》幾乎同高的地位。尤其朱熹，對《知言》的批評幾乎貫徹了整個後半生。宋孝宗淳熙七、八年（1180、1181），張栻與呂祖謙先後謝世，南宋理學從「三賢」並立的階段過渡到朱、陸對峙的時期。朱熹此時雖有「舉天下無不在下風」的自豪自壯之心，但卻急需湖湘後學的支持以戰勝所謂「告子」❾。然卻並未因此停卻對《知言》的責難。朱子既以《知言》為天下無匹之勁敵❿，敬畏而致疑，但卻深受其益，並藉以豐富和成就自己。所謂「集大成」，概所「集」者，除了洛學之外，尚有《知言》，而且很可能不在濂、關之下。所以錢穆說：「沒有胡宏一番新意見，便轉不出後面朱熹那樣的大系統。」⓬

---

❽　〈題五峰先生知言卷末〉，《竹洲文集》卷七。

❾　《朱子語類》卷一二四稱：「象山死，先生率門人往寺中哭之，既罷，良久曰：可惜死了告子。」是朱熹以象山為告子也。朱熹亦嘗以胡宏的「不可以善惡辨，不可以是非分」的「性」為「告子湍學之說」（《語類》卷一○一）。並謂「子靜專言此意（指胡宏『人有不仁，心無不仁』與察識本心等意），固有本哉。」以為象山所立，本於胡宏。蓋天下「告子」眾矣，非孟（朱）子「辭而辟之」，則心、性之真不得以見矣！

❿　朱熹對象山的抨擊雖遠較胡宏猛烈，但史實表明，其對象山的重視程度卻遠不及胡宏。從態度上看，其對象山則蔑而斥之，而對胡宏則畏而疑之。由是觀之，理學研究重論象山而輕點甚至不及胡宏便已不合情理。

⓬　錢穆《宋明理學概述》中語，作者未知具體版次頁碼，據1994年5月5

《知言》一書，本不分卷，故張栻作序，只說「《知言》一書」，宋陳振孫《直齋書錄題解》及《文獻通考》均作一卷。至明代程敏政重新刊刻，始將《知言疑義》與吳儆、真德秀二跋合併為附錄一卷。程氏因「少見《知言》過於《正蒙》之說，渴欲睹此書。」但雖「遍求之四方」，卻竟「三十年未得見。」看來入元以降，程朱一統思想界，又緣朱熹對《知言》的「八端致疑」，加之1276年元軍攻陷長沙時，湖湘弟子皆「荷戈登陴，十亡其九」 ❾❸，《知言》已被「淹沒」，幾至式微。程氏重新刊刻，《知言》復又流行，但範圍已不甚廣，影響也較宋時小了許多。至明代永樂年間，已將《知言》分而成為六卷。清《四庫全書總目提要補正》卷二十八依然如《永樂大典》本所列。馬一浮復性書院本亦分卷且有附錄。今作者所據是1987年中華書局《理學叢書》本《胡宏集》，該本將《知言》分為〈天命〉、〈修身〉、〈陰陽〉、〈好惡〉、〈往來〉、〈仲尼〉、〈文王〉、〈事物〉、〈紛華〉、〈一氣〉、〈義理〉、〈大學〉、〈復義〉、〈漢文〉、〈中原〉等計十五篇，不分卷。

《知言》是研究胡宏哲學思想的基本材料。

（二）《五峰集》

《五峰集》是胡宏的詩、文等的匯總。淳熙二年（1175），由胡宏季子（五峰長子已於紹興十六年先於胡宏早夭）胡大時（季隨）編輯而成，張栻於淳熙三年元日作序，《五峰集》始流行於世。內容、過程和用意概如張栻所說：

先生季子大時復（此一復字表明《知言》的整理者亦主要是胡

日〈韋政通致王立新〉函引出。

❾❸　《宋元學案・麗澤諸儒學案》。

大時。）　裒集先生所為詩文之屬凡五卷以示栻。栻反覆讀之，惟先生非有意於為文者也，其一時咏歌之所發，蓋所以抒寫其性情。而其它述作與夫問答往來之書，又皆所以明道義而參異同，非若世之為文者徒從事於語言之間而已矣。❹

　　這些詩文和往答書信，一方面表示出胡宏「優游衡山之下」時的「性情」，一方面也表現了胡宏的志趣和思想，還有對後學者在治學和修身方面的指導。「至其所志之遠，所造之深，綱領之大，義理之精，後人亦可以推而得焉。」❺

　　由張栻〈五峰集原序〉所記可以看出，胡大時在「裒集」整理時，即已將此書分為五卷，元許有壬〈五峰集後序〉仍言五卷。❻但據《直齋書錄題解》與《文獻通考》所言，《五峰集》有兩個版本，一為五卷本，一為不分卷本。不分卷本不知從何而出，且今已不存。若據《四庫全書總目提要補正》載丁氏《藏書志》有舊鈔五卷本：

　　《五峰集》一、二卷為古體詩，三卷為近體詩（《四庫全書總目提要》卷五十一所謂「今體詩」者），四卷是序、銘、傳等，五卷為記。

　　而今傳《四庫全書》本雖亦五卷，但分法已有不同。凡詩一百零六首為一卷，書七十八首為二卷，雜文四十四首為三卷，皇王大紀論八十餘條為四卷，五卷是《論語指南》、《易外傳》和《釋疑孟》。

　　《四庫全書總目提要・集部別集類》對《五峰集》的主要內容亦有不盡同於張栻的概略性介紹，稱其中「所上高宗封事，剴切詳

---

❹　〈五峰集原序〉，同前注 ❺。

❺　同前注 ❹。

❻　同前注 ❽。

盡，宋史已采入本傳。其《易外傳》皆以史證經，《論語指南》乃
取黃祖舜、沈大廉二家之說折衷之，《釋疑孟》則辨司馬光《疑孟》
之誤，議論俱極醇。又有與秦檜一書，自乞為岳麓書院山長。蓋檜
與宏父安國交契最深，故力汲引之，宏能蕭然自遠，蟬蛻於權力之
外。其書辭婉而意嚴，視其師楊時委屈以就蔡京者，可謂青出於藍
而冰寒於水矣。」

　　《五峰集》今以不分卷形式（但順序則按《四庫》狀）收入中
華書局1987年《理學叢書》本《胡宏集》中，也是研究胡宏思想的
重要原始材料。

（三）《皇王大紀》

　　《皇王大紀》是胡宏論治道的編年體著作。編年方法雖仿邵堯
夫的《皇極經世書》的編排方法，而寫作筆法則有開袁樞《通鑑紀
事本末》的以事件為中心立題標目，按時間順序敘述歷史事件，並
加評述的先河意味。

　　《宋史》本傳稱《皇王大紀》有八十卷，明《嘉靖建寧府志》
卷十八亦稱八十卷。

　　《皇王大紀》是胡宏於紹興十一年撰就，其寫作用意和取捨原
則，一如胡宏在〈序〉中所自述：

　　我先人上稽天運，下察人事，述孔子，承先聖之志，作《春秋
傳》，為大君開為仁之方，深切著明，配天無極者也。愚承先人之
業，輒不自量，研精理典，泛觀史傳，致大荒於兩離，齊萬古於一
息，根源開辟之微茫，究竟亂亡之徵驗。事有近於古先而實怪誕鄙
悖者，則裁而削之；事有近於後世而不害於道義者，咸會而著之；
庶幾皇帝王霸之事可以本始百世諸史乎！ **❾❼**

　　這段話表明胡宏是將《皇王大紀》當成胡安國《春秋傳》的續編來看待的，一方面表明胡宏覺得《春秋傳》在「述孔子，承先聖之志」以及在「為大君開為仁之方」方面有未及盡處，一方面也表明了他相信《皇王大紀》可以盡之。而內容的取捨原則不外兩點：其一是看其是否「怪誕鄙悖」，其二是看其是否「有害於道義」。由於過分重視後者，故有黃式三「所編之事，或闕略，或荒誕」的批評。❾❽這點遺憾似也是胡宏得於父傳，《四庫全書總目提要》就說胡安國因「感激時事，往往借《春秋》以寓意，不必一一悉合於經旨。」朱熹也因此批評胡安國的《春秋傳》，說它有「牽強處」，且「大綱疏」。但對《皇王大紀》卻也有不同於黃氏的說法。《四庫全書總目提要》稱其「采摭浩繁，雖不免小有出入，較之羅泌《路史》則切實多矣。未可以一眚掩也。」

　　《皇王大紀》最早的刊刻本在南宋紹定年間，明萬歷年間有重新刊刻本，另據稱南宋紹興間即有刻本，歷代又有抄本。今以不分卷形式被收入中華書局1987年《理叢》本《胡宏集》中，亦是研究胡宏思想的有價值的材料。

　　胡宏認為，「諸家載記，所謂史也。史之有經，猶身之支體有脈胳也。《易》、《詩》、《書》、《春秋》，所謂經也。經之有史，猶身之脈胳有支體也。支體具，脈胳存，孰能得其生乎?」❾❾這顯然是胡宏對《皇王大紀》的自我評價，但因有上述兩種不同評價，因此，在研究胡宏思想據以為材料時，就應更重其「身之支體」的「脈胳」，而對其「身之脈胳」的「支體」，則應採取審慎的態度，若果以為

❾❼　《胡宏集》164—165頁。

❾❽　《儆居集》卷四〈讀胡子知言〉。

❾❾　同前注❾❼ 165頁。

據，則必證之以史。

（四）《敘古蒙求》

　　《敘古蒙求》是胡宏為初學歷史者所著的啟蒙教材。內容時限從羲、農直至五代的周，本自一卷。宋紹興年間曾有刊刻，但因流傳不廣，後來竟至亡逸。

　　宋趙希弁《郡齋讀書附志・小學類》和《福建藝文志》卷二十五均有幾乎同樣的記載：「《敘古蒙求》一卷，五峰先生胡宏所著也。自羲農至於五代周，凡三十三章。毛以謨為之序，先生之子大壯書而刻之。」

　　胡宏之子大壯，不見於史載，《宋元學案》中《武夷學案》、《衡麓學案》、《五峰學案》、《劉胡諸儒學案》等均未提及。概大壯是五峰長子，於紹興十六年早夭者。胡宏《敘古蒙求》即為大壯書而刻之，自當在紹興十六年以前有刻本流行於世。毛以謨為胡寅門人，胡寅曾為其在衡麓所建書齋題名曰「不息」，此是紹興十九年事，十年後，毛以謨請胡宏為「不息齋」作「記」，胡宏從之。❿毛以謨字舜舉，衡山人，概大壯生時，相為友善，故為其所「書而刻之」的胡宏的《敘古蒙求》作序，而且當時應有一定地位和名聲，否則大壯不會請他作序。但大壯既能「書而刻」其父之《敘古蒙求》，自當不少於「弱冠」之年，而且亦應有相當學行。紹興十六年大壯夭時，胡宏42歲，大壯20歲上下當合乎事理。而《宋元學案》上舉諸案均未及之，當是黃、全之疏所致，或無以考究其生卒學行等，故不書之。

---

❿　此處請參見《宋元學案・衡麓學案》並比照《胡宏集・不息齋記》，154—156頁。

　　但是宋陳振孫《直齋書錄題解》未及此書。陳振孫（？——約1261），南宋滅亡前十餘年卒。看來若非陳氏未見，《敘古蒙求》於宋亡前既已先亡。所以《文獻通考》及《四庫全書總目提要》均無此書之記載。看來此書印行數量不多，而且流行甚為不廣，刊刻以後不久，即已悄然於世。

　　1987年中華書局版《理學叢書》本《胡宏集》收錄了除《敘古蒙求》外的胡宏著述，並將《知言疑義》、《知言》、《五峰集》等序跋及《宋史本傳》等傳記材料附錄於後。《胡宏集》是作者撰述此書的主要思想材料依據。

第二章　胡宏的時代及其學術師承

公元 960 年，後周殿前都點檢趙匡胤於陳橋驛（今河南開封北二十里）為部將黃袍加身，「受禪」得後周政權。後經太祖、大宗兩朝的艱苦努力，結束了「五代十國」長期分立的局面，實現了新的統一。宋太祖趙匡胤吸取唐五代軍人跋扈的教訓，實行「強榦弱枝」的政策，從而徹底消除了唐代「藩鎮割據」的地方政權游離於中央政權之外的可能性。同時，又陸續解除節度使的兵權，以文官代替武將行職，將由收編全國精兵所組成的禁軍，直接控制在皇帝手中，地方上實行輪換兵將制度，從而在相當程度上消除了官兵嘩變的可能性。內部政治的相對穩定，為經濟和科技的發展，提供了安寧的社會環境。而經濟與科技的發展，又直接成為文化發展的前提。

同時，由於宋代實行「文官政治」❶，從而極大地刺激了整個社會從事文化學習和研究的積極性，「滿朝朱紫貴，盡是讀書人」的客觀結果，就是形成了重視文化教育事業的一代時風。宋代因此在文化教育乃至於科學技術等各個領域中，人才倍出，譜就了中國文化史上最輝煌的篇章。鄧廣銘認為，「宋代是我國封建社會發展的最高階段。兩宋期內物質文明和精神文明所達到的高度，在中國整個封建社會歷史時期之內，可以說是空前絕後的。」❷陳寅恪更謂：

---

❶　參見金諍文〈文官政治與宋代文化高峰〉，載《國際宋代文化研討會論文集》19—36頁。四川大學出版社1991年成都。

「華夏民族之文化，歷數千年之演進，造極於兩宋之世。」❸

　宋代之所以如此崇尚文治，一方面是接受了唐、五代的教訓，另一方面也與「祖訓」和「恪守祖訓」有直接的關係。太祖開基之初即稱：「任宰相當用儒者」❹。不僅宰相是儒者，宋朝諸帝，亦「多優文事，兼長書畫」❺。這就使得文聲雅韻，充斥朝野上下，宋代因此崇文之風甚盛。

　同時，宋代自開國之初，即對士大夫實行寬鬆政策，開基伊始，太祖趙匡胤即勒「不得殺士大夫與上書人」❻之誓。而且後代子孫，遞相遵守。所以，「自太祖勒不殺士大夫之誓，以詔子孫，終宋之世，文人無歐刀之辟」❼。宋代歷史上的「烏臺詩案」中的蘇東坡和元祐年間以唐武則天事影射高太后垂簾的蔡確等，事實上均無性命之憂。劉安世甚至以為蘇東坡當時只是過慮，「但言本朝未嘗殺士大夫」一句❽，即可保無虞。

　綜上所舉，足見趙宋王朝「三百年待士大夫不薄」❾，這種情形，一方面開啟了宋代文化昌明的門徑，使之燦爛於古代中國歷史之中，同時也贏得了士大夫相應的回報。顧亭林說：「靖康之變，志士投袂，起而勤王，臨難不屈，所在有之；及宋之亡，忠節相

❷　鄧廣銘〈談談宋史研究中的幾個問題〉，載《社會科學戰線》1986年第二期。
❸　陳寅恪〈鄧廣銘宋史職官志考證序〉，載《金明館叢稿二編》。
❹　王曾《王沂公筆錄》。
❺　朱國楨《涌幢小品》。
❻　陸游《避暑漫鈔》。
❼　王夫之《宋論》卷一。
❽　劉安世《元城語錄・下》。
❾　理宗謝皇後語，見《宋史・理宗謝皇後傳》。

望。」❿無論是宗澤臨終前的連呼「渡河」、張浚的未復中原，無以入先人墓左，還是文天祥的百折不撓，至死無悔，陸秀夫的負幼帝蹈海等等，等等，都是對「宋養士三百年，得人之盛軼漢唐而過之」⓫的一種客觀報償。

宋代對文化和士大夫的政策，直接導致了文化的昌明繁盛，為理學的興起和登峰造極，奠定了雄厚的社會文化基礎。這種基礎，實發對孔孟儒學的研究之端，遂有宋初三先生，更繼之以北宋五子，尤其周、張，更尤其二程。二程理學自成體系，作為較為完備的「新儒學」，成為南宋諸多分立的理學派別的共同宗主。

一、胡宏的時代

宋代進入哲宗時期以後，由於時政朝夕更改，政治漸趨腐壞，人心日益離散。至徽宗朝，任蔡京為相，重用童貫、朱勔、梁師成、王黼、李彥等，進入「六鬼」壟斷朝政的最黑暗時期。蔡京等搜刮無度，獨攬生殺權柄，國家經濟日蹙，百姓難以安生。加之外有夏、遼、金等連年侵擾，已處於風雨飄搖之中。胡宏即出生在這樣的年代裏。

宣和七年十月，金兵大舉南侵，太原被圍，京師告急，徽宗下詔「罪己」並在吳敏、李綱等的堅持要求下，被迫禪位太子，準備南逃。欽宗繼位，改翌年為靖康元年（1126）。趙桓雖有力圖振興之志，無奈時勢已無可挽回，終於為強金所覆，並於靖康二年與徽宗一道被掠「北狩」。嗣後張邦昌僭號曰楚，但在強大的輿論壓力

---

❿　顧炎武《日知錄》卷十三《宋世風俗》。

⓫　同前注❼。

下還政隆祐太后，緊接著是康王趙構登基，是為高宗。不久又有苗傅、劉正彥脅迫高宗禪位太子，旋被張浚、韓世忠等擒戮，還政高宗。金兵不斷南侵，皇輿不安於東南，每每遷陡。北有二帝「遠適窮荒」，南無高宗安寢之席。戰事剛獲緩解，南宋政權稍安，又有奸相秦檜擅國，真可謂「危急存亡之秋」。紹興以後，雖有「中興」之謂，實乏北圖恢復之實。直至紹興三十一年（1161），胡宏懷著「但悲不見九州同」的遺憾長眠人間，雖常有伐御之戰，但於恢復中原，實無實質性進展。

但是，宋代的文化，並沒有因此而停止生命，而且依然鮮活，尤其理學，南渡之後更趨興盛，終於集而大成。這種情形一方面決定於文化有相對獨立於社會生活之外的固有生命力，另一方面又與宋廷依如從前一樣地信重文人士大夫有密切關係。而令人注目的理學之盛，究其原因之要，除上述兩點以外，似還應注意以下幾點：

其一，宋代從皇室到士大夫到理學家，直至普通民眾，均以「夷狄亂華」為深恥，傳統觀念中以華夏之禮改造夷狄的思想牢不可破。這種情形從有宋之初到宋亡之時，未嘗有絲毫動搖。

早在北宋之初，歐陽修就對五代時期夷狄侵擾中原，敗壞孔孟倫常的惡劣情狀進行了不留情面的揭露和批判。在《新五代史·馮道傳論》中，歐陽修對馮道這樣一個「事四姓十君，亦以舊德自處，然當世之士無賢愚皆仰道為元老，而喜為之稱譽」的情形，表示了強烈地憎惡。斥馮道為「見其自述以為榮，其可謂無廉恥矣。」並慨嘆五代不以無恥為恥的風氣說：「嗚呼！五代之亂極矣。」因此，宋廷士大夫也就對「本朝」彰顯儒家倫常於即滅感到心適其中，對宋室也就自然崇尚，認其為同道從而為之效命了。「宋自建隆，息五季之凶危，登斯民於衽席。」❷王夫之的這段話，可以代表宋廷士

人對宋室為重建儒家綱常倫理，改變五代「無恥」之風所作努力的心理評價。

　　宋室南渡以後，士大夫階層對二帝「北狩」、女真族入主中原，逼遷皇室使之偏安江左的事實，在心理上絕不肯於接受。因為這不僅是至尊被掠、宗廟被夷和由此而喚醒的忠君意識問題，而且此種情況可能再度導致五代喪倫之風重新盛行於世。他們決不肯認夷狄仇寇為親，更多的是出於倫理信念上的原因。胡宏於〈上光堯皇帝書〉中稱女真為「蕞爾」，蔑視之意，溢於言外。以其為僅強於禽獸者甚明。這一點，清人趙翼在《廿二史箚記》中《宋部・和議》處所作的形勢分析，雖較客觀，然於宋廷士大夫固守倫理信念之誠，實有未察。❸

　　理學自「宋初三先生」的萌芽時期開始，即以春秋為要傳。而理學家心目中的《春秋》要旨，就是所謂「正名」，正華夷之名，正君臣之名。他們上承董仲舒《春秋》餘緒，又作新發展。他們欲使《春秋》大義昭然於天地之間，從而繼承並發揚孔孟道統，因而

❷　同前注❼。

❸　清趙翼《廿二史箚記》卷二十六《宋史・和議》稱：「宋遭金人之害，……幸而飽掠而歸，不復南牧。諸將得以勸撫寇賊，措設軍府。江淮之南，粗可自立。而欲乘此偏安甫定之時，即長驅北指，使強敵畏威，還土疆而歸帝后，雖三尺童子，知其不能也。……故知身在局外者，易為空言；身在局中者，難措實事。……統宋一代論之，燕雲十六州淪於契丹，太祖太宗久欲取之。自高梁河、岐溝關兩敗之後，兵禍連結，邊境之民爛焉。澶淵盟而後，兩國享無事之福者且百年。元昊跳梁，雖韓、范名臣不能制，亦終以歲幣餌之，而中國始安枕。當北宋強盛時已如此，況南渡乎?」
趙翼之議，可謂不俗之論。然於士大夫固守倫理信念，故極欲北圖之心理，實未嘗提及，只云「身在局外者，易為空言」而已。

決不允諾女真族入主中原的事實。因為這樣會動搖他們內心的倫理
信念，羞辱他們的靈魂。正如胡宏在〈與高抑崇書〉中所稱：

　　孔子筆削春秋，乃曰：「諸侯盟於薄，釋宋公」，不使荊蠻之人
制中國之命也。太母，天下之母，其縱釋乃惟金人之命，此中華之
所大辱，臣子所不忍言也。而柄臣者乃敢欺天罔人，以大辱為大恩
乎！」❶

　　「太母」放歸，或許於宋室未嘗不是一件大不幸中的小幸。高
閌因此略有褒辭，但胡宏卻已怒不可遏，咒責高閌，說他「一世聲
名盡皆掃地」，有辱師門（高閌為楊時弟子，是程氏再傳），無顏立
於士儒之林。

　　顯然，不許夷狄亂華夏倫常的《春秋》學傳統之作為道德信念，
已深入士人之心，不容撼動。因此，女真入主中原，便以客觀事實
撼動了此種信念，其對於士人的羞辱與不忍程度，是先於且重於二
帝「北狩」的事實和由此而喚醒的忠君意識的。

　　因此，宋室南渡以後，理學的繼續發展的原因之重要一點，就
是士階層固守倫理信念，「欲伸大義於天下」，正華夷之名，定君臣
之分，述孔孟道統。而嚴峻的夷已亂華的事實，非但沒有摧垮他們
的信念，反而刺激了他們，使這種信念在心靈至處更趨堅定了。這
是理學之能在南宋門派林立並且登峰造極的關鍵動力所在。

　　其二，鑒於上述信念，恢復中原失地，迎請「二聖」還朝，就
決不僅僅是這些事實本身的問題。而是藉對於「器」的恢復，以實
現對於「道」的拯救。這是包括宋廷中的許多立主恢復的仁人志士
如胡寅（胡宏長兄）、胡銓（胡安國弟子）等，雖發之於言行，但
卻未必深諳於倫理至處的原因。

❶　《胡宏集》113頁。

為了實現對於「道」的拯救，必須首先實現對於「器」的恢復。因為「道在器中」，無「器」，則「道」將無以附著和藏匿。因此，「自胡銓一疏，以屈己求和為大辱。……天下之談義理者，遂群相附和，萬口一詞，牢不可破矣。」❶

救「道」之願望，既述諸復「器」之言行，同時又堅定了理學家們固守倫理本位，弘揚孔孟道統的内心信念。所以胡宏才大聲疾呼「道學衰微，風教大頹，吾徒當以死自擔，力相規戒！」❶ 所謂「庶幾有立於聖門，不淪胥於污世也」，正是這種拯救「道」於既失其「器」的内心信念的最明確的行為化表述。

有鑑於此，才不致將胡宏的隱居不仕理解為自命清高和不合時宜，才不致錯解朱熹的聚徒誦經是為了一己私名，也才能真正體悟理學於社會動盪不安之南宋盛極無匹的内心信念上的深刻原因。

其三，二程的弟子如楊時、侯仲良、胡安國以及程氏再傳弟子如張九成、胡宏等理學的主體核心實力，在既得程氏所傳之後，紛紛隨宋室南渡，其陣營未因女真南侵而受損，這是理學於南渡之後繼續發展的又一重要原因。國破家亡，他們失散南奔，各自擇地講學，發展弟子，從而形成了理學門派林立的空前盛況（誠然，這一點與金人不能速滅南宋亦有至密關係，否則，恐怕就不會再有胡宏、朱熹及陸象山等理學大系的出現）。如楊時赴福建傳羅從彥，再傳李侗，三傳至朱熹形成「閩學」，胡宏父子徙湖南，傳張栻形成「湖湘學」，張九成之學傳之林艾軒輾轉而成象山心學等等，不一而足。他們之間由於對河南程氏學的理解不同，進而訴諸孔孟，又見於本根處理解之不同，從而相互論辯，推進了理學的發展。同時他們各

---

❶　同前注 ⓭ 。

❶　〈與譚子立書〉，《胡宏集》147頁。

自懷著振興道學的強烈心理願望，發奮研述，使理學更博大，更淵深，終於形成了如朱熹等的「至廣大，盡精微」的理學思想體系。同時又大宗林立，於當時、於後世均產生了廣泛而深遠的影響。

以上所述，既是胡宏時代的特點，又是胡宏理學產生的社會背景，沒有這樣的背景，不僅很難產生胡宏，更難產生朱熹。

二、胡宏的學術師承

胡宏從其父胡安國學，又師事楊時、侯仲良，且多受謝良佐的影響和啟發，既得程氏之傳，又受家學影響，「卒開湖湘之學統」。因此，欲了解胡宏思想的來路，察見其所創新，非究至二程處不可。

理學於南渡之前，就體系而言已於二程處基本形成，就內容而論，也已趨於賅備。二程繼周敦頤而起，而吸收張載「關學」的有益成分，構建了以理本論為核心的理學思想體系。

二程「自家拈出天理二字」，以為「凡物皆有理」❶。所謂「理」，一方面是指「有物必有則」，即事物發展之必然如是者，亦即所以然者。《遺書》卷三稱：「一陰一陽之謂道，道非陰陽也，所以一陰一陽者道也。」另一方面，「理」又是宇宙的本源，萬物生長所仰賴的根據。《遺書》卷二上稱：「萬物皆只是一個天理」，卷五又稱：「萬物無一失所，便是天理。」又卷一八稱：「莫之為而為，莫之至而至，便是天理。」同時，在二程處，「天理」又是社會倫理關係的代名詞。《伊川易傳》卷四稱：「夫有物必有則，父止於慈，子止於孝，君止於仁，臣止於敬，萬物庶事莫不各有其所，得其所則安，失其所則悖。聖人所以能使天下順治，非能為物作則也，惟

❶　《遺書》卷九，《二程集》。

止之各於其所而已」。這也就是說,「父慈子孝」、「君仁臣敬」等倫理原則即是「天理」。「言天之自然者,謂之天道,言天之付與萬物者,謂之天命。」❶❽天、理、道、命本於實質處同一,是同實異謂。就自然而論,稱之曰道,就「付與萬物」而言,字之曰命。道與命均是理,理便是天,天即是理,所謂「天理」者也。

二程所謂「道體物不遺,不應有方所」❶❾,就是講作為「天理」的「道」, 既無所不在,又無所定在。無處沒有理,理又從不囿於具體居處。

在理氣關係上,二程主張理、氣不相離,認為「道外無物,物外無道」,「氣外無神,神外無氣」。但是理是獨立於氣而存在的宇宙本原,所以氣是「虛者」,「天下莫實於理」❷⓿。理是氣之體,氣是理之用,理氣體用不二,「至微者,理也;至著者,象也。體用一源,顯微無間」。❷❶這種理氣論,又以相同的原則表現為道器關係,「形而上為道,形而下為器,須著如此說。器亦道,道亦器;但得道在,不繫今與後,己與人。」❷❷

程顥嘗謂:「《中庸》始言一理,中散為萬物,末復合為一理。」❷❸

明道此語,即是二程理─氣─理的宇宙運作模式的簡要概括。

除了理氣論之外,二程更於「理一分殊」和「格物致知」等問

---

❶❽　《遺書》卷十一,《二程集》。
❶❾　《遺書‧東見錄》,《二程集》。
❷⓿　《遺書》卷三,《二程集》。
❷❶　《文集‧易傳序》,《二程集》。
❷❷　《遺書》卷一〈端伯傳師說〉,《二程集》。
❷❸　《遺書》卷十四〈亥九月過汝所聞〉,《二程集》。

題上有所創新。

　　「理一分殊」本是張橫渠《西銘》中的思想，故朱熹說：「《西銘》通體是一個『理一分殊』，一句是一個『理一分殊』。」，「《西銘》自首至末，皆是『理一而分殊』。」**❷❹**但正式提出這一名詞的，則是程頤。楊時曾經懷疑張載「民我同胞，物我與也。」**❷❺**等提法有混同墨翟「兼愛」的嫌疑，程頤因此作〈答楊時論西銘書〉，認為《西銘》明理一而分殊，墨氏則二本而無分。」，所謂「二本」即無「差等」，就是所謂「四海之內皆兄弟」，無分親疏遠近，故謂之「無差等」。美國培黎教授曾批評此說，指出：「當你說一般人都是你的兄弟時，你大概不是先把一般人當作親兄弟看待，而是先把你的親兄弟當成一般人看待。」**❷❻**而張載的「民吾同胞，物吾與也」，是在親親原則的基礎之上，推己及人及物，即所謂「老吾老以及人之老，幼吾幼以及人之幼」意，「親親」之作為出發點，即是理一，推己及人及物，便是分殊。「龜山疑其兼愛，想亦未深曉《西銘》之意。」**❷❼**程頤認為「《西銘》之為書，推理以存義，擴前聖所未發，與孟子性善養氣之論同功，豈墨氏之比哉？」**❷❽**

　　程頤的「理一分殊」說，後為朱熹所繼承和發展，並推廣為普遍性的倫理原則：「理只是一個，道理則同，其分不同，君臣有君臣之理，父子有父子之理」**❷❾**。

---

❷❹　　《朱子語類》卷九十八《張子之書一》，2522，2523頁。

❷❺　　《正蒙・誠明》，《張載集》。

❷❻　　轉引自賀麟〈五倫觀念的新檢討〉，見《文化與人生》。55頁，商務印書館1988年8月第一版第1次印刷。

❷❼　　朱子語，同前注**❷❹**2524頁。

❷❽　　《文集》卷九〈答楊時論西銘書〉，《二程集》。

❷❾　　《朱子語類》卷六。

程頤又繼《大學》而樹「格物致知」之論。

「格物致知」是《大學》修身工夫八條目中的前兩條，但《大學》中的「格物」，大約只是接觸外物的意思，是屬於感性或知性層面上的修養工夫的認知前提。而將「格物」釋為「窮理」，卻是小程子的發明。程頤指出：「格，猶窮也；物，猶理也。猶曰窮其理而已也。」**⑳**。朱熹注《大學》，亦稱「格物者，物理之極處無不到也」**㉛**。這顯然是直承程頤而發展來的。程、朱將「格物致知」作為修養工夫論所必不可缺的認知前提，理性色彩很濃烈，但其所實指，卻並不是科學意義上的，而是人文主義的，「格」或「窮」的對象，雖然是「物」與「理」，但卻主要指人倫關係之為物和人倫關係中的「理則」。朱熹在《大學章句》注的首章前序中引信程頤的說法，指出：「子程子曰：大學，孔氏之遺書，而初學入德之門也。於今可見古人為學次第者，獨賴此篇之存，而論、孟次之。學者必由是而學焉，則庶幾乎不差矣。」程朱顯然將《大學》在德行修養中的重要性放在了《論語》與《孟子》之先的位置上，有非認識無以修德，進而將認識與修德分立為二的層次遞進關係的嫌疑。這與原始儒教的認知即是修身，修身亦是認知，二者同一無殊的主張確有不一致之處。而且這與他們強調「涵養於未發之際」的主張，似亦有自相出入的意味。於「發明本心」處有用力不到之嫌。熊十力嘗謂：「中學以發明心地為一大事」，主張「直接本心，通物我內外，渾然為一。」**㉜**更有牟宗三據程朱所謂「涵養須用敬，進學則在致知」等提法，認定其將「工夫之重點落在《大學》之致知格物上」，

---

⑳　《遺書》卷二十五，《二程集》。

㉛　朱熹《四書章句》集注《大學》第一章「格物」條下。

㉜　參見《新唯識論》678—679頁，中華書局1985年版。

從而「喪失《論》、《孟》《中庸》、《易傳》通而為一之境以及其主導之地位，而居主導地位者是大學」❸，進而認為程朱一系是理學中的「別子為宗」。

　　儘管如此，將「格物」釋為「窮理」，卻不能不說是程頤對理學的重要貢獻之一。

　　程頤由「格物窮理」，進而升發出知行關係說。以為「故人力行，須是先知」❸，「須是知了方行得……未致知，便欲誠意，是躐等也。」❸所謂「躐等」，就是錯了次第，錯了必先「格物」，然後「修身」的次第。程頤更進一步提出了「樂知」說，認為「古人言樂循理之謂君子，若勉強，只是知循理，非是樂也。才能樂時，便是循理為樂，不循理為不樂，何苦而不循理，自不須勉強也。」❸在他看來，只是「知循理」，只是「勉強」，還不是自覺的踐履道德，只有將對「天理」的「致知」之識，貫注在「樂循理」之中，才能真正自覺地去踐履仁義，從而實現心理自覺基礎之上的、天理框系下的道德認知和道德踐履的統一。這一點可能是直接受啟於孔子的「知之者不如好之者，好之者不如樂之者」，但作為知行合一的思想，開了王陽明「知行合一」論的理論先河，所以黃宗羲曾說：「伊川先生已有知行合一之言也。」❸

　　除上述而外，二程又於人性論與理欲觀問題上有自家之創新。

❸　《心體與性體》第一冊45頁，臺灣正中書局民國七十五年五月初版八十年十一月第九次印行。

❸　《遺書》卷十八，《二程集》。

❸　同前注❸。

❸　同前注❸。

❸　《宋元學案·伊川學案上》。

而這兩個問題後來成了南渡以後理學家們爭論得最激烈的問題。朱子對胡宏《知言》的疑義，多半是由此而發，並進一步擴展開去。

　　在人性論問題上，二程既承認「生之謂性」，更強調「天命之性」，他們將「生之謂性」釋為氣稟之性，而將「天命之性」釋為本原之性。二程一方面繼承張載的「天地之性」與「氣質之性」，一方面又批判地吸收了告之的「生之謂性」。就釋「生」為「性」這一點來看，他們與董仲舒的「性之名，非生之？如其生之自然之資謂之性」❸是一致的。二程以為：「性相近也，此言所稟之性，不是言性之本。孟子所言，便正言性之本。」❸❾認定孔子的「性相近也，習相遠也」的「性」是氣稟之性，而非本源之性，而以孟子的性善之性為本源之性，「乃極本窮源之性」。認為二者是不同層面上的。事實上這一點理解並不符合孔、孟的原旨。其實孔子所謂「性相近也，習相遠也。」　❹正是指本然之性，正是所謂「極本窮源之性」。孔子所謂「十室之邑，必有忠信如丘者焉，不如丘之好學也。」　❹正是說人生而受命於天，有「忠信」之本性，只因後天好學與否，才產生分別，有護持並擴充本性，以近於堯、舜者，有「放而不知求」，遂類同於桀紂的。《論語》中談及「性」的地方，雖然只有兩處。但所講似很明顯地就是說「本然之性」。所謂「人而不仁，如禮何？人而不仁，如樂何？」❹正是指失卻了本然之性，將無以正確對待禮與樂。如果孔子所指真是「氣稟之性」，那麼如子貢之明達，

---

❸　《春秋繁露・深察名號》。

❸❾　《遺書》卷十九，《二程集》。

❹　《論語・陽貨》。

❹　《論語・公冶長》。

❹　《論語・八佾》。

就不會不理解，從而說出「夫子之言性與天道，不可得而聞也。」❸
的話來，而以為「夫子之不可及也，猶天之不可階而升也。」❹而孟
子的「性善」之「性」則正是對孔子相近之「性」的解釋，只是孟
子過於強調了「善」，所以造成了誤解，以為孟子的「性」就是善、
惡相對的善。孟子故然是性善論者，但其所謂「性善」之「性」，決
不是善、惡相對狀的善性，而是本然至善，無所牽繫的「性」。　這
正如曾參對孔子的「吾道一以貫之」的解釋一樣，只是為了使聽者
明白起見，才呼為「忠恕而已矣。」❺如子貢之明達，尚且以為「不
可得而聞也」，　餘者自當以現實的意義解說，否則將使聞者因「猶
天之不可階而升」而產生畏懼情緒，從而影響現實的修身行為。由
此看來，孔子的「相近」之性與孟子的「性善」之性，都是超現實
的具有絕對先驗意味的「性」。因此胡宏以為性是「善不足以言之，
況惡乎?」之被朱熹指斥為「性無善惡」論，失誤者就不在於胡宏，
而在於朱熹。❻應當說，朱熹之誤解胡宏，究其源乃在於二程對孔、
孟之性的誤解。

　　二程論性絕不僅止於此，他們還提出了「養氣」「集義」等方
法，用以克服氣稟之性以復歸本然之性。但因本書是寫胡宏，故不
多述及。

　　在理欲關係問題上，二程認為理與欲是絕對對立的。天理與人
欲不兩立，「甚矣，欲之害人也。人之為不善，欲誘之也。誘之而
弗知，則至於天理滅而不知反。故目則欲色，耳則欲聲，鼻則欲香，

❸　同前注❹。
❹　《論語・子張》。
❺　《論語・里仁》。
❻　詳細處請參見第四章〈性本論〉。

口則欲味，體則欲安。此皆有以使之也。」**❹**二程甚至擴大人欲的範圍，以為居處行藏無非是欲，進而提出了「存天理，去人欲」的主張。胡宏雖然繼承了二程的這一思想，但基於對「本然之性，不與惡對」的認識，他縮小了「人欲」的範圍，將正常的「飲食男女」行為視為本性所賴以存在和展現的前提，從而不以其為「人欲」，而以「溺於流」者為「人欲」。告誡「進修君子」：「宜深別焉」。提出了「小人好惡以己，君以好惡以道。察乎此，則天理人欲可知。」其實這一點與孔子的「君子喻於義，小人喻於利」**❹**並不矛盾。而朱子之所以橫加責難，亦源於其對程氏擴大人欲範圍的執著與堅信。**❹**

　　二程之後，便是程門高足的天下。

　　謝良佐（1050—1103），字顯道，壽春上蔡（今安徽壽縣）人，學者尊為上蔡先生，元豐中從學二程。

　　謝氏發揮了二程的思想，在「格物窮理」方面，謝氏指出：「窮理則能知天之所為。知天之所為，則與天為一，無往而非理也。」**❺**認為「窮理之至，自然不勉而中，不思而得，從容中道。」**❺**而在理欲關係上，謝氏同二程一樣，以為二者是絕對對立的，提出了「天理與人欲相對，有一分人欲即滅卻一分天理，有一分天理即勝得一分人欲。」**❺**但謝良佐卻提出了「窮理只是尋個是處。」**❺**

---

❹　同前注**❸**。

❹　同前注**❹**。

❹　詳細處請參見第六章〈獨特的理欲觀〉。

❺　《宋元學案‧上蔡學案‧附錄》。

❺　同前注**❺**。

❺　同前注**❺**。

❺　同前注**❺**。

謝良佐在修養方法上，不同意程頤的「主一之謂敬」，而主張「誠是此理，不是專一」❸。程頤過分偏重言、動、視、聽的形式之敬，而謝上蔡則主張「動容貌」、「出辭氣」、「正顏色」等，更重視內在之誠的自然流露。

謝氏「以覺言仁」，以心無知覺的麻木死壯為不仁，更提出了「性，本體也；目視耳聽手舉足運見於作用者，心也」❺。這一點可能對胡宏有巨大影響。全祖望稱：「洛學之魁，皆推上蔡，晦翁謂其過於楊、游。」❻而黃宗羲則稱：「先生（指胡安國）之學，後來得於上蔡者為多」❼。謝良佐的思想，通過胡安國滲透給胡宏，成為胡宏心性學說的直接理論來源之一。謝良佐的「以覺訓仁，謂仁為活物，要於日用中覺得活物，便見仁體。」❽的思想，後來一直為湖湘學派所尊奉。這一點在朱熹對《知言》設疑時即已表露無遺。胡伯逢在駁難朱熹對《知言》的質疑時指出：「心有知覺之謂仁。此上蔡先生傳道端的之語，恐不可為有病。」❾胡廣仲更謂：「心有所覺謂仁。此謝先生救拔千餘年陷溺固滯之病，豈可輕議哉！」❻迫使朱熹不得不做出「負荊」之狀，說：「《知言》之書，用意深遠，析理精微，豈末學所敢輕議。向輒疑之，自知已犯不韙之罪矣。茲承誨喻，尤切愧悚。」❻云云。由此可見謝氏對湖湘學派影響之巨。

---

❸　同前注❺。

❺　《上蔡語錄》中文出版社3頁。

❻　《宋元學案·上蔡學案》。

❼　同前注❻。

❽　《朱子語類》一百一《程氏門人·謝顯道》。

❾　《宋元學案·五峰學案·五峰家學》。

❻　同前注❾。

❻　《朱文公文集》卷四十六〈答胡伯逢書〉。

　　除了謝良佐之外，程門高弟如楊時、侯仲良等，亦對胡宏本人和湖湘學派有較大影響。

　　楊時（1053—1135），字中立，福建南劍人，學者尊為龜山先生。胡宏曾師事楊時。楊時於靖康前後，即已名聲大噪，南渡之後，影響更著。當時有「東南學者惟楊時為程氏正宗」之說。

　　楊時比較重視「中和」問題的研究，他釋「中」為「道心」。將《中庸》的「未發之中」與《尚書》的「道心惟微，允執厥中」的「中」貫通起來，釋「道心」為「中」，就是主張修養於「未發之時」，在「未發之時」靜默識「中」。楊時指出：「學者當於喜怒哀樂未發之際以心體之，則中之義自見，執中勿失，無人欲之私焉，發而中節矣。」[62]這種修養方法，就是要求體驗者努力超越一切意識活動，最大限度地平靜思想和情緒，使意識活動處於靜止狀態，從而真正體驗這種情感和思維活動在未開始時的內心狀態。這是對靜止狀態下的直覺體悟活動的體驗的強調。護持使不喪失，便能實現理想的道德境界。[63]這與謝良佐強調於「已發」時見仁是兩條不同的修養工夫進路。

　　在「格物致知」的問題上，楊時與謝良佐均有不同於程頤處，但二者之間又有不同。

　　程頤以為，格物雖不必物物格之，但卻必須多多積累。所謂「今日格一物，明日格一物，積久而後，自然貫通」，正表示格物需多多益善。楊時雖不反對這一點，但卻認為關鍵在於「反身求誠」。指出：「物蓋有不可勝窮者，反身而誠，則舉天下之物在我矣。」「反而

---

[62]　《宋元學案・龜山學案》。

[63]　參見陳來《宋明理學》142頁，遼寧教育出版社，1991年12月1版92年6月2刷。

求之，則天下之理得矣。」❻❹所謂「反身求誠」，就是反觀自身，省察自身，以求其誠。這與體驗於「未發之際」的宗旨是一致的。楊時將格物規定為「明善」的途徑，這一點與謝良佐的「窮理只是尋個是處」似無太大差別。但謝良佐卻認為格物當從大處著手，指出：「必窮其大者，理一而已。一處理窮，觸處皆通。」❻❺

　　朱熹並不同意楊時「反身求誠」的主觀尋「理」主張，但王陽明卻堅持楊時的「以誠意為主」，足見楊時有搖擺於心、理之間的特徵。這一點也可能是楊時對胡宏產生影響的原因所在。胡宏反對以玄言說理，但卻極盡對於「盡心成性」的弘揚，楊時對胡宏的影響，可能主要在後一方面，如其對心本論者的影響一樣。

　　對胡宏思想產生影響的，還有侯仲良。侯氏亦程門高弟，主治《中庸》，胡宏於侯氏處所受影響，當亦有「已發」、「未發」等「中和」問題，其詳已略見於第一章。程門弟子中另如呂大臨、游酢等，亦對胡宏有直接或間接的影響。呂大臨原為橫渠門人，後於橫渠歿後改師程氏，亦是程門高足，對《中庸》造詣很深。紹興六年丙辰（1136），胡宏奉親，「南止衡山」，從大梁向沈處得呂與叔的《中庸解》，說「雖陽虎之言，孟軻氏猶有取焉，況與叔亦游河南之門大本不異者乎？尊信傳誦，不敢須臾忘勇哉。」❻❻可見胡宏受過呂大臨《中庸解》的啟發。

　　胡宏於病篤時，彪居正前往探視，並求教胡宏。胡宏告之以「聖門工夫要處，只在個敬字。游定夫先生所以得罪於程氏之門者，以其不仁不敬而已。」❻❼此語所指，當是游酢晚年信禪一事。游定夫曾

---

❻❹　楊時〈答李杭〉，同前注❻❷。

❻❺　同前注❺❻。

❻❻　〈題呂與叔中庸解〉，《胡宏集》189—190頁。

謂:「佛學所說,世儒亦未深察。」❻❽但既有此「得罪」之說,亦當有所取處,因為胡宏是一個不甚拘於一家之見的學者。況且游定夫早年治《易》,並謂「《易》之為書,該括萬有,一言以蔽之,則順性命而已。」❻❾可見其於理學,亦曾有過不小貢獻。

但是胡宏所得,主要還是源於家學,包括對於謝良佐的繼承,多從胡安國處轉來。

胡安國主治《春秋》, 承孫復、靳裁之而來,以河南程氏學為依歸,提倡「春秋大義」, 為其立主恢復中原失地,維持封建「三綱」服務。

所謂「春秋大義」,即是正君臣之分,明華夷之辨,以《春秋》為安邦定國之本,重視百姓生養之利,防邪惡之微、杜暴亂之漸等等。❼

胡安國以義理說春秋,於「春秋大義」倡言甚力。認為「仲尼手所筆削,乃史外傳心之要典。」❼❶

胡安國於其所撰《春秋傳》中,極盡對於封建綱常的強調。指出:「有夫婦然後有父子,有父子然後有君臣。夫婦,人倫之大本也。……苟知其義,則夫夫、婦婦而家道正矣。」❼❷家道正而後人倫定、綱紀清、國運隆。胡宏不以正常的夫婦性事為「人欲」, 而強調「以保和為義」,顯然是受了胡安國的影響和啟發。

---

❻❼　《宋元學案‧五峰學案‧五峰門人》。

❻❽　《宋元學案‧廌山學案》。

❻❾　同前注 ❻❽ 。

❼　請參見韋政通《董仲舒》37頁,臺灣東大圖書公司民國七十五年七月初版。

❼❶　胡安國《春秋傳‧序》。

❼❷　同前注 ❼❶ 卷一。

　　胡安國還突出「尊王攘夷」思想，為其力主恢復中原失地服務，表明其以女真入主中原為深恥的華夏本位觀念。胡安國還力誡柄臣，昭之以「擅權為惡」等等。

　　宋儒特重忠、孝、節、義，胡安國篤行尤甚。靖康之難時，長子胡寅尚在城中，有客為之擔憂，胡安國則首先以人主的安危為念，說：「主上在重圍中，號令不出，卿大夫恨效忠無路，敢念子乎！」❼落遭貶謫之後，雖「轉徙流寓，至於空乏」， 但「貧」字為口所不道，手所不書，自稱：「吾平生出處皆內斷於心，浮世利名如蠛蠓過前，何足道哉！」❼胡安國以《春秋》為聖人「傳心要典」的思想深刻地影響，使胡宏「盡心成性」的學說，有了家學之緣。如果說胡宏的深邃更多地來自於自我沉思的結果，那麼胡宏偉岸的人格，則是胡安國「歲寒然後凋」的松柏式人格的感染和延續。如果沒有胡宏對於家學傳統的繼承和發揚，他便絕難受到「卒傳其父之學」和「卒開湖湘之學統」的襃譽的。

　　以上所述，是胡宏受益較多的一些近世前輩及其思想的一般情況。為了明晰起見，茲將胡宏的學術傳承情況列表如下：

---

❼　《宋史·胡安國傳》。

❼　同前注❼。

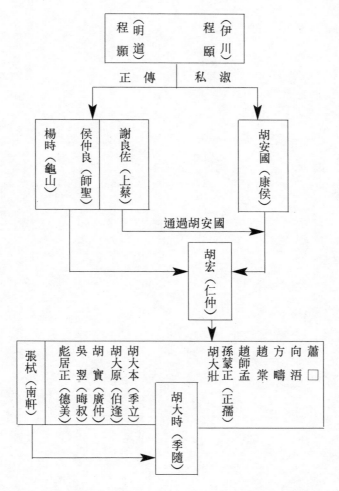

　　總之，胡宏有學術直承，又有家學傳統，同時又兼取各家之長
（如呂大臨、游定夫、張九成等），成就了自己的深邃博大，營築了
自己以《知言》為核心的、有獨創性且成體系的理學思想，成為南
渡以後的理學大宗之一，在理學發展史上占有極其重要的地位，對
當時對後世均產生了廣泛而深遠的影響。

第三章　胡宏的經世政治思想

儒家以「內聖」、「外王」合一為至道，講求「為仁由己」、推己及人及物。在重視內在身心修養的同時，又強調將「內聖」之道，轉化為外在的事功。在「內聖」與「外王」的關係中，「內聖」是「外王」的前提，「外王」是「內聖」的實現。《大學》所謂「修身、齊家、治國、平天下」，講的就是這種由內而外的程序。由此而論，輕視「內聖」修養，急切於事功，是不符合先秦儒家的要求的。但是這一點，似亦並不妨礙「內聖」之作為手段，必須同時為外王的事功目的服務。只有「伸大義於天下」，才能使內聖的道德修養，在完整和徹底的意義上實現。因此，只有將內聖修養與外在事功有機地結合起來，使之互推並進、共同成就，才能真正實現儒家的人倫社會理想。同時，內聖即於邏輯上被賦予了天定的先驗意義，因此也就成了所謂「體」，而外王作為內聖的推演與實現，因此也就成了「用」。由此，「道器一源」、「體用不二」也就成了儒家經世思想的明顯特徵。這種特徵或原則要求，使得儒者在邦國有道時出仕，伸大義於天下，用內聖指導外王，並使內聖轉化為外王。而在邦國無道時，則「卷而懷之」，獨善其身，以保持內聖的純潔性。由此而論，「窮則獨善其身」，就不是超脫意義上的「出世」，而應視作等待「鳳鳴西歧」式的「韜光養晦」或「潛龍勿用」階段。所謂「居廟堂之高，則憂其民，處江湖之遠，則憂其君。是進亦憂，退亦憂」，大約可以形象地表明這兩種情形及其內在聯繫。胡宏隱居衡山之下，

以振興道學為己任，關注天下的情形，正是所謂「處江湖之遠」的「退亦憂」。而其所謂「達則兼善天下，窮則兼善萬世」❶，正是其進退皆憂的儒者情懷的自我表述。

胡宏反對用而非出於學的單純功利主義，認為這樣將會導致人欲橫流；胡宏同樣反對學而不能至於用，認為這種「世儒」的主張，將會導致邪說暴行。誠如胡宏所說：

> 學聖人之道，得其體必得其用。有體而無用，與異端何異？❷

胡宏貫徹「學以致用」的原則，在強調性本論和心的「盡用」原則的同時，表現了強烈的經世傾向，並表述了自己的經世政治思想。這種傾向和思想，大約可以概括為以下幾個方面：

一、對國家、民族的命運與前途的關注

胡宏時代，「關、河重地，悉為敵封；園陵暴露，不得瞻拜；宗族拘隔，不得相見；土地分裂、人民困苦，不得鳩集；冤恨之氣，外薄四海，不得伸雪」❸。金兵南侵，掠地擾民，二帝「北狩」，皇輿不安，情勢十分危急。胡宏認為：「居今之世，譬如乘弊舟，泛滄海，風濤洶湧，未知攸濟」❹。

對此，胡宏憂心忡忡，他立主恢復中原失地，迎請徽欽二帝還

---

❶　《知言・紛華》，《胡宏集》26頁。
❷　〈與張欽夫〉，《胡宏集》131頁。
❸　〈與高抑崇書〉，《胡宏集》113頁。
❹　〈與吳元忠四首〉，《胡宏集》107頁。

朝，結束生民塗炭之苦。為此，他力諫高宗皇帝出兵北伐，指出：

> 惟太上道君皇帝（指徽宗）身享天下之奉，幾三十年。
> 淵至孝慈皇帝（指欽宗）生於深宮，享乘輿之次，以至為帝。
> 一旦劫於金人，遠適窮荒，衣裳失司服之制，飲食失膳夫之
> 味，居處失宮殿之安、嬪妃之好，動無威嚴，辛苦墊隘。其
> 願陛下加兵北伐，震之以武，心目睽睽，猶飢渴之於飲食。
> 庶幾金人知懼，一得生還，父子兄弟相持以泣，歡若平生。
> 則引領東望，九年於此矣。
>
> 夫以臣之踈踐，念此痛心，當食則噎，未嘗不投著而起，
> 思欲有為，況陛下當其任乎！而在廷之臣不能對揚天心，充
> 陛下仁孝之志，反以天子之尊，北面事仇。陛下自念，以此
> 事親，於舜何如也？且群臣智謀短淺，自度不足以任大事，
> 故欲偷安江左，貪固寵榮，皆為身謀耳。
>
> 陛下乃信之，以為必持是可以進撫中原，展省陵廟，來
> 歸兩宮，亦何誤耶！夫金人何愛於我，其疑我謀我之心，焉
> 有限制！土我土，人我人，然後彼得安枕而臥也。苟順其所
> 欲而不吝，名號、土地、人民、貨財以委之，正是以肉投虎，
> 肉不盡，其博噬不已。臣不知陛下何負於群臣，而群臣誤陛
> 下乃至於此。
>
> 自初年至於今，益以久矣；義士之心，益以殆矣；百姓
> 之心，益以安於亂矣。陛下不早自為計，廣攬英雄以自輔翼，
> 繩心之衍，糾心之謬，憂不如舜力行不倦，以感動天下，臣
> 恐四方豪傑有以窺朝廷淺深，無肯為國家盡力者也。抑臣又
> 聞之，湯有天下，聖賢相繼，臣服諸侯，五百餘年。及紂一

為淫虐，周武興兵誓眾，乃以為世仇，誅之不赦。自常人觀之，武王之舉豈不過歟？而孔子定《書》，取以為後世法者，蓋作民君師，代天而為之子，其自任不得不如是也。

今海內大亂，二聖播越，元元扣心歸命，陛下威福大權豈異人任！蕞爾女真，深入諸華，劫遷天子，震驚陵廟，污辱王家，害虐蒸民，此萬世不磨之辱，臣子必報之仇，子孫所以寢苫枕戈，弗與共天下者也。其宜為仇，孰與紂？而陛下顧慮畏懼，忘之不敢以為仇。臣之僭逆，有明目張膽，顯為負叛者；有協替亂賊，為之羽翰者；有依隨兩端，欲以中立自免者。夫既為人臣而敢持二心，干紀逆節，自行無道，其宜誅也，孰與紂？而陛下顧慮畏懼，寬之不敢以為討，豈不與武王之志異哉！守此不改，是祖宗之靈終天暴露，無與復存也；父兄之身，終天困辱，而來歸之望絕也；中原士世沒身塗炭，無所赴訴也。陛下念亦及此乎？故以和，則失事親之道，而害隨之；以戰，則得事親之道，而利隨之。其是非至易明也。然不求於本，故大論紛紛，至今未定。孟子曰：「天下之本在國，國之本在家，家之本在身。」修身，本於正心，正心本於誠意。所謂誠其意者，毋自欺而已。朝廷之上可欺也，而四方不可欺也，天地鬼神不可欺也。善惡之應，及於影響，不可不察也。❺

胡宏進一步列舉了堯舜的功績（當然這些顯然都帶有後世儒家明顯的溢美與誇張。其實這一點早在孔孟時期即已如此），然後指

---

❺　〈上光堯皇帝書〉，《胡宏集》84—86頁。此處非作此大段引用，不足見胡宏憂世之深與巨，請讀者見諒。

出：人君若能以聖王之事為法，正心誠意，「反求諸身，則輕重緩急可知，必不肯一日苟安其居矣，又何忍以九年之久嘗試群臣哉！」❻

在〈上光堯皇帝書〉的最後，胡宏亟諫：「陛下幸聽臣言，反求諸心，神而明之，施於有政，滅仇讐，誅叛逆，恢復中原，仁覆天下，乃其功矣。惟陛下加聖心焉，勿使臣徒為此空言而已矣。實宗社幸甚！」❼

胡宏憂以天下，力圖恢復的愛國主義情懷，實源於儒家思想的浸潤和對儒家傳統的持護。胡宏曾致詩友人稱：「少時情意在滄州，壯歲還知學孔丘。萬事只嫌心有病，百年不作夢中游。……」❽胡宏於年輕時即有「滄州」之志，只因高宗無意北伐，臣僚不思進取，而又加以秦檜等權奸擅權，故不願與之為伍，雖經秦檜輾轉致書欲用，終不出仕。直至晚年，秦檜死後，在張浚等薦舉之下，受詔待用，可惜未及成行而卒。

基於對國家、民族的前途和命運的由衷關注，胡宏表明了自己對現實政治的態度。這種態度表現了胡宏對「內聖」、「外王」的理解，是以「內聖」為主，由「內聖」而「外王」的。

胡宏認為：「夫億兆之情，本乎一心。君者，心之元也。」❾

在胡宏看來，國家之貧弱，宗廟之暴露；疆土之淪喪，生民之塗炭，風氣之敗壞，究實而論，皆根源於為君者的心術不正。因此，欲變通統治「方術」，以拯時弊，必先從正君心開始，故「欲大變

---

❻　同前注 ❺ 91頁。

❼　同前注 ❺ 103頁。

❽　〈題友人養素軒〉，《胡宏集》60頁。

❾　同前注 ❺ 100頁。

後世之法度，必先大變人主之心術。心術不正，則不能用真儒為大臣」，如此，則國家便不能寄希望於重新振興。因此，「不可不大變其本也。本正，則自身措之百官萬民而天下皆正矣」❿。故「事之誤，非過也，或未得馭事之道焉耳。心之惑，乃過也。心過難改，能改心過，則無過矣。」⓫胡宏以為，「天下有二難，以道義服人難，難在我也；以勢力服人難，難在人也。由道義而不捨，禁勢力而不行，則人心服，天下安」⓬。胡宏告誡高宗皇帝，「臣愚願陛下察天理，存良心，以身先群下，深憂如大舜，自任如周武，不牽於姑息之仁，不懾於強暴之威，立復仇之心，行討亂之政，積精積神，神而化之，與民更始。實宗社無疆之休也，豈特紓目前之禍而已哉！」⓭

　　胡宏以為，君心不正，是萬禍之源。因君心不正，而有臣心偏邪，導致柄臣擅國，使中正者遭斥戮，邪佞者得寵榮。在〈上光堯皇帝書〉中，胡宏認為金賊不討，篡逆不誅的原因，是君王懷「姑息之仁」，「忘之不敢以為仇」和「寬之不敢以為討」的「顧慮畏懼」的怯懦心理使然，此即是君心不正。胡宏不顧個人得失安危，義正辭嚴地指斥高宗皇帝的孱弱無能，指出：

　　　陛下自即位以來，中正邪佞更進更退，無堅定不易之誠。然陳東以直諫死於前，馬申以正論死於後，而未聞誅一奸邪，黜一諛佞，何摧中正之易，而去奸邪之難也！此雖當時輔相之罪，然中正之士乃陛下腹心耳目，奈何以天子之威，握億

❿　〈知言・事物〉，《胡宏集》23頁。
⓫　同前注 ❿ 。
⓬　《知言・義理》，《胡宏集》31頁。
⓭　同前注 ❺ 86頁。

兆之命，乃不能保全二三心腹耳目之臣以自輔助，而令奸邪
得而殺之，於誰責可也？**⓮**

胡宏實在不能不給高宗一點可憐的面子，於是說：「臣窮痛心，
傷陛下之威權不在己也」。但是，胡宏對柄臣擅國和阿諛柄臣者，
則給予了毫不容情的揭露和批判。

在〈與高抑崇書〉中，胡宏指斥高閌：

> 大宋基業封疆，皆太祖太宗收用英俊，勤恤民隱，躬擐甲冑，
> 與天下均其勞苦而得之。又累聖嚴恭寅畏，不敢荒寧而守之
> 者也。今關、河重地，悉為敵封，園陵暴露，不得瞻拜；宗
> 族拘隔，不得相見；土地分裂，人民困苦，不得鳩集；冤恨
> 之氣，外薄四海，不得申雪。而柄臣方且施施然厚誣天下，
> 自以為有大功乎？
> 閣下受其知遇，何不懇懇為之言乎？言而或聽，天下國家實
> 幸也。晉朝廢太后，董養游太學，升堂嘆曰：「天人之理既滅，
> 大亂將作矣。」則遠引而去。今閣下目睹忘仇滅理，北面向敵，
> 以苟晏安之事，猶偃然為天下師儒之首。既不能建大倫，明
> 天人之理，以正君心，乃阿諛柄臣，希合風旨，求舉太平之
> 典，又為之詞云云，欺天罔人，孰甚焉！是黨其惡也。人皆
> 謂閣下平生之志行掃地盡矣。數十年積之，而一朝毀之乎！**⓯**

胡宏進而認為，君心不正、臣心邪佞，從而搜掠百姓，使之蒙

⓮ 同前注 **❼** 。

⓯ 同前注 **❸** 。

受冤苦，民心因此而不振，社會因此而敗亂。

　　胡宏將宋室之所以至此難於收拾的局面的原因，歸咎於王安石為相後的「輕用己私，紛更法令」⓰。胡宏認為宋室至此之後掠民無度，使得「天命不能承流宣化」「實惠不施於民」。這種對於民眾的「誅之如禽獸，取之如魚獵，發求無度，科斂不已」的作法，造成了極其惡劣的結果。而事實上所得收入，卻是「官得其一，吏隱其九」，百姓因之而「號呼蒼穹，天聽悠遠，慘毒切於肌膚，凍餒迫於憂慮」，「其致敗亂，豈與中原比哉！」⓱

　　胡宏進而指出：「財者，天地四時，四民致功者也。取材於天地，則無窮，取財於四民，則有盡」⓲。胡宏更進一步指出：

　　　　夫國之有民，猶人之有腹心也；國之有兵，如人之有手足也。手足有病，心能保之；心腹苟病矣，四肢何有焉！是故欲富國者，務使百姓闢其地；欲強兵者，務使有司富其民。國無治亂，時無豐凶，政無經權，莫不以辟地養人民為本。今乃行誅暴之政，縱意侵民，以奉冗卒，使田萊多荒，萬民離散……」⓳

　　這是極其危險的。胡宏甚至認為：

　　　　楊天為寇，起於重斂，吏侵民急耳。⓴

⓰　同前注❺88頁。
⓱　同前注❺96頁。
⓲　同前注⓱。
⓳　同前注❺97頁。

　　應當指出，胡宏將宋室敗落的原因，輕易歸咎於王安石變法，
未免意氣而且證據不足，這可能是受司馬光和程頤對王安石變法的
態度的影響，亦與蔡京假托恢復「新法」而專行己私的作法有關。
但其對宋室自王安石變法之後侵民日甚的情形之揭露，卻是基本屬
實的。胡宏繼承儒家「敬德保民」和「民為邦本，本固邦寧」❷的
民本主義思想，抨擊宋廷急侵民利，科斂無度的暴行，並由此提出
了「治道以恤民為本」的著名政治主張：

　　　治道以恤民為本，而恤民有道，必除奸惡，然後善良得安其
　　　業。而除奸惡有道，則以得人為本也。❷

　　所謂「恤民」，就是體恤人民疾苦，就是養民，就是使民各得
其所，從而各安其業。但要做到這一點，必須先除卻害虐蒸民的奸
惡，廢棄誅暴無度之官吏，改變所行的「科斂無度」的政策和政令。
否則，不顧四民生活，搜掠無節，勢必導致人心離散，江山社稷自
亦無法保全。胡宏指出：

　　　養民惟恐不足，此世之所以治安也；取民惟恐不足，此世之
　　　所以敗亡也。❷
　　　上侈靡而細民皆衣帛食肉，此飢寒之所由生，盜賊之所由作

---

❷　同前注 ❺ 101頁。

❷　《尚書・五子之歌》。

❷　〈與劉信叔書〉，《胡宏集》118頁。

❷　《知言・文王》，《胡宏集》18頁。

也。天下如是，上不知禁，又益甚焉，然而不亡者，未之有
也。❷

　　胡宏以為，君臨天下者的「仁心」，乃是「立政之本」。本若正，
進而使「執斤斧者聽於施繩墨者，然後大廈成；執干戈者，聽於明
義理者，然後大業定」❷，從而完成振興大業，以圖恢復中原。
　　應當指出，胡宏的「治道以恤民為本」的政治主張，是在孟子
「制民之產」、「使民以時」的「仁政」思想的基礎上，進一步發展
而來的。作為對宋室苟安江左、心生慢易的及時而嚴屬的警告，是
有著非常積極的現實意義的。「惟念之常及於此」，才能使高宗牢記
徽宗朝重用「六鬼」，　盤剝不節，從而導致北宋覆亡的前車之鑒，
從而勵精圖治，以求恢復和振興。這既是儒家「敬德保民」的傳統
思想的延續，同時又是時勢所逼迫。
　　清趙翼所謂「恩逮於百官者惟恐其不足，財取於萬民者惟恐其
有餘」❷，確是有宋一代較為普遍的現象，但於南宋之初，情況似
更為嚴重。
　　「宋室南遷以後，皇帝、貴族、文官、武將、地主、商人掀起
了兼併土地的狂潮」❷。這種兼併情況，主要表現在兩個方面，其
一，「皇室在南方並無土地，出身於北方的地主階級的高級官僚和武
將，在南方原來也無土地，因此，他們到了南方以後，便利用政治

❷　《知言·復義》，《胡宏集》35頁。
❷　同前注❷ 19頁。
❷　清趙翼〈宋制祿之厚〉中語，見《廿二史箚記》卷二十五。
❷　范文瀾《中國通史》續編，第五冊，387頁。蔡美彪等著。人民出版社
　　1987年4月第一版第一次印刷。

權力大力掠奪土地。特別是武將，把抵抗金軍的入侵作為托詞，首先忙於自己的家業」，其二，「原來就居住在南方的一些官僚豪紳地主，一方面可以同樣利用政治特權，另方面又因為南宋初年政治極度紊亂，各州縣的土地帳簿多在戰爭中失散，他們便和一些『鄉村保正鄉司，通同作弊』，霸占別人的土地」❷。

據稱「中興四大名將」之一的張俊，占地約六、七十萬畝❷，大將楊存中占地約四萬畝❸，而占地最少的武將岳飛，也還占有水田七百餘畝，陸田一千一百多畝❸。這種情況導致了貧富分化和階級矛盾，加之科斂繁重，導致了農民的反抗和起義。鐘相楊麼起義所提出的「法分貴賤貧富，非善法也。我如行法，當等貴賤，均貧富」的口號，之所以能夠震撼人心，使周圍百餘里的農民「翕然向往」❸，原因正在於此。

究實而論，胡宏所謂「治道以恤民為本」， 一如傳統儒家「保民而王」一樣，只是要在「制民之產，務使仰足以事父母，俯足以畜妻子。樂歲終身飽，凶年免於死亡」❸的前提之下，再行驅使。只是為了防止澤涸魚竭而採用的畜水養魚的政策而已。這顯然是封建士大夫為人君政權能夠得以長治久安奉獻出的「仁術」。 但僅只這一點，在中國大一統的封建皇權專制甚囂塵上的時期內，能夠提出來並延續發展下去，已經顯得相當不易而十分可貴了。這是儒學

❷　翦伯贊主編《中國史綱要》第三冊80頁。人民出版社1979年1月第2版第2次印刷。

❷　見《文獻通考》卷二〇，《市糴考》。

❸　見《宋會要稿・食貨六三之一三八》。

❸　見《宋會要稿・方域四之二五・第宅》。

❸　《三朝北盟匯編》卷一三七，〈武陵百姓鐘相反條〉。

❸　《孟子・梁惠王上》。

思想家不可磨滅的歷史功績。這一點我們無法強求胡宏，因為他畢竟生活在封建社會尚處上升時期的十二世紀。

二、胡宏的經世政治思想的要點

由「仁心，立政之本也」和「治道以恤民為本」的政治觀點出發，胡宏進一步提出了變法主張，描繪了一幅他自認為既適合於形勢又合乎理性的理想社會的藍圖。

胡宏認為：「乘大亂之時必變法，法不變而能成治功者，未之有也」❸。胡宏的經世政治主張的主要內容，即包含在他的變法主張之中，究其要，大約不外以下幾個方面：

（一）針對土地兼併，提倡恢復「井田」

胡宏針對南宋之初嚴重的土地兼併情況，提出了「仁心，立政之本也。均田，為政之先也」的政治主張，認為「田里不均，雖有仁心而民不被其澤矣。井田者，聖人均田之要法也」❸。

這種「為政之先」的「均田要法」，即是「井田」。

但這種作為「聖人均田之要」的「井田」制，事實上，在整個中國封建社會的歷史中，從來就沒有真正實行過。商鞅變法內容中的「廢井田，開阡陌」，也只是打破原有土地的自然界限，真正意義上的均田，是根本談不上的。「井田制」之所以被後世儒者所重，並將其作為能夠解決土地分配的不公和由此而導致的社會不安的一劑良方，原因更多的恐怕是它曾受到過孟子的美化。

---

❸　同前注 ❿ 24頁。

❸　同前注 ❷。

孟子說:「方里而井,井九百畝,其中為公田,八家皆私百畝,同養公田」❸。焦循認為,就是把田地按縱橫各一里劃方,每方為一畝,九百畝為一井,中間一百畝中除二十畝用作「廬井宅園圃」外的八十畝為公田。而外八百畝均分給八家,中間公田部分由各得百畝的外八家負責「共養」,外八家必須首先侍弄「公田」❸。孟子以為這種方法可以養成百姓先公後私的良好習慣,從而有別於野人而實現文明。同時,這種「鄉里而井」, 還可以培養「出入相友,守望相助」的民風,從而使「疾病相扶持,則百姓親睦」❸。其實無非是使「井田制」被理想化了而已。

胡宏於此時提及「井田制」, 與孟子所講又有不同,而且主要目的並不在於「培養民風」, 而在於抑止土地兼併。這一點有著不可低估的現實意義。它一方面可以滿足農民對於土地的要求,使他們得以安居樂業,從而防止流徙和叛亂,維護社會的安定,解除民眾的「啼飢號寒」之苦;同時,又能保障封建國家的軍隊濟養和日常行政上的開支,使國家機器得以正常運轉,北圖恢復,也就因此擁有了必要的物質基礎。

所謂「故農夫受田百畝,諸侯百里,天子千里;農夫食其力,諸侯報其功,天子享其德」❸,就是宣傳「制井田,所以制國也。」❹的優越性。胡宏認為:「制井田,所以制國也。制侯國,所以制王

---

❸　同前注 ❸ 。

❸　參見焦循《孟子正義・梁惠王章句上》「方里而井」條下注,《諸子集成》本。

❸　同前注 ❸ 。

❸　《知言・修身》,《胡宏集》5頁。

❹　《知言・漢文》,《胡宏集》43頁。

畿也。王畿安強，萬國親附，所以保衛中夏、禁御四夷也。先王建萬國，親諸侯，高城深池遍天下，四夷雖虎猛狼貪，安得肆其欲而逞其志乎？此先王為萬世慮，御四夷之上策也。」❹

胡宏明確將「井田制」的好處，歸納為三點，即所謂「三利」：

> 先王之所以溝封井田者，畝數一定，不可詭移，一也；邑里阻固，雖有戎車，不可超越，二也；道路有制，雖有奸宄，不可群逞，三也。此三利者，絕兼併之端，止獄訟之原，沮寇盜、禁奸宄於未兆，所以均平天下，行政教，美風俗，保世永年之大法也。❷

胡宏進而認為：「井法行後而智愚可擇，學無濫士，野無濫農，人才各得其所而游手鮮矣」，不僅如此，「井田制」還可固著等級制度，使「君臨卿，卿臨大夫，大夫臨士，士臨農與工商，所受有公制，多寡均而無貧苦者矣。人皆受地，世世守之，無交易之侵謀，則無爭奪之獄訟；無爭奪之獄訟，則刑罰省而民安；刑罰省而民安，則禮樂修而和氣應矣。」❸

雖然胡宏對「井田制」多有溢美，並且在當時亦確能起到對土地兼併的一定程度的抑制，但是「井田制」畢竟是帶有許多空想成分的「烏托邦」式的土地制度，其真正成為現實既不可能，即使真的成了現實，也不會使農民擺脫受奴役，遭盤剝的痛苦。

但是胡宏所提出的「恤民」、養民、鼓勵耕植等，確實對安定

---

❹ 同前注 ❹。

❷ 《皇王大紀論》，《胡宏集》280頁。

❸ 《知言‧陰陽》，《胡宏集》8頁。

民心，充足濟養，以備北圖恢復等具有非常積極的意義。胡宏又提出了「自西北而東南，飢寒無以自存者，亦隨口給以公田，使各食其力」❹的主張，認為只有使民有安生立業之本後，再「勸其耕植，平其收斂，哀其憂而賀其喜，使之生足樂而死無憾」，才能使百姓做到「世世服役，雖逐之不去也。」❺胡宏由此又提出了輕徭薄賦，減免冗濫的主張，認為「冗濫交錯，仰食縣官，侵漁百姓，壞風俗，亂政事」❻。胡宏以為：「夫官人之義，以其賢也，以其才也。用其賢才，蓋為民也。唐、虞三代，莫不為事設官，為官擇人。君無姑息之命，臣無希冒之心。……今世則不然，為人設官，為官造事，……」❼。這種「為人設官，為官造事」的結果，勢必造成「冗濫交錯」的局面，而此種局面的維持，是以增加賦稅為前提的。而重賦的結果，一方面國家並未因此增加財富，「官得其一，吏隱其九」，使貪贓枉法的冗濫之官得以借機飽己私囊，「壞風俗」、「亂政事」；另一方面又造成了民不堪命，避之如疫的情形。所謂「現今成秋，某耳之所實聞者，科役繁重，邵陽富民盡室以逃。目之所實見者，灌陽清湘貧民流轉，困於糴貴。舉此二郡，他處可知也。」❽

　　但是，一旦輕徭薄賦，國家日常財政開支與抗金軍需濟養將從何而出？對於這個現實的難題，故宏提出了「屯田」的戰略主張。胡宏認為：

---

❹　同前注 ❺ 99頁。

❺　同前注 ㉒ 119頁。

❻　同前注 ❺ 93頁。

❼　同前注 ❻。

❽　同前注 ❹。

師旅之興，常患糧食之絕，故楚、漢爭敖倉，王世充、李密
爭洛口。三國之時，江、湖、海、岱，王公十數，多以乏食
而自破。惟曹操知時務之要，募民屯田，置典農之官，於是
所在倉廩豐實，征伐無運糧之勞，兼併群雄，強於天下。
方今江北漢南郡縣，土地膏腴，率多荒廢，遺民艱食，死亡
幾盡。宜如曹操列置田官，專典農事，募民屯田，下巴蜀之
粟，出巴蜀之牛，以濟貧民，使安生事。民聞之，必競來歸。❹

　　胡宏認為模仿曹操「屯田」有三種優點，胡宏稱為「三利」：「富
國強兵，一也；消弭群盜，二也；行師省轉運之勞，三也。」❺
　　應當說，胡宏所主張的「屯田」，確是南宋當急要務，同時又
是與金人長期持久作戰的行之有效的方法。

（二）針對郡縣之弊，提倡恢復「分封」

　　自周初開始實行「封邦建國」，實行以嫡長子繼承制為核心，
以庶子外封藩護中央政權為輔翼的政權組織形式，這就是所謂「封
建」。這與後世所謂「封建」，並不是同一概念。後世所謂「封建」，
所指是整個中國的中世紀時代的政治經濟制度和建立在這種政治經
濟制度基礎上的上層建築。即政治學意義上的「政體」。而周初所
謂「封建」，只是藩護中央的政權組織形式。胡宏所指的「封建」，
就是周初的「封建」。事實上也就是所謂「分封」制，或「邦國之
制」。胡宏歷數自秦王廢封建、立郡縣，直至於宋所出現的種種弊
端，指出：

---

❹　《中興業·屯田》，《胡宏集》211頁。

❺　同前注❹。

邦國之制廢，而郡縣之制作矣。郡縣之制作，而世襲之制亡矣。世襲之制亡，而數易之弊生矣。數易之弊生，而民無定。巡狩述職之禮廢，而上下之情不通，考文案而不究事實，信文案而不信仁賢，其弊有不可勝言者矣。(51)

胡宏進而認為，郡縣制代替封建制，還造成了「民數不可詳」、「車乘不可出」、「軍師不隱於農」、「坐食者眾」、「公私困窮」等諸多弊端，總之一句話，郡縣制是產生君主專制，滅理縱欲的根源。而封建制則可避免上述弊端。胡宏在指斥郡縣制的流弊之後指出：

故封建者，政之有根者也，故上下辨，教化行，風俗美，理之易治，亂之難亡，扶之易興，亡之難滅。郡縣反是。(52)

胡宏為了說明封建制的優異，不惜將其無限制的提前，直至「鴻荒之世」。認為「封建之法，本於鴻荒之世」，而成為定制，則在黃帝時代，其詳密則始於堯舜，「夏禹因之」，認定「黃帝、堯、舜安天下，非封建一事也，然封建其大法也；夏禹、成湯安天下，亦非封建一事也，然封建其大法也；齊桓、晉文之不王，亦非一事也，然不能封建，其大失也；秦二世而亡，亦非一事也，然掃滅封建，其大謬也。」(53)

---

(51)　《知言·中原》，《胡宏集》46頁。

(52)　同前注(51)48頁。

(53)　同前注(51)47頁。

　　其實這一點，胡宏顯然是錯了的。鴻荒之世即不可能有所謂「封建之法」，　堯、舜、禹時代，也恐難知「封建」為何物。儒家即宣揚「禪讓」，　美化堯、舜、禹，便是以德才授官讓權，何能出「封建」之法？建封之法大約只能初成於殷商後期，而定型於周初。難怪黃式三在其所著《讀胡子知言》中，認為胡宏的《皇王大紀》「所編之事，或缺略，或荒誕」❺。看來黃氏的批評並不是沒有根據。

　　雖然胡宏本著良好的願望，但其所闡揚的「封建制」事實上已不是西周或前西周時期的原型，而顯然加入了春秋時代「軍功爵」制的內容，甚至有漢代的「察舉與征闢」的影子。他一方面強調「封建制」之不可一時或缺，同時又主張將邦國分封給有德有功的「仁賢」，顯然已將上述用人之法雜揉在封建制之中了。

　　如其所宣傳的「井田制」一樣，胡宏的所謂「封建」，　事實上只是「舊瓶裝新酒」式的「托古改制」，　雖然有可能對當時南宋的政權安定和北圖恢復之業有所裨益，但歷史本是不可逆轉的，「封建制」為「郡縣制」所代替，乃是歷史的必然，這並不是因為秦始皇始作俑才如此。而且「郡縣制」也正是為了克服封建制自身所無法克服的種種弊端，才產生出來，並延續下去的。其目的之重要的一點也正在於分封「有德有功者」。　而真正封建制下的邦國之主，事實上也並不是什麼有德有功的「仁賢」，　而只能是宗族中人，並且無分「仁賢」與否。周初分封太公望與殷微子啟等，不過是不得已而為之，其目的也只是為了安撫功臣和防止殷商舊族勢力的強烈反抗而已。因此，當「郡縣制」的弊端敗露無遺之時，企圖以「舉賢任能」的「新」「封建制」來代替「宗子圍城」的舊「封建制」的政治設想，也同樣如恢復「井田制」的主張一樣，作為美妙的「烏

❺　黃式三《儆居集》卷四。

托邦」，只能存在於夢幻之中，絕不可能真正地成為現實。這種理想事實上並不比孟子的「仁政無敵」來得更實在，雖然兩者同樣被描繪得很美好。

（三）反對科舉取士，主張薦舉用人

「科舉」和「薦舉」都是中國古代選拔人才的「取士制度」。

科舉制自隋文帝楊堅時開始試行，直至清末廢止，在中國歷史上實行了一千三、四百年之久。科舉制通過開科考試，以成績優良程度為標準，為被錄取的「貢生」定品授官。因為這種制度以功名利祿為誘餌來籠絡人才，故對考生的道德品行缺乏考察，從而易於形成單純追求功名利祿的不良社會風氣。而考試所能體現的，又只是詞章的字面意義，考不出「舉子」或「貢生」們的實際政治才幹。宋代的科舉雖較唐代有所進步而偏重於義理，但是依然不能克服上述弊端，易於造成不務實際功效的時尚，天下士人，皓首窮經，不益於真正人才的培養和造就。

但是，「薦舉制」同樣不是十全十美，其弊甚至更為明顯。薦舉制自漢代以後開始實行，直至隋朝以後，被科舉制所取代。它包括漢代的「察舉」和「征闢」，還有從魏文帝曹丕黃初元年開始實行，直至南北朝結束為止的「九品中正制度」等。科舉制雖然不能從試卷上看出應試者的品行和實際才幹，但總可檢驗所學。而薦舉制則因在中國固有的農業類型文明之上建立起來的特殊人際關係，從而不能完全真實可靠。「薦舉者」和被薦舉人的關係，是使這種制度最終流於欺瞞的最重要原因。究其根，乃因這種關係拴繫在血親和土地等上，血緣與地緣之不能破除，這種制度就不能公正。

其實「科舉制」在宋代仍顯繼續發展勢頭，而且正在不斷完善

過程之中，諸如「鎖院」、「糊名」等具體方法，甚至在今天的高等院校招生考試中，仍然被照搬延用。但是，科舉制畢竟表現出了很大的弊端，這一點胡宏感受很深：「干祿士以盈庭，鬻辭章以塞路。斯文掃地，邪說滔天。愚弄士夫如偶人，驅役世俗如家隸。政時儒之甚辱，實先聖之憂今。」❺❺

胡宏據此認定，「科舉制」根本不能滿足國家對於人才的需要，因此，必須代之以「薦舉制」，在《知言·中原》中，胡宏指出：

> 古者舉士於鄉，自十年出就於外鄉，學於家塾州序。是學者何事也？曰：「六禮也，七教也，八政也」。書其質性盡道，才行合理，鄉老鄉吏會合分人，於春秋之祭祀鬼神而書之者也。三歲大比，鄉老鄉吏及鄉大夫審其性之不悖於道也，行之不反於理也，質其書之先後無變也，乃入其書於司徒，謂之選士。選士學於鄉校，其書之如州序。三歲大比，鄉大夫及司徒審之如初，乃入書如樂正，謂之俊士。入國學，春秋教以禮樂，冬夏教以《詩》、《書》，以上觀古道。樂正官屬以時校其業之精否而勉勵之。三歲大比，樂正升其精者於王，謂之進士。王命冢宰會天下之進士，論其資性才學行業，某可以為卿歟，某可以為大夫歟，某可以為士歟。卿缺，則以可以為卿者補之，大夫缺，則以可以為大夫者補之；士缺，則以可以為士者補之。三年一考其績，三考，黜其不職，陟其有功者。是故朝無幸官，野無遺賢，毀譽不行，善惡不眩，德之大小當其才，位之高下當其職，人務自修而不僥倖於上，人知自守而不冒昧求進，人知自重而不輕用其身，人能有恥

❺❺ 〈碧泉書院上梁文〉，《胡宏集》201頁。

而不苟役於利。此所以仕路清，政事治，風俗美，天下安寧，四夷慕義，而疆場不聳也。❺❻

　　這就是胡宏的「薦舉制」。它要求選士應自下而上逐級進行，實行層層推薦。而推薦必須依據考核之實進行，要求各級主管部門和主管人員，盡職盡責，嚴格把握住被選士人的品德、資質和才能。通過選士、俊士、進士三級綜合考察，最後得出優劣、高下的定論，授給相應的官職，使其參與國家的管理，為君王效命。授官以後仍不算完，還要三年一考核，根據政績情況決定黜陟。胡宏認為只有這樣，才能實現「德之大小當其才，位之高下當其職，人務自修而不僥倖於上，人知自守而不冒昧求進，人知自重而不輕用其身，人能有恥而不苟役於利」，才能實現「朝無濫士，野無遺賢」，才能滿足國家對人才的真正需要。

　　應當說胡宏懷有的願望是極其善良而又美好的，他為南宋王朝設計了一幅美滿的用人圖畫。但是胡宏在這裏顯然是將「薦舉制」理想化了。如前所述，「薦舉制」正是在其弊端層出不窮的情況下，在名存實亡的意義上被「科舉」所取代的。「科舉」雖然不免於流弊，但「薦舉」亦決不像胡宏想像的那樣完美無瑕。每一個執行薦舉者的德行和才識，還有整個社會的風氣，無不直接影響薦舉結果的真實可靠性。這些必備的條件不可能像胡宏理論上的想像那樣值得信賴。因此，薦舉制在其運行過程中，可能層層是弊，處處陷阱。漢代的「舉秀才，不知書；舉孝廉，父別居」以及「直如弦，死路邊；曲如鈎，反封侯」的現象，甚至「九品中正制」演變為「門閥制度」的流弊，即是對胡宏美化「薦舉制」的有力駁論。而事實上

---

❺❻　《胡宏集》45—46頁。

任何一種制度，都必然在其運行過程中，因社會普遍覺悟程度的不足而失之流弊。這一點也正是歷史循環論之能在歷史中不斷重新泛起的現實和心理上的原因，他們找不到最終解決社會流弊的完美無缺的理論和方法，因此就只有訴諸「循環」。而現實的社會關係，既是制度施行的根據，是其推進者、監督者和保障者，同時又是制度施行的障礙和破壞力量。這一點胡宏並沒有認識到。就實際的效果而論，「科舉制」或許確實優於「薦舉制」，雖然在理想中它並不如後者那樣完美。但是無論如何，「科舉制」代替「薦舉制」是用人制度上具有歷史意義的進步，它在相當程度上防止了關係下的舞弊行為，宋初李昉主考時舞弊被貶的事實即是證據[57]。胡宏於此一點上的失誤，正是因為「新儒家」因固守「童貞」，從而喜歡用理想來看待現實問題的「心理定型」所造成的。但是胡宏憂國憂君憂民憂天下的赤誠情懷，卻於斯而昭然於後世，彪炳於千秋。

（四）為美風俗而力倡重振三綱威嚴

儒家倫理觀念中的「五常」，即所謂「父子有親，君臣有義，夫婦有別，長幼有序，朋友有信」[58]，是由孟子首先完整的提出來的，五常倫作為正確處理人與人之間的五種基本關係的日常行為準則，是以家庭為本位並由此而伸展開去的。在孟子的五常倫思想中，「父子有親」居於首位，表明孝道在五常倫中具有最高最優先的價值。到了董仲舒，始將「父子」與「君臣」換位，並主要突出前三倫，提出了「三綱」的觀念。「三綱」之作為禮教，雖是應專制政治的需要而產生，但卻是「五倫」觀念發展的必然，董仲舒雖是始

[57]　參見《宋史・太祖本紀三》。
[58]　《孟子・滕文公上》。

作俑者，其實也只是充當了代言人。就「三綱」與「五倫」的作用而言，「五倫」作為日常行為的普遍原則，只具有一般的指導意義，而「三綱」作為正統禮教，則更具有權威性和強制的束縛意味。❺❾「三綱」較「五倫」來得更深刻，更有力量，其對「五倫」中雙向責任與義務的片面單向化，一直是其備受後世攻擊的核心要害❻⓿。

胡宏時代，「風教大頹」，胡宏欲「以死自擔」道學之衰微，以拯救因封建綱常淪落所造成的不古的人心和日下的時風，就必然竭力維護「三綱」、「五倫」等道德規範。又因三綱較五倫來得更直接、更深刻、更有力量，所以就將移易風俗的重點，放在了對「三綱」禮教的權威性的重新確立上。胡宏指出：

> 夫風俗者，人主之所自出，士大夫之樞而政事之影也。近世以來，行義凋損，政事殆廢，風俗薄惡，人民嚚頑。子弟變父兄者有之；為王臣而從盜賊者有之；為諸生而獻敵庭者有之；卒殺其守者有之；民殺其令者有之；執親之喪而從王事者有之；以卑賤而邀訐動搖尊長者有之。上下習以為常，恬不知怪，而三綱絕息，人道大壞，亂之所由作，兵之所由起也。❻❶

---

❺❾　參見韋政通《董仲舒》127—134頁，臺灣東大圖書有限公司，民國七十五年七月初版。

❻⓿　有關董仲舒將君臣、父子、夫婦等關係片面化為單向的臣對君、子對父、婦對夫的責任和義務，以及其優劣問題，請參見賀麟〈五倫觀念的新檢討〉，《文化與人生》57—62頁。商務印書館北京1988年8月第一版第一次印刷。

❻❶　《中興業・易俗》，《胡宏集》208頁。。

　　從這段文字中可以看出，胡宏雖然沒有改變董仲舒「三綱」禮教中的單向義務關係，但卻與董仲舒有著明顯的不同，他沒有像董仲舒那樣，將風俗之壞歸咎於下，而是認為，風俗好壞，是「人主所自出，士大夫之樞而政事之影也」。這一點立論十分重要，表明胡宏認識到「君心不正」、「臣心邪佞」是導致「行義凋損」、「風俗薄惡」的主要原因。由此，「人民囂頑」就是君營己私，吏急侵民的結果。如胡宏所指出的那樣：上「既汩其利矣，末流其可禁乎！」 ❷這是「三代之治所以不復」的根本原因所在。據此，要改變這種現狀，就必須正君心，矯臣妄、教萬民。正君心就是首要的和急迫的當務。只有這樣，才能談得上美風俗，「美風俗」然後國家乃安，中原可圖。因此，胡宏指出：「寡欲之君，然後可與言王道，無欲之臣，然後可與言王佐。」 ❸這一點也是胡宏理欲觀的一個明顯特徵，即克欲存理是必須的，但卻應首先自君上臣僚開始。胡宏與董仲舒之不同，也在於此。董子立「三綱」，旨在論證下對上的義務；胡宏護「三綱」，重在說明上對下的影響。這也是胡宏「開風氣」的地方。

　　胡宏據此認為，只要君心向仁，臣僚從之，百姓隨之，上行下效，「三綱」即可復振，即可實現風俗之美。反之，「雖天子之貴，不仁不義，不能以尊其身；雖天下之大，不能以庇其身，況其下者乎？」 ❹

　　胡宏針對高宗皇帝指出：

---

❷　參見《知言・天命》，《胡宏集》2頁。

❸　《知言・好惡》，《胡宏集》10頁。

❹　《知言・仲尼》，《胡宏集》17頁。

心，一也。而有欲心焉，有道心焉，不察乎道而習於欲，則情放而不制，背理傷義，秉彝僕滅，懿德不衍於行，而仁政亡矣。是故察天理，莫如屏欲；存良心，莫如立志。陛下亦有朝廷政事不干於慮，便嬖智巧不陳於前，嬪妃佳麗不幸於左右時矣。陛下試於此時沉思靜慮，方今之世，當陛下之身，事孰為大乎？孰為急乎？必有歉然而餒，惻然而痛，坐起彷徨，不能自安者。則良心可察，而臣言可信矣。坐大廷而朝朝臣，守是心而推之於事；退便殿而幸便嬖，亦守是心而推之於事；入燕寢而御嬪妃，亦守是心而推之於事。凡無益於良心者，勿可為也。念茲在茲，持之以久，優柔自進，則邪說橫議將逆於耳，正當篤論將當於心，智慮日益高明，功名日益光大，鄰敵之侵庶幾可禁，叛逆之臣庶幾可滅。苟不察心之命而大變焉，則身不能自信，何足以孚民心，動天意哉！❻

　　作為給封建帝王開出的治療「心」疾的一種方案，胡宏的「立三綱，易風俗」，十分類似於孟子對梁惠王和齊宣王的「勸諫」，目的就是要堅持儒家的「天下之本在國，國之本在家，家之本在身」的「內聖」是「外王」之本的主張。而這種主張之所以能夠成為主張，就是在「家天下」的封建時代裏，除此之外，便沒有更為有效的方法來抑制專制和消除由此而帶來的社會禍患。雖然「良心」的力量同樣十分有限。

　　胡宏由正君心開始，向下推演，提出欲正臣民心，必不能以「利勢」誘之。認為「上以利勢誘之，以智術干之，犯法者不必誅，亂

❻　同前注 ❺ 83—84頁。

政者不必退，是非由此不公，名實由此不核，賞罰由此失當，亂臣賊子由此得志，人紀由此不修」❻其結果，必然造成「以臣干君，以賤干貴，子不聽於父，弟不聽於兄，邊隅不聽於中國，天下萬事倒行逆施，人欲肆而天理滅」的狼藉局面。由此，「殘賊之政暴著天下，危亡之憂日以益甚，孟子所謂『由今之道，無變今之俗，雖與之天下，不能一朝居也』。將何以異於先朝，求救禍亂而致昇平乎！」❼

　　胡宏憂以天下，捨身救道的赤誠情懷，至此已無以復加！

（五）強化法度，減省刑罰

　　胡宏在強調重振「三綱」，以拯時風的同時，又提出了強化法度，減省刑罰的主張，以確保「三綱」不被動搖，從而使人主之威權得以順利實施。

　　胡宏欲「大變今世之法度」，並不主要指今天意義上的法制建設，但卻是其經世政治思想中的一項重要內容。

　　孔子曾經斷言，「導之以政，齊之以刑，民免而無恥。導之以德，齊之以禮，有恥且格。」❽這一點作為對道德與法律的社會功能的優劣及有效程度的評判標準，歷來為後世儒者所「宗法」。雖然它並不表明孔子和後世儒者反對法治，但卻表明他們重視德治。他們以道德為治本者，而以法治為治標者。就社會的徹底淨化和邪惡的根本消除而論，這一斷言並沒有錯。之所以沒有錯，乃是就人類之作為一個統一的發展全過程的最終結局而言，但就某一特定的歷

---

❻　同前注❺89頁。

❼　同前注❻。

❽　《論語・為政》。

史階段或某一固定的社會形態而論，在全社會的普遍覺悟程度還沒有達到相當的高度時，法律未嘗不是禁惡除奸、維護社會安定發展的一項最強有力的措施，而道德的力量在同樣的時期之內，卻常常顯得蒼白無力。

後世儒者在論述道德與法律二者的關係時，基本遵循著孔子的路線，胡宏亦不能外。但是胡宏將法制提高到與道德基本一致的高度，用「體用」的關係來加以說明，這在宋儒中卻是絕少見的。胡宏指出：

> 法制者，道德之顯爾；道德者，法制之隱爾。必有春秋冬夏之節，風雨霜露之變，然後生物之功遂。有道德結於民心，而無法制者為無用。無用則亡。有法制繫於民身，而無道德者為無體。無體則滅。[69]

胡宏將道德與法律，比作「春秋冬夏之節」和「風雨霜露之變」，「風雨霜露之變」因「春秋冬夏之節」而生，「春秋冬夏之節」必有「風雨霜露之變」，二者本然即一事體，雙方協同作用，共同完成「生物之功」。法律是「用」，是顯者，道德是「體」，是隱者，有體無用則亡，有用無體則滅。體用一源，顯微無間。邪惡因此而絕，風俗因此而美。這一點確實是胡宏「獨出宋儒之表」者，它不僅補充了孔子論「德」「禮」與「政」「刑」的不足，而且克服了「世儒」將二者對立看待的偏頗。就中國歷史上甚至今天社會生活中的諸如權錢互易、貪污腐化、以職謀私、賄賂盛行、貪贓枉法、道德暗昧、法令式微等現狀之難於改變而論，胡宏的這一可貴的思想未

[69]　同前注 [39] 6頁。

能被後世繼承與發展下去，實在不能不說是中國歷史的遺憾。人們
沉浸在「人治」與「法治」的論辯中，確不曾想到二者原本即是同
一事體，專任任何一方，都不能不造成不可拯回的損失。

　　但是，無論如何對於法律的社會功用的強調，胡宏終究超越不
了儒家既定的以道德教化為主的傳統思想框架，體用之喻，即已表
明了這一點。同時，這一點又緣於胡宏在道德修養論中對於主體自
覺性的強調。胡宏並不認為道德行為在實質上是可以強迫的，所謂
「萬事不論惟論心」，以及「志仁則可大，依仁則可久」，乃至於「臣
聞治天下有本，……何為本？仁也。何為仁？心也」等等，即是明
確的證詞。胡宏不同於程、朱，將道德本體看成是一種外在於人的
具有恐怖意味和強制性的「天理」，　而將其描繪成一種內在的美好
的感召，從而在人性的內質深處，引發人們向善的自覺性和主動性。
在胡宏「天人合一」的理學模式中，「以德配天」的歸處雖然是天，
但主動者和完成者卻是人。沒有主體人對於道德本心的擴充與弘揚，
「天理」將無以顯現並黯然無光。

　　胡宏繼續指出：

　　　　竊譬之欲拔亂反之正者如越江湖，法則舟也，人則操舟者也。
　　　　若舟破楫壞，雖有若神之技，人人知其弗能濟也。**❼**

　　但是，胡宏之強調法制，是與先秦法家所提倡的「嚴刑峻法」
有著原則區別的。一如傳統儒家一樣，其所強調的法制，只是成就
道德教化的客觀工具。因此，胡宏指出：

---

❼　同前注 **❶**。

生刑輕，則易犯，是故教民以無恥也。死刑重，則難悔，是
絕民自新之路也。死刑生刑，輕重不相懸，然後民知所避，
而風化可興矣。❼

　　關鍵在於一個「度」字。而這一「度」在實際操作中是最難掌
握的，因此必須「慎用刑罰」，增添其所必須者，減省其所不必者。
當然這已不是思想家的責任和義務。胡宏認為只有這樣，才能重振
社會風氣，以建立「三綱」為根本的倫理社會。

　　總之，胡宏不僅是一位傑出的理學思想家，同時又是一位頗有
建樹的政治理論家。他的上述政治思想，即便在今天看來，仍然具
有可供借鑒的現實意義。

---

❼　同前注 ❻ 1頁。

第四章　性本論

——理本論與心本論之外的第三條路線

性，是中國思想中一個經常提及，且十分重要的概念。性的涵義很多，但概括地講，大約主要有自然屬性、道德屬性和人的性情等意義。

自然屬性主要指人的生物欲望和生存本能，如告子的「食色性也」❶，莊子的「馬蹄可以踐雪霜，毛可以御風寒，吃草飲水，翹足而陸（跳），此馬之真性也」❷等。這顯然是指動物與人所共有的與生俱來的自然生存能力和生存繁衍的客觀要求。宋儒張橫渠所謂「飲食男女，皆性也」❸，即是指這種「人與物同之」❹的生存之性。這種生存之性，並不具有價值意義，或者明確的說，它既不產生價值，又不能用價值作為評判的標準，無論世間有沒有價值這個東西，或無論價值判斷是否真有意義，這種自然生存本性都不會因此而決定是否存在下去或產生出來，它並不是原則，而只是存在，一種自為的客觀存在。只要生物物種沒有滅絕。

性情主要是指性格、情感、情緒等，是在日常行為中所表現出的除了形貌等自然外觀的第二位的感性特徵。本亦從原則上不屬價值判斷的內容，但因其在相當程度上可以受理性和德行的制約，因

---

❶　《孟子・告子上》。

❷　《莊子・馬蹄》。

❸　《正蒙・乾稱下》，《張載集》。

❹　焦循《雕菰集・性善解》。

此極易被賦予價值的意義。

　　道德屬性則顯然是屬於價值判斷之內的，是價值評價的主要對象。

　　但是，儒家論性，卻從來都賦性以道德內涵，從詩經的「惟天之命，於穆不已」❺即已開始。孔子所謂「性相近也，習相遠也」❻，其實即指「仁智」之性。所以子貢說：「夫子之文章可得而聞也，夫子之言性與天道，不可得而聞也」❼。有人以為性的觀念，在春秋時期已很流行，但多指性格而言，孔子還沒有來得及將它整理和提升到倫理哲學的範疇高度。其實這是一種錯覺，雖然《論語》中提到「性」的地方只兩處，但從上引兩句，尤其是從後面一句中子貢「不可得而聞」的「性」看來，孔子講性的話也不少，只是後來弟子們記錄下來的不多，否則子貢不會有「不可得而聞」之語。記錄別人的話總不免有前後順序顛倒和疏漏等情況，這是常情。孔子已將性提升為倫理哲學的基本範疇了，但因《論語》所記過於簡略，所以已經很難推斷「性」在孔子那裏與「仁」、「禮」、「智」、「勇」等的具體關係。不過從「性相近也，習相遠也」這一條來看，孔子似已將仁、禮、智、勇等看成是性所固有。由此，孟子主人性善，且強調護持並擴充「四端」（仁、義、禮、智），才不致令人感到突如其來。荀子主性惡❽，才成為他被視作儒學異端的可以成立的理

---

❺　《詩經・周頌・維天之命》。

❻　《論語・陽貨》。

❼　《論語・公冶長》。

❽　學界長期認為荀子主「性惡論」，認為「人性本惡」，與孟子「性善論」正相反對。而韋政通獨以為荀子的「性」如洛克一樣，只是一張白紙。之所以變得邪惡，乃是因貪欲而生。認為其與孟子先驗主義的性善論，「根本是二種不同方法、不同態度之人性論」。（參見《先秦七大哲學

由。顯然，在孔子那裏，性作為道德屬性，有與生俱來的意味，因此，「性相近」即當指人所受天所稟的仁、禮、智、勇等的道德本性本無太多差異。孟子繼承了孔子這一思想，將仁、義、禮、智四端，視為不學而能的良能和不學而知的良知。指出：「人之所不學而能者，其良能也；所不慮而知者，其良知也。孩提之童，無不知愛其親也，及其長，無不知敬其兄也。親親，仁也；敬長，義也；無他，達之天下也」❾。孟子認為「良知」、「良能」是人所固有的，它的載體和表現形式都是心，因此，此心便是良知，所以說，「學問之道無他，求其放心而已矣。」❿。「放」就是「放失」，指人心所固有的「仁」或「良知」在追逐現實功利中喪卻掉。孟子的「心」「性」關係，雖然沒有表述得很徹底，但顯然已有了人性本善，需通過心來實現的意味，所謂「求其放心」，就是為了回歸本然至善之性。孟子的性善論雖在戰國末期受到荀子和他的法家弟子韓非李斯等的批判（理論的和現實的），但始終未能被壓抑下去，而一直存在並活躍在中國思想史的發展過程中。究其原因，一方面是人類追求的精神生活的倫理理想可以由它來表現。就此而論，性善論與其說是先驗的，毋寧說是理想的。人類一旦擁有並堅定了這種理想，生活就充滿了希望，現實的善良行為也就有了根據和皈依。另一方面，在專制盛行，皇權至上無偶的封建社會裏，要想維護所謂「公道」，就必須用「天理」或「良知」來警戒和威懾統治者，這樣才能對現實的「不公」與邪惡有所制約。除此之外，沒有任何更加有效的手段。以為法律能夠保障「公道」，這顯然是十分天真的童稚

家》163頁。臺灣水牛出版社民國82年12月10日初版4刷）。

❾ 《孟子・盡心上》。

❿ 同前注❾。

之想。因為法律既為君主所制定，就必然為君主服務，成為其侵天下財力以營一己之私的「合乎理性」的藉口。一旦法律觸犯了權貴的利益，則會被立即廢止或重新修訂。因此法律之作為絕對平等的真正保障，是必須在真正的民主制度之下才能實現的。就現代社會而言，法律所能保障的平等權益也不過是近似的和局部的。

性善論因上述原因，一直被繼承。但是到了漢代，已明顯的將本性之性與性情之性分離開來，並被賦予了相反的涵義。董仲舒與《白虎通義》均作了性善情惡的劃分，將性作為陽之所生，從而就理，因此是善的。將情視作陰之所產，從而就欲，因此是惡的❶。到了宋儒那裏，與漢儒一樣性情並言，但卻歸宗孟子，主張性情不兩離，再不作性善情惡的簡單劃分了。

周敦頤講太極、陰陽、動靜，可以說在為儒家倫理找尋宇宙論依據方面，獲得了較大的成功，他將性分為至善純一的，根源於宇宙本體——太極的剛健之性，但同時又將性作為剛柔等氣的特性。這就使得性有了不完全一致的屬性。至張橫渠提出了性是由「太虛」的氣化過程所造成的。指出「合虛與氣，有性之名」❷，雖較周敦頤更進一步規定了「性」的來源及形成過程，但其所指之性，依然具有周敦頤的仁、義、禮、智和剛、柔、緩、急的雙重特點，也就是說性之在人依然有本然至善之性和氣質之性兩種內涵。因此，究根而論，尚不能成為性一元論。同時，由於將「太虛」之氣當成人性的根源，同時又以其運動過程作為性的形成過程，從而便將本然至善之性與氣質之性在根源和形成過程中合為一處，使二者具有了相同的時空。雖然一再著重強調性是本然至善的，強調克服氣質之

---

❶　參見董仲舒《春秋繁露·深察名號》及《白虎通義·性情》等。

❷　《正蒙·太和》，《張載集》。

性使復歸本然至善之性，但這一實現過程因為在理論的立根處即已設立了自我障礙，因此就有了很大的困難。二程走不通此路，因此改弦更張，提出了理一元論。將「理」規定為天之本即如此，人之所必須遵循的至善原則，創立了理一元論的哲學基本路線。但性的問題，並沒有被二程拋棄，指出「性無不善，而有不善者，才也」❸程顥明確指出：「『生之謂性』，性即氣，氣即性，生之謂也。人生氣稟，理（自然應該）有善惡，然不是性中原有此兩物相對而生也。有自幼而善，有自幼而惡，是氣稟使然也。善固為性也，然惡亦不可不為之性也。蓋生之謂性，『人生而靜』以上不容說，才說性時，便已不是性也。凡人說性，只說『繼之者善』也，孟子言人性善是也。夫所謂『繼之者善』也者，猶水流而就下也。皆水也，有流而至於海，終無所污，此何煩人力之所為也？有流而未遠，固以漸濁，有出而甚遠，方有所濁；有濁之多者，有濁之少者。清濁雖不同，然不可以濁者不為水也。如此，則人不可以不加澄治之功。故用力敏勇則疾清，用力緩殆則遲清，及其清也，則卻只是原初水也。亦不是將清來換卻濁，亦不是取出污來置於一隅也。水之清，則性善之謂也。故不是善與惡在性中為兩物相對，各自出來」❹

　　程顥將性分為本然至善的無牽無掛之性（這是「人生而靜」以上不容說的性）和稟氣賦形之後累於物、係於情之性（這是指「生之謂性，性即氣，氣即性，生之謂也」的性）。雖說本然之性有「流而至於海，終無所污」的可能性，但事實上人皆生活在社會關係之中，為生存計，必有物質要求，徹底擺脫物累，不「役於物」是不可能的。因此，社會現實中人，本無至清不濁者，所謂清白，只能

❸　《遺書》卷十八，《二程集》。

❹　《遺書》卷一，《二程集》。

是相對而言。因此現實中人欲使自己復歸本然之性，就「不可以不加澄治之功」。 二程將「人欲」與「天理」對立提出；以為欲「存天理」，必「去人欲」，這種提法雖走上了極端，但卻表明了其理論的徹底性。二程論性，尤其程顥，將性分為本然之性和氣稟之性，雖然較濂溪與橫渠又進了一步，從而排除了性二元論的可能性，但並未將性作為本源和仁、義、禮、智等行為的先天根據明確提出來並加以論證，而只是將性看作理的表現形式，認為天理「稟之在我之謂性」❺，「性即是理，理則自堯舜至於涂人，一也」❻。真正將「性」作為人的日常倫理行為的惟一先天根據或道德之源明確提出來的是胡五峰。

胡宏祖述《論語》、《中庸》、《孟子》、《易傳》， 直承程顥、謝良佐，兼取周敦頤、張子厚、程伊川、楊中立等的長處，提出了自己獨特的「性本論」理論。

一、 性立天下之大本

胡宏認為：「天命之謂性。性，天下之大本也」❼，指出：「性也者，天地之所以立也」❽。說「大哉性乎！萬理具焉，天地由此而立矣。世儒之言性者，類指一理而言之爾，未有見天命之全體者也」❾。

---

❺　《遺書》卷六，《二程集》。

❻　同前注 ❸ 。

❼　《知言疑義》，《胡宏集》328頁。

❽　同前注 ❼ 333頁。

❾　《宋元學案・五峰學案》。

胡宏將「性」作為「天地之所以立」的根據，以為萬理盡在性中，認定「性」即是「天命之全體」，即是「天命」本身。從而在根源處，克服了周敦頤和張橫渠性論中可能出現的二元論傾向，同時又將「性」從二程「天理」的框制下解放出來，擺脫了其所處的「天理」的附庸地位，從宇宙論和本體論的意義上，確立了倫理哲學的「性」一元論的路線。

胡宏大約是從以下幾個層面上闡述性的特質的：

1.胡宏認為性是宇宙的本源和萬物存在的根據

《知言・事物》稱：「性立天下之有」[20]。張載曾言「太虛即氣」[21]，認為「太虛不能無氣，氣不能不聚而為萬物，萬物不能不散而為太虛」[22]，從而形成了太虛⇌氣⇌萬物的宇宙生成模式，性在這一過程的前兩個層次的交互作用中產生，因此並不具有本原的意味。如此便不難產生「太虛」是否是性或「太虛」是否具有性的疑問。而胡宏則提出了「氣之流行，性為之主」[23]的主張，認為「水有源，故其流不竭；木有根，故其生不窮；氣有性，故其運不息」[24]。由此，胡宏得出了「性，其氣之本乎」[25]的結論。認為「事物屬於性，……必有性焉，然後能存」[26]，既然「非性無物，非氣無形」[27]，因此就改換了張載的太虛⇌氣⇌萬物的模式而成了性⇌氣⇌萬物。

---

[20] 《胡宏集》21頁。

[21] 同前注[12]。

[22] 同前注[12]。

[23] 同前注[20] 22頁。

[24] 《知言・好惡》，《胡宏集》11頁。

[25] 同前注[23]。

[26] 《知言・紛華》，《胡宏集》25頁。

[27] 同前注[23]。

但是，在這性⇌氣⇌萬物的公式中，性雖作為本原，但卻不是生主，所謂「事物屬於性」或「性，其氣之本乎」，並不是講事物是由性所派生的，氣也不是從性中流出來的，而是講氣與事物均不能脫離性而獨立存在，性是氣與事物本身即已固有的內則，無性，氣便不成其為氣，事物也就無所謂事物了。所以才說「必有性焉，然後能存」。因此，所謂「萬物皆性所有也」❷，是指萬物必有性，有性之物才能成為物，世間並不存在無性之物。這種性，就今天的意義來講，就是指事物之所以為事物的內在固有規定性。

胡宏在論述性與事物的具體關係時，將性換成了道，並提出了「道不能無物而自道，物不能無道而自物。道之有物，猶風之有動也，猶水之有流也。夫孰能間之？故離物求道者，妄而已矣」❷。道與物之關係，即是屬性與存在的關係，屬性非存在無以附著，存在非屬性無以成就。在胡宏看來，屬性作為存在的根據，是與生俱來的，因此所謂「天命為性」，便是指明了「性」的與物俱生共存性。

胡宏將「性」從具體事物的個別屬性中抽象出來，提升為一個普遍性的原則，這樣就使得「性」成了永恒不滅的「與天地並生，與萬物齊一」❸的看不見摸不著但卻能夠感受的「存在者」。由此才有了「天下莫久於性」❸的規定。所謂「道無不可行之時」❸，即是指「性」的永恒遍在性。

---

❷　《知言・一氣》，《胡宏集》28頁。

❷　《知言・修身》，《胡宏集》4頁。

❸　此處借用《莊子・齊物論》中語。

❸　同前注 ❷ 。

❸　同前注 ❷ 5頁。

胡宏有時亦將「性」換成「理」來使用，「物之生死，理也。理者，萬物之貞也，生聚而可見，則為有；死散而不可見，則為無。夫可以有無見者，物之形也。物之理，則未曾有無也」❸

但是，在胡宏的思想體系中，「道」與「理」都是「性」的轉換使用形式，其抽象程度和本體高度均不及「性」。雖然「道」與「理」同樣具有「性」的意義。

胡宏的「性」，雖然是從具體事物的「理型」中抽象出來的，但卻是實實在在的，是存在於陰陽二氣的運作過程中，並表現為運作的規律的。

「胡子曰：一陰一陽之謂道，有一則有三，自三而無窮矣。老氏謂『一生二，二生三』，非知太極之蘊者也」❹胡宏這裏所講的「有一則有三」，當指氣與天、地、人。氣分陰陽，但陰陽皆氣，陰陽不兩離，其實為一。此「一」即是統一體，而不是如「太極」、「太虛」等的統一。從「一」而「三」，是與老子「道生一，一生二，二生三，三生萬物，萬物負陰而抱陽，沖氣以為和」❺的宇宙生成模式不同的。所謂「道生一」，就是指「一」從「道」裏而分離出來。《老子》又稱：「天下萬物生於有，有生於無」❻。由此看來，老子的一、二、三應當是對無、有以及有與無的類似於「陰陽相抱」的「沖和」狀態的描述❼。但胡宏的「一」即是老子之「三」同意之表述，而胡宏之「三」則當指天、地、人。「立天之道曰陰

---

❸ 《知言・陰陽》，《胡宏集》8頁。

❹ 同前注 ❸ 7頁。

❺ 《老子》第三十六章。

❻ 《老子》第十章。

❼ 參見韋政通《先秦七大哲學家》七一頁，版次見前注 ❽。

與陽，立地之道曰柔與剛，立人之道曰仁與義」❸，儒者以天、地、人為三材，並為之立則（確切的講，應當是立言以表示其則），胡宏之「三」，故當指此三材。胡宏在使「性」不再玄虛從而具體為陰陽二氣的交合作用的同時，又與老子的宇宙生成模式劃清了界限。在胡宏看來，「陰」與「陽」根本就不會單獨存在，「有」與「無」也是如此。二者從來就是同時空，共作用的。陰陽或無有既不可能單獨存在，那分別發生作用並成為宇宙生成過程中的客觀階段，便是不可能的。這一點雖可能受到了二程關於陰陽的直接啟發，但其深刻程度和抽象程度，已遠遠超過了二程。二程謂「一陰一陽之謂道，道非陰陽也，所以一陰一陽者道也」❸。講陰陽不是道，「所以一陰一陽」才是道。應當說這是對道的一種新的把握，它將道視為陰陽這一對立著雙方的相互作用，是相當精深的。但這裏並沒有在理論上將陰、陽作為同一事物或同一過程來看待。胡宏的「有一則有三」，直接省略掉了陰陽的分立，認為宇宙生成過程並不曾經歷此一階段，顯然是高於老子和二程的，更較周敦頤的「無極而太極，太極動而生陽，動極而靜，靜而生陰，靜極復動。一動一靜，互為其根，分陰分陽，兩儀立焉。陽變陰合而生水火木金土。五行順布，四時行焉……」❹宇宙生成模式為簡潔明快、精微至到。

　　胡宏既將宇宙生成模式表述得如此精微簡潔，又同時將性表述的深蘊而通俗，以為「陽中有陰，陰中有陽，陽一陰，陰一陽，此太和之所以為道也」。❹，而「陰陽成象，天道著矣」❹。在〈周禮‧

---

❸　《易‧繫辭》。

❹　《遺書》卷三，《二程集》。

❹　《太極圖說》，《周敦頤集》3─5頁。

❹　《知言‧大學》，《胡宏集》32頁。

禮樂〉中，胡宏更進一步指出：「夫天地之道，一往一來，否泰相
應，變化無方，人日用而不窮。不可以智慮測度，不可以才能作為
者，謂之鬼神。鬼神者，特以往來言之。道固一體，不可分也。先
儒多以神屬之天，鬼屬之人，我知其不知鬼神之情狀矣」❸，胡宏
以「或往或來」謂「天之所以為道也」❹，從而使自己作為「性」
的「道」便同老子的具有一定神秘主義色彩的「道」區分開來。老
子嘗謂：「有物混成，先天地生。寂兮寥兮，獨立而不改，周行而
不殆，可以為天下母。吾不知其名，字之曰道；強為之名曰大」❺。
胡宏則認為「夫可以有無見者，物之形也。物之理，則未嘗有無也。
老氏乃以有無為生物之本，陋哉！」❻。並指出「道充乎身，塞乎天
地，而拘於軀者不見其大；存乎飲食男女之事，而溺於流者不知其
精。諸子百家億之以意，飾之以辨，傳聞襲見，蒙心之言。命之理，
性之道，置諸茫昧則已矣」❼。在胡宏看來，「性」雖與宇宙同大同
久，又藏匿於事物之中，但並不神秘，只要努力認知，是完全可以
把握的。胡宏認為，「一噓吸，足以察寒暑之變；一語默，足以著
行藏之妙；一往來，足以究天地之理。自陋者，不足與有言也；自
小者，不足與有為也」❽。胡宏以為「人雖備天道，必學然後識」，
只要不「自陋」、「自小」，努力學習探究，「習而後能，能而後
用」❾，是完全可以實現對「天道」即「性」的認識和利用，並使

---

❷　同前注❷6頁。

❸　《胡宏集》254頁。

❹　《知言・往來》，《胡宏集》13頁。

❺　《老子》第二十一章。

❻　同前注❸。

❼　《知言・天命》，《胡宏集》3頁。

❽　同前注❷。

之發揚光大，實現「開務成物」的目的的。「事有大變，時有大宜；通其變，然後可為也，務其宜，然後有功也」❺，原來這種藏匿於「形形之物」背後的「不形形之道」，　只存在於日用之間和飲食男女之中，它既遠在天邊，卻又近在眼前，只要對眼前事物有真實地見處，便可識性。因此，胡宏說：「探視聽言動無息之本，可以知性」❺。胡宏於日用之間體察「性」的存在的思想，應當說是受了其父胡安國的相當影響的。胡安國弟子曾吉甫「嘗問：『今有人居山澤之中，無君臣、無父子、無夫婦，所謂道者果安在?』曰：『此人冬裘夏葛、飢食渴飲、晝作入息，能不為此否?』　曰：『有之。』曰：『只此是道。』」❺。由此看來，胡安國的所謂「道」，亦並不僅指君臣、父子、夫婦等人倫之道，而是自然之道，它存在於宇宙之間，表現在「冬裘夏葛、飢食渴飲、晝作入息」等眼前之事和日用之間，人倫之道只是道的核心內容，或者說是「道」之在人處的表現形式。與胡安國極盡對於人道的鼓吹並將其提高到道中之至上地位不同的是，胡宏雖亦極盡對人道的推崇之能事，但卻將人道附在「性」下，看成是「天命」所賦予人的。在胡宏那裏，人倫之道更具有宇宙本體論的依據，從而更加可行而又必須遵循了。

　　胡宏之所以認為道物不兩離，陰陽不分治，乃源於其對事物必須有對待的存在物的認識。在他看來，世界上並不存在沒有對立面的「挺然獨立」者。「物不獨立必有對，對不分治必交焉」❺，「易有

---

❹　同前注 ❷ 。

❺　《知言・復義》，《胡宏集》35頁。

❺　《知言・事物》，《胡宏集》21頁。

❺　《宋元學案・五夷學案》。

❺　同前注 ❷ 。

太極，是生兩儀。故天地之間，物必有對，感則必應，出則必反，不易之理也」❺。因此，陰陽從來不曾分開，天地、君臣、夫婦皆然。「天得地而後有萬物，夫得婦而後有男女，君得臣而後有萬化，此一之道也，所以為至也」❺。雖然許多哲學家在胡宏之前都曾提出過對立面的「交感」問題，「但明確提出『對不分治必交焉』，應法說是胡宏的貢獻」❺。

胡宏在堅持陰陽不兩離，有無不可分的問題上，批判了老子的「有無相生」理論，而在堅持「道物」同處，共建宇宙秩序方面，又批判了佛教的「離物談道」的主張，指出：釋氏「離物而求道者，妄而已矣」❺，認為「物象有形影，實而可用之謂形，空而不可用之謂影。儒者之教踐形，釋氏之教逐影，影不離乎形者也。是故聽其言則是，稽其行則非。惟高明篤實之君子，乃知釋氏之妄大有害於人心」❺指斥釋氏為「彼遺棄人間萬物，惟以了死生為大者，其蔽孰甚焉」❺！

胡宏又針對黃祖舜、沈大廉對《論語》中「曾子曰：『以能問於不能，以多問於寡；有若無，實若虛，犯而不校，昔者吾友嘗從事於斯矣』」 一條的解釋，提出了批評。黃祖舜認為「犯而不校，無物我之心也」，沈大廉亦稱：「自『能問』、『若虛』以至『不校』，皆是無物我之事，不必分也。」胡宏指出：「二氏皆有『無物我』之

---

❺ 《釋疑孟、理》，《胡宏集》325頁。
❺ 同前注❸。
❺ 張紹良語，見《中國古代哲學家評傳》續編三，385頁。齊魯書社出版發行，1982年9月第一版第一次印刷。
❺ 同前注❷。
❺ 《知言・大學》，《胡宏集》34頁。
❺ 同前注❺22頁。

說，愚竊惑焉。蓋天地之間無獨必有對，有此則有彼，有內則有外，有我則有物，是故『一陰一陽之謂道』，未有獨者也。而聖人曰『毋我』者，恐人只見我而不見人，故云爾也。若物我皆無，不知酬酢萬變，安所本乎?」 ❻。

胡宏對於黃、沈二氏的批評，一方面堅持了二程的「凡眼前無非是物，物物皆有理」 ❻，強調「道外無物，物外無道」的道物不兩離的原則，同時又強化了「物不獨立必有對，對不分治必交焉」的主張，明確劃分了「彼此」、「內外」、「物我」之對立存在，從而杜絕了由「物我皆無」導致釋氏「乃以天地人生為幻化」 ❻的可能性。但是，胡宏卻強調儒者修身的最高境界之一，亦是「物我兼忘」。這種「物我兼忘」與「物我皆無」，「乃以天地人生為幻化」是有著細微的原則差別的。「釋氏毀性命，滅典則，故以事為障，以理為障，而又談心地法門何哉！縱使身心休歇，一念不生，以至成佛，乃區區自私其身，不能物我兼忘，與天下大同也。以其不識本宗，故言雖精微，行則顛沛，其去仁遠矣」。 ❻。胡宏所強調的「物我兼忘」，是指儒者因「天行健」而「自強不息」，是修我配天，以人合道。這種「與天地參」的天人合一的倫理極境，並不是「物我兼棄」。棄了物我則便沒有真正意義上的天人合一。真正意義上的天人合一，並不是「以事為障，以理為障」， 而是以事物為中介，為橋梁，通過「格物」工夫，把握「理」之所在，「性」之所存，從而實現「萬物皆備於我」，進而「贊化育，與天地參」。佛氏的因滴水而識大海

---

❻　《論語指南》，《胡宏集》307—308頁。

❻　《遺書》卷二十五，《二程集》。

❻　〈與原仲兄二首〉之一，《胡宏集》121頁。

❻　同前註 ❻ 之二，122頁。

與儒者的因吾心而見宇宙❻，從實質處是不同的，雖然就認識的方法和表面形式而論極其相似。佛教與儒者均欲「積善」，但目的不同，儒者「積善」是為了「成德」，使「聖心備焉」❻。在這一「積善成德」的過程中，必須以「誠敬」的態度去「格物致知」，其基本出發點是因有物我之分，「權度縱釋在我」❻，故當至「萬物皆備於我」❻之境時，「反身而誠，天地之間，何物非我，何我非物？仁之為體要，義之為權衡，萬物各得其所，而功與天地參焉」❻。而佛教「積善」則是為了在「輪迴」中免遭「地獄」等之苦，它的基本出發點並不像儒者以天地萬物為真實存在，而視之為「虛幻」，以「物我」為障，故兼而棄之。如胡宏所謂「萬物不備，謂反身而誠，某不信也」❻。同時，儒者捐軀配道，「殺身成仁」、「捨生取義」，體現的是公益精神，釋氏「出家出身」、「捨身飼虎」，為的是解除「罪孽」，以求「超脫」，展示的是私己情懷。一是欲人於冥冥中因佛而去，實現自我「涅槃」，一是要人於自覺中循聖而來，完成「開務成物」。因此，胡宏指出：「釋氏狹隘偏小，無所措其身，必以出家出身為事，絕滅天倫，摒棄人理，然後以為道，亦大有適莫矣，非邪說暴行之大者乎？」❼

總之，胡宏的「物我兼忘」，並不是捐棄「物我」，而是在承認這種「物我」之分的前提之下，強調以人合天，實現融我於天的天

❻　參見《陸九淵集》〈雜說〉。
❻　《荀子・勸學》。
❻　《胡宏集》16頁。
❻　《孟子・盡心上》。
❻　同前注❻。
❻　同前注❻。
❼　同前注❻。

人合一的修養境界。所謂「天人本不二」，並不是指「天」與「人」沒有差別，而是指「對不分治必交焉」，「天」「人」雖有別，但實則是交互作用的統一整體。是明於「天人之分」基礎上的「道不遠人」。

胡宏立「性」於氣與道的共同體中，並以道氣不兩離的交互作用為「性」，就是將「性」從具體事物與屬性的一般之「理」中抽象出來，提升為宇宙人生的通則，從而便將具體事物，具體事物的屬性和全部事物所具有的共性簡化為物、理、性。進而脫離了理本論，將理置於性下具體事物與屬性的一般之「理」中抽象出來，提升為宇宙人生的通則，從而便將具體事物，確立了性一元論的宇宙觀，從而與二程將性置於理下，以理為性之本的「性即理」的理一元論形成鮮明對照。雖然胡宏並沒有指出「性一理殊」的命題，但從其所表述的「性」與「理」的關係看來，其思想中確實存在此一命題[71]。學界流行的一個觀點，就是認為胡宏在「理欲」關係上不同於程朱，從而作為異端與正統相抗爭，使得理學發展史更加複雜而紛繽多彩了[72]。如果胡宏作為「異端」與程朱之「正統」相抗衡，構成理學內部的複雜之爭一說[73]可以成立的話，那麼胡宏作為「開

---

[71]　參見侯外廬等《宋明理學史》上卷293頁。人民出版社1984年第一版第一次印刷。

[72]　在眾多的書文中，多將胡宏作為理學的「異端」看待。將胡宏當成「正統」理學家看待的，除牟宗三以外（參見《心體與性體》），方壯猷亦將胡宏看成「正統」理學家。但其與牟宗三之不同處，乃在牟宗三認為朱熹是「別子為宗」，而方壯猷則認為二者均是正統，以為朱熹與胡宏之爭，是正統理學家內部的鬥爭。（參見方壯猷文〈宋代百家爭鳴初探〉，文載《中國哲學》第八輯。生活、讀書、新知三聯書店1982年10月初版，第一次印刷。文在書中86頁。）

風氣的人物」❼，其所開風氣，就決不僅只在「天理人欲不相離」、「天理人欲無主次之別」、「天理人欲、本無善惡」❼和「把道與物看成是不能分離的，這在一定的意義上說有其辨證的合理因素」❼等方面「觀點」，而尤其關鍵的，也是第一位的應當是他所創立的「性」一元論，使他脫離了自命為「正宗」的程朱理本論（朱熹雖在胡宏之後，但其宗小程子頤，故為一系），為理學或儒學的重建開闢了一條嶄新的道路。在這一點上是前無古人，後無來者的。劉蕺山（宗周）雖被牟宗三劃歸於五峰一系，並認定二者所屬之系是理學的惟一「正宗」，但劉宗周實非「性本論」者。

　　筆者吃不透牟宗三關於「胡宏為正宗」的思想，但卻以為胡宏所開創的「性本論」路線，確實屬於承由《中庸》、《易傳》而回歸

---

❼　牟宗三於所著《心體與性體》中，將宋明理學明確劃分為三系，認為伊川、朱子為一系，胡五峰與劉宗周為一系，象山、陽明為一系。並以胡宏為嫡傳，而以程朱為「別子為宗」。（參見《心體與性體》第一冊第一部第一章第四節《宋明儒之分系》四六─六〇頁。）劉述先則以其認定「五峰自成一系」為「獨具只眼」。（語出劉述先《宋明儒學之特質與其現代意義》，見《中國文化論文集》41頁。臺灣幼獅文化事業公司出版）熊十力雖未將胡宏彰顯出來，以其為嫡，但亦有明顯的不以程朱理學為正宗的傾向，嘗謂「中學以發明心地為一大事」，並主張「直接本心，通物我內外，渾然為一」。（參見《新唯識論》678─679頁，中華書局1985年）。以上皆與流行的以胡宏為異端，而以程朱為正宗的學界一般觀點不同。

❼　劉建麗語，見《中國儒學辭典》《胡宏》條，76頁。原文為「胡宏是最早對程朱理學的某些觀點表示異議的開風氣人物」。遼寧人民出版社1988年12月第1版。

❼　同前注 ❼ 299頁。

❼　同前注 ❼ 374頁。

於《論語》、《孟子》之較為圓滿的發展，亦於程明道（顥）之所謂「圓教模型」受啟並揮發頗多。是否「正宗」理學不論，但「性本論」縱貫宇宙人生，對於倫理得賦於天，從而必須遵循方面，論證完滿。其於人類的道德行為之自然而必然的論證，完全能夠自圓其說，從而使得即便如康德這樣偉大的倫理哲學家關於「人的道德行為為什麼能夠是自覺的，這是理性所不能回答」的結論，不能成為結論❼。關於這一點，向後還將論及，茲不贅述。

胡宏以宇宙的變遷為永不停息的運動過程，這一過程的具體表現就是「氣」的「息」與「滋」，「一氣大息，震蕩無垠，海宇變動，山勃川湮，人消物盡，舊跡滅亡，是所以為洪荒之世歟?」❼他認為由於地質變動而產生地理變遷，從而導致了物種的絕滅，造成「洪荒之世」，但是「洪荒之世」並不是宇宙的起源，而只是其無限發展過程中的一個階段，是氣化過程中一個階段的結束和另一個階段的開始。❼新的階段開始之後，「氣復而滋，萬物生化，日以益眾」❽。而在這種周而復始的「氣化流行」過程中，「性」不僅一直存在，而且正是因為它的存在，氣化「流行」過程才得以實現。「性」不僅沒有在氣化「流行」過程中喪失，而且是這一過程的內在根據，惟因「性」的久在與遍存，才有所謂氣化「流行」。「性」因此才能成為「氣之本」。「性」雖至誠專一，但「性」卻「不能不動」❽，

❼ 參見牟宗三《心體與性體》第二冊《胡五峰》部分。
❼ 《知言・一氣》，《胡宏集》27頁。
❼ 參見陳來《宋明理學》150－151頁。遼寧教育出版社1991年12月第1版，1992年6月第2次印刷。
❽ 同前注❼。
❽ 《知言疑義》，《胡宏集》336頁。

「性」動氣始「流行」。「萬物皆性所有」**❷**，「性外無物，物外無性」**❸**，性是「形而上者」，物是「形而下者」**❹**，形而上之「性」與形而下之「物」相互作用，構成了「太極之動」和「乾道變化」，從而「各正性命，命之所以不已，性之所以不一（此性之分殊，即理之謂也），物之所以萬殊也」**❺**。「性」之所以能「散而為萬殊」，並非是指本源之「性」並不純一，而是指散附於不同事物中，就變成了「理」，「理」是具體事物的具體屬性，「性」是萬有世界的通則。所以說「萬物不同理，死生不同狀」**❻**，因此也才有「大哉性乎，萬理具焉，天地由此而立矣。世儒之言性者，類指一理而言之爾，未有見天命之全體者也」的批評。由此看來，胡宏的性具有與宇宙同大同久的內涵與外延。從外延上看，「性」既具有與空間的同大性，又具有與時間的同久性。「性」存在於萬有世界的全體之中，萬有世界因「性」之存在；而成為萬有世界，「萬物皆性所有」，非性無以立。從內涵上看，「性」涵「萬理」，「性」之分殊，表現為天下「萬理」，「理」是「性」於具體事物上之表現，非「性」無「理」，非「理」無物。「性」既是真正的實體，表現為「非性無物，非物無性」，「萬物皆性所有也」；同時，「性」又是超越的本體，表現為「天地之所以立」的形上根據。前者被胡宏表述為「論其生，則散而為萬殊，善惡吉凶百行俱載，不可掩遏」，後者則被表述為「論其體，則渾淪乎天地，博淡乎萬物，雖聖人，無得而名焉」**❼**，

---

❷　同前注 **❷** 。

❸　同前注 **❷** 6頁。

❹　《釋疑孟·辨》，《胡宏集》319頁。

❺　《知言·漢文》，《胡宏集》41頁。

❻　《知言·義理》，《胡宏集》31頁。

「論至於是，則知物有定性，而性無定體矣」❽❽。就「性」是客觀的實體而論，它是「生性」，即「生之謂性」，就其是超越的本體而論，它是「人生而靜以上不容說」的「天命」。這一點明顯表示出胡宏深受程顥影響，且是直承大程子而來的。程顥又謂「論性不論氣不備，論氣不論性不明，二之則不是」。胡宏將「性」作成了既是客觀的內在的實體（就人及其它存在物而論），又是超越的外在的本體（亦是就人及其它存在物而論）。顯然是對程顥的「人生而靜以上不容說」的「性」和「生之謂性」的性的繼承和發展，亦是對周敦頤的「無極而太極」的宇宙生成模式的簡化，同時又是對張橫渠太虛⇌氣⇌萬物的模式中的二元論傾向的克服。因此，牟宗三以胡宏為對於「由濂溪、橫渠而至明道」的尚未分系的北宋前三家，尤其更是程顥的所謂「圓教模型」的「第一個消化者」，是符合事實的❽❾。

　　宋儒論「太極」、「太虛」、「理」、「心」等，皆不是為了探尋宇宙的奧秘，不過是藉此為儒家倫理找尋宇宙論和本體論上的客觀依據，進而證實人倫綱常的自然合理性，從而使人明曉道德行為的必然性和當然性，激發人們踐履仁義的主觀自覺。胡宏論「性」亦不外此。但在論證道德倫理行為的先天根據和主觀自覺之間的關係時，都或多或少的遇到了一些困難，這種困難就使得綱常倫理帶有了不可克服的「強加於人」的特點。在這一點上，「理本論」尤其顯得突出。按照「理本論」的模式，人們在從事道德實踐活動中，總會有自己的道德行為是在受制於天的情況下不得已而為之的感覺。後

---

❽❼　同前注 ❽❹ 。

❽❽　同前注 ❽❹ 。

❽❾　同前注 ❼❸ 。

世對「理本論」的強烈反叛和詛咒，謂其「以理殺人，甚於酷吏」❾⓿
的理由，也正在於此。而「理本論」之所以能夠被自上而下的推行，
統治了中國思想界達六、七百年之久的重要原因，也正在於它具有
強制性。這種「強迫」意味與封建皇權專制構成了思想意識和現實
政治的有機整體，作成了完整意義上的上層建築，鞏固了封建專制，
使中國的封建社會成了一個相當穩定的結構，阻礙了社會發展，壓
抑了人性。與此相反，「心本論」極盡對於主觀自覺和價值需要通
過自我來實現的弘誦，雖然擺脫了「天理」的束縛，但卻極易導致
「冥行妄作」， 從而最終必然導致道德倫理行為的脫離原旨，它雖
然克服了道德行為受制於「天理」的弱點，欲建立一種以主體為主
的自律道德，但卻失去了「他律」的控制，失去了客觀必然性。從
而使人的道德行為失去了客觀的根據。同時，因為道德的自我是和
感性的自我同體的，其超越性總不能離開生物軀體而單獨存在，因
而使極易產生將個體的感性欲求，如飲食男女等絕對化並等同於客
觀天理。後世反叛「理本論」的世俗味較為濃烈的文學作品，如《玉
蒲團》、《金瓶梅》等，其實在一定的意義上即可以說是「心本論」
濫觴的結果。雖然其對於人性解放的歷史作用不可抹殺，但其於人
類真正的合乎理性的道德生活的獲得，並沒有多少有益的啟示。

「理本論」與「心本論」之所以有此等弊端，拋開現實不講，
僅就其理論與實踐的關係而論，似乎缺少一個必要的中間環節，也

---

❾⓿ 《民報》第6號載章太炎〈東京留學生歡迎會演說辭〉稱：「幾句宋儒
的話，就可以任意殺人。世人總說雍正待人最為酷虐，卻不曉得是理
學助成的」。又《民報》第22號載章太炎另一文〈四惑論〉又稱：「洛
閩諸儒，喜言天理，……其極至錮情滅性，蒸民之常業，幾一切廢棄
之。……天理之束縛人甚於法律」。類似的批評，見於魯迅等甚多。

就是說，無論是以人去循「天理」，還是用人心去替代天理，總有關於人為什麼必須法天和人的自覺行為為什麼有客觀的根據等方面缺乏中間過渡的理論論證環節的嫌疑。正是在這一點上，胡宏的性本論顯示了不同於二者的優異。

二、從「性立天下之有」到人性的自然過渡

「性」即天命之謂，是「天下之大本」，因此，它就自然成了「天地之所以立」的根據。又：「萬物皆性所有」，「性外無物，物外無性」，因此「性」就必然有「與天地並生，與萬物齊一」的屬性。又因為「性不能不動」和「氣之流行」，從而生成萬物，世界因而成了萬有的實存。萬有世界之所以表現為「萬殊」，原因乃在於對於「性」的「各有分焉」❾❶。又因「性一理殊」，故「性」分於「物」者為「理」。而人稟天地之貞，故為最靈秀者，故「性」之分殊於人仍為「性」。在人與物之優秀與普通之關係上，胡宏認為：「人備萬物，賢者能體萬物，故萬物為我用。物不備我，故物不能體我」❾❷。「天地根於和，日月星辰根於天，山川草木根於地，而人根於天地之間者也。有其根，則常而靜，安而久。常靜安久，則理得其終，物遂其性」❾❸。天則生化，地則育載，故「根於地」的「山川草木」以及禽獸之屬只有育載之性，為養人養他物而用。而「根於天地之間」的人，就擁有生化與育載的功能，盡得天地之性。而「天道」「剛健有為」，「維天之命，於穆不已」，所以天地之常即是

---

❾❶　同前注 ❽❺。

❾❷　同前注 ❺❶ 22頁。

❾❸　《知言・中原》，《胡宏集》48頁。

人生之常，所以人是「道義完具」者。因此，「魚生於水，死於水，草木生於土，死於土，人生於道，死於道」，就是「天經也」❾。而「飲食、車馬、衣裘、宮室之用，道所以有濟生者，猶魚有蘋藻泥沙，草木有風雷雨露也。如使魚而離水，雖有蘋藻泥沙，則不能生矣；如使草木而離土，雖有風雷雨露，亦不能以生。今人也而離道，飲食雖豐，衣裘雖鮮，車馬雖澤，宮室雖麗，其得而享諸?」❾魚因水而生，故離水則死；草木緣土而活，故離土則亡；人依道而存，故離道者，非人也。由此，人與天的溝通便具體化和現實化了。以人德配天，因此就不再是勉強的和具有盲目性的了。

胡宏進而指出：「天命不已，故人生無窮。具耳目、口鼻、手足而成身，合父子、君臣、夫婦、長幼而成世，非有假於外而強成之也，是性然也」❾。因為「人皆生於父，父道本乎天」❾，所以「孝弟須知是本根，萬般功行且休論，聖門事業無多子，守此心為第一門」❾就是對自然而然的天之所賦的人倫關係的描述了。

胡宏之所以認為人先天即受了倫理的稟賦，而動物卻沒有，原因並不在於動物沒有親親關係而在於動物草木等根於地，故其親親關係只是自然的，固著不住的，即所謂「不得其全」。《知言·往來》稱：「人也者，天地之全也。而何以知其全乎? 萬物有有父子之親者焉，有有君臣之統者焉，有有報本反始之禮者焉，有有兄弟之序者焉，有有救災恤患之義者焉，有有夫婦之別者焉。至於知時御盜

---

❾　《知言·仲尼》，《胡宏集》17頁。

❾　同前注 ❾ 。

❾　同前注 ❷ 6頁。

❾　同前注 ❽ 40頁。

❾　《絕句·贈人》，《胡宏集》72頁。

如雞犬，猶能有功於人，然謂之禽獸而人不與為類，何也？以其不得其全，不可與為類也。」❾❾，而且「目之所可覩者，禽獸皆能視也。耳之所可聞者，禽獸皆能聽也。視而知其形，聽而知其聲，各以其類者，亦禽獸之所能也。視萬形，聽萬聲，而兼辨之者，則人而已」❿。因此，人的本性即是仁智之全體而完滿。所以說「人也，性之極也」⓫。

　　但是，由於現實利欲所驅使，尋常人便迷失了本性，喪卻了良知。「生本無所好，人之所以好生者，以欲也；死本無所惡，人之所以惡死者，亦以欲也。生，求稱其欲；死，懼失其欲。冲冲天地之間，莫不以欲為事，而心學不傳矣」⓬。因此，「人雖備天道，必學然後識，習然後能，能然後用。用無不利，唯樂天者能之」⓭。由是，人生在世，必志於仁，「仁者，人所以肖天地之機要也」⓮，「志仁則可大，依仁則可久」⓯。如是，則人的道德行為，因其稟受了天性而擁有了客觀必然性。同時，又因現實中人為利欲所蒙蔽，從而人類的倫理行為又有了現實必要性。既有了客觀必然性（「性」使之然也），又有了現實必要性（欲蔽使然也），那麼是否具有實現的可能性（「心」能成之也）？這個問題，胡宏的回答是十分圓滿的，留待下一章中詳論。

　　胡宏證成了「成世」的「父子、君臣、夫婦、長幼」等是「非

---

❾❾　同前注 ㊹ ，《胡宏集》14頁。

❿　同前注 ❾❾ 。

⓫　同前注 ❾❾ 。

⓬　《知言‧文王》，《胡宏集》18頁。

⓭　同前注 ㉔ 。

⓮　同前注 ㉖ 。

⓯　同前注 ㉔ 10頁。

有假於外而強成之也，是性然也」，　而「仁者，人所以肖天地之機
要也」便因而成了以「孝道」為本的天定原則，因此「道非仁不立，
孝者，仁之基也」⓺也就成了順乎天性的自然而然了。由此，孝悌、
慈愛的親親原則就是天然的人倫之理了。但人既非動物，則其日常
行為就不應當僅僅限於親親，它之作為「得天性之全」者，必須體
現所謂「全」，　因此，由親親開始，推己及人，由人而物，就是當
然之理，否則便不能「盡性致命」。因此，「人不獨親其親，不獨子
其子；使老有所終，壯有所用，幼有所長，鰥寡孤獨廢疾者皆有所
養。男有分，女有歸。貨，惡其棄於地也，不必藏於己；力，惡其
不出於身也，不必為己」的「天下為公」的「大同」社會⓻，也就
成了自然本該具有的理想了。既然這種「大同」是「天地萬物，一
人之身也」⓼，所以，君子就必須修德配天，「開務成物」。因此，
胡宏指出：「有毀人敗物之心者，小人也。操愛人成物之心者，義
士也。油然乎物各當其分而無為者，君子也」⓽。應當指出，胡宏
的「無為」與老子的「無為」是不一致的。道家的「無為」是以「絕
聖棄智」⑩為前提的反樸歸真，其以反社會、反經驗為標的，實現
對倫理的、智慧的和法制制度的離棄，亦即對思想和政治的離棄。
但其所設定的理想—「小國寡民」⑪社會，終其極，只能是自然人
的社會。而胡宏雖亦反對「智巧之巧」，　但卻強調「聰明智慧」之
重要性。「聖人不去情」、「聖人不病才」、「聖人不絕欲」，「聖人不

⓺　同前注❷。
⓻　《禮記・禮運》。
⓼　《呂氏春秋・有始》。
⓽　同前注❹。
⑩　《老子》第十九章。
⑪　《老子》第八十章。

棄術」、「聖人不忘憂」⓲，「聰明智慧在人不當去，在聖人不去」⓳。
同時人倫之理、政治法律制度皆「不當去」。　因此，胡宏所謂「無
為」，　乃是順天性成人德，目的在於建立一個具有天定合理性的人
倫社會。之所以強調「無為」，　是為了防止假權利或其它外物，強
行為之，做有害於本性，不符合天道的事情，比如侵權害民，毀物
傷德等僭越的和非禮的行為。

　　胡宏由「性立天下之有」宇宙本體論出發，完滿地完成了「人
性」由「天」所賦，從而完成了「天」的本體屬性到人的道德屬性
的過渡，提出了自己的人性論主張。

三、徹底的「性善論」

　　一般研究者，多認為在「人性論」上，胡宏是並不主張「性
善」、「性惡」的，認為胡宏的所謂「性」，　近乎於甚至等同於自然
之性。如新近出版的《中國宋代哲學》即稱：「在胡宏看來，性是
天地萬物變化的奧妙，是事物的自然本性。人性也是人的自然本性，
它本身是無所謂善惡的。他公開宣稱：性無善惡，性善論與性惡論
都是錯誤的，善惡都是後天形成的。」⓴

　　筆者以為，之所以得出上述結論，大約是受了朱熹的蒙蔽。朱
熹將胡宏的人性論理解為類同於告子的自然人性論，並將這一點作
為胡宏對「洛學」「叛逆」的罪證之一，列在對《知言》的「八端

⓲　　同前注 ⓱ 333頁。

⓳　　《胡宏集》。

⓴　　《中國宋代哲學》710頁，河南人民出版社，1992年12月第一版，第
　　　一次印刷。

「致疑」之首。朱熹對胡宏的「性也者，天地鬼神之奧也，善不足以言之，況惡乎?」⑮的說法，極不贊同，批駁甚力且次數尤多。《語類》卷一百一稱：

> 因言：「久不得胡季隨諸人書。季隨主其家說，說性不可以善言。本然之性，本自無對，才說善時，便與那惡對矣。才說善惡，便非本然之性矣。本然之性是上面一個，其尊無比。善是下面的，才說善時，便與惡對，非本然之性矣。『孟子道性善』，非是說性之善，只是讚歎之辭，說『好個性』! 如佛言『善哉』! 某嘗辨之云，本然之性固渾然至善，不與惡對，此天之賦予我者也。然行之在人，則有善有惡：做得是者為善，做得不是者為惡。豈可謂善者非本然之性? 只是行於人者，有二者之異，然行得善者，便是那本然之性也。若如其言，有本然之善，又有善惡相對之善，則是有二性矣! 方其得於天者，此性也；及其行得善者，亦此性也。只是才有個善的，便有個不善的，所以善惡須著對說。不是原有個惡在那裏，等得他來與之為對。只是行得錯的，便流入於惡矣。此文定之說，故其子孫皆主其說，而致堂（胡寅）五峰以來，其說益差，遂成有兩性；本然者是一性，善惡相對者又是一性。他只說本然者是性，善惡相對者不是性，豈有此理! 然文定又得於龜山，龜山得之東林常摠。摠，龜山鄉人，與之往來，後住廬山東林。龜山赴省，又往見之。摠極聰明，深通佛書，有道行。龜山問：『孟子道性善，說得是否』? 摠曰：『是』。又問：『性豈可以善惡言』? 摠曰：『本然之性，

---

⑮　同前注⑫。

不與惡對」。此語流傳自他。然摠之言，本亦未有病。概本然
之性是本無對。及至文定，遂以性善為讚嘆之辭；到得致堂
五峰輩，遂分成兩截，說善的不是性。若善的非本然之性！
卻那處得這善來？既曰讚嘆性好之辭，便是善矣。若非性善，
何讚嘆之有？如佛言『善哉！善哉！』為讚美之辭，亦是說這
個道好，所以讚嘆之也」 ⑯。

　　據錢穆考證，「此條黃卓沈潚同有錄，在戊午後，乃朱子晚年
語。上距四十一歲時初為《知言疑義》已近三十年」 ⑰

　　朱熹從「已丑中和之悟」開始懷疑《知言》，嗣後對於《知言》
的「致疑」與哲學批判，幾乎終其一生。尤見朱熹對於《知言》的
重視和「用功」。但朱子之功，似乎並沒有用到「當處」，其對胡宏，
理解並不十分深透。僅就「性無善惡」一條之疑，即可看破這一點。
胡宏本非「性無所謂善惡者」， 而是徹底的「性善論」者。胡宏之
所以認為性「善不足以言之，況惡乎?」，並不是說「性」無所謂
「善」與「惡」， 而是認為「性」太完美了，其至善無惡，純淨無
染，是「善」這詞彙所不能全然表達的，惡就更不能用以說明「性」
了。胡宏之所以認為「雖荀、揚亦不知性」， 原因乃在於荀子以性
為惡，認為「善者偽也」， 以為現實中人，之所以有善行，乃在於
禮義等的教化，這就是所謂「化性起偽」 ⑱。荀子本不主張「人性
本惡」， 而只是主張人性是自然的，它「飢而欲飽，寒而欲暖，勞
而欲休」 ⑲，認為「今人之性，生而有好利焉，順是，故爭奪生而

---

⑯　《朱子語類》卷一百一，《胡康侯》。

⑰　錢穆《朱子新學案》第三冊，《朱子評胡五峰》207頁。

⑱　參見《荀子・儒效》。

辭讓亡焉；生而有疾惡焉，順是，則殘賊生而忠信亡焉；生而有耳目之欲，有好聲色焉，順是，故淫亂生而禮義文理亡焉」**⑪**。所以為了使人向善，必做「化性起偽」的修養工夫。荀子並沒有以「好利」、「疾惡」、「好聲色」等為惡，而只是認為「順是」則可導致惡。雖云如此，荀子卻絕非性善論者。荀子的一句「人之性惡，其善者偽也」，判定了自己之作為孟子「性善論」的絕對對立面。這一點雖於立論並沒有錯，但立論的根據似乎已被誤解了。但是儒家欲修身養性，並將「修身」作為「齊家、治國、平天下」之本，就必然找尋和確立之所以必須要如此的根據，從而使修養行為有所依歸，以便安身立命。荀子無論如何，在人性問題上並沒有如孟子一樣提供這一根據，對於後世儒者，尤其是宋明儒，多認為荀子「不知性」。胡宏認定荀子不知性的原因，並沒有進一步闡明，所以表面地看來，只能認為胡宏把荀子當成了「人性本惡」的主張者。至於揚雄論性，則曰：「人之性也，善惡混。修其善者為善人，修其惡者為惡人」**⑫**，並謂「視聽言貌思，性所有也。學則正，不學則邪」，以為「學者，所以修性也」**⑬**。雖然基本上是順著荀子的路數而來，但已經有些離譜了。因為荀子並不主張性含善惡，而只認為性可導致惡，化性則可成善。就此而論，揚子與荀子均未能給現實的修養行為提供本原處的天然依據，胡宏認為「荀揚不知性」的原因，即在於此。

但胡宏不曾反對孟子的「性善論」，而是極盡褒揚之能事。《知言疑義》中輯錄了一段有關於性的問答：

⑪　《荀子・性惡》。

⑫　同前注⑪。

⑬　揚雄《法言》卷第三《修身》。

⑭　揚雄《法言》卷第一《學行》。

或問性。曰：「性也者，天地之所以立也」。曰：「然則孟軻氏、荀卿氏、揚雄氏以善惡言性者，非歟?」曰：「性也者，天地鬼神之奧也，善不足以言之，況惡乎?」或者問曰：「何謂也?」曰：「宏聞之先君子曰：『孟子所以獨出諸儒之表者，以其知性也。』宏請曰：『何謂也?』先君子曰：『孟子道性善云者，嘆美之辭也，不與惡對』」❷。

　　很明顯，胡宏十分推崇孟子的「性善論」，並且胡宏本人即是主此論者，誠如前引《語類》卷一百一《胡康侯》中朱子所說：「既曰贊嘆性好之辭，便是善矣。若非性善，何贊嘆之有?」。其實胡宏所謂「宏聞之先君子曰」云云，乃是胡安國從程頤處（不知是直接還是間接）取來。程頤《語錄》中有：「問：人性本明，因何有蔽?曰：此須索理會也。孟子言人性善是也，雖荀揚亦不知性。孟子所以獨出諸儒者，以能明性也。性無不善，而有不善者，才也。性即理也，理則自堯舜至於途人一也」。朱熹於此並不設疑，而獨於後面「孟子道性善云者，嘆美之辭，不與惡對」處開始設疑。並且更重於「嘆美之辭」之處。觀前引《語類》一百一《胡康侯》中對龜山得之常摠又傳之文定的「不與惡對」，語氣中已有不滿，但有抓不住癢處之感。而胡安國一經順勢發揮成「嘆美之辭」，朱熹便認為離了譜，對胡寅、胡宏兄弟的「善不足以言之，況惡乎?」便開始「鳴鼓而攻之」了。認為胡宏將性分成兩截，認為「其說益差，遂有兩性」。所謂「兩性」，就是指有一「本然之善，又有善惡相對之善」。應當說，朱熹已經接觸到了胡宏人性論的實質處，但卻沒

---

❷　同前注 ❶ 。

能深入進去，於是停留於表面的觀感，大加揮發，從而誤解並歪曲了胡宏的人性論。

胡宏雖確曾將性分為「本然之性」和「善惡相對之性」兩個層面，但卻不曾以為有所謂「兩個性」，性的兩個層面只是「性」的不同時空狀態。「性」在不同的時空狀態中所表示的「本然之善」和「善惡相對之善」皆是「天地之所以立」的「性」的存在和表現方式，天下只有一個「性」，因此說，「觀萬物之流形，其性則異；察萬物之本性，其源則一」❿。這種本然之性即是「於穆不已」的天命，即是圓融貫通，無所不含的宇宙萬物的形上根據，它是至善的「自性原則」，故本原時，亦不與惡對。它是「有而不能無」的「至誠」本原，是「根於天」的與生俱來的「良知良能」❽。「流行於日用之間」，表現為善惡。而現實的善惡總是相對的，因此，現實中的善總不可能是至真至美的全然完滿。所以，胡宏所謂「性無善惡」，並不是「性」無所謂善惡，而是說「流行於日用之間」以後，「性」便不似本然至善之「性」那樣完滿了。其所表現為善惡，即是所謂「流而有污」與「流而未污」者。無論「污」與「未污」皆是從本然處發出來，「流」即非「源」，則「善惡」便不可以「言性」。這是嚴密的邏輯。況且「流而未污」終究只能是理論上的假定。

朱熹對《知言》致疑，以為胡宏有將性分而為二的嫌疑，目的並不在於指斥胡宏是自然人性論者，而只是為了使人不致產生這樣的疑惑。其實朱熹本人已經迷惑了，故認為「其說益差，遂分成兩截」。即便如此，朱熹依然承認胡宏的「本然之性，不與惡對」，並

---

❿　同前注 ㊸ 14頁。

❽　同前注 ㊹ 。

沒有否認胡宏是性善論者。之所以首設此疑，一方面可能與朱熹以
洛學正傳自居，容不得有不同「異義」之心理嫌疑，另一方面，也有
保持胡宏性善論的純潔性的用意。之所以屢屢致書湖南諸公，無非
是欲徵詢意見，以收攬湖湘學子為自己的同道。張栻之附會朱熹，
正是上述二層意義上的成功。但這一點也表明了張栻與朱熹一樣，
沒能深切體悟到胡宏的理論之精微處。

　　朱熹即已自我蒙蔽，後世之學者循此路而研治胡宏，故其受蔽
益深。朱熹受蔽後，竟認為「胡子《知言》論性卻曰不可以善惡辯，
不可以是非分。既無善惡，又無是非，則是告子湍水之說爾」。 而
後世研究者則引胡宏「世儒乃以善惡言性，邈乎遠哉！」 **⑫**一句，
稱：「眾所周知，不以善惡言性，先秦時期曾經出現過，經過孟子、
荀子等人的淨化，其後十幾個世紀人們都是以善惡言性，使人性限
制在狹隘的倫理領域，很少有人敢越雷池一步。胡宏憑藉自己的膽
識，公開站出來，力主不以善惡論性，使性論大大超出了倫理範圍，
使傳統的性論受到很大的衝擊，從而可以促使人們直接去探求事物
的自然本性，這在認識史上無疑是一大進步。然而正因為如此，它
不為傳統觀念所容。它一經出現，就受到朱熹等人的非難。……胡
宏又倡此說（指告子湍水之說），　不是公開同孟子相對立了嗎？這
簡直是大逆不道。因而在《知言》的定本中，有關性無善惡的論點，
統統都被刪掉了」云云**⑫**。這顯然是順著朱熹《知言疑義》的路數
下來的。《知言疑義》中的「遂分成為兩截」，自然是以為胡宏將性
與善惡分開來，「性自性，善惡自善惡」，但朱熹畢竟是「疑」，所謂
「疑」者，疑其有此嫌者。故將全部有此嫌者，盡皆與張南軒、呂

---

⑫　《知言疑義》。

⑫　同前注**⑭**710—711頁。

祖謙等「商榷」並刪改了。這種舉措顯然是失禮的，之所以如此乃在於「三賢」以為胡宏作為他們的老師，有悖於孟子和程頤的「性善論」的嫌疑，是不能允許的。究其實乃在於他們對胡宏的誤解。胡宏並不反對孟子的性善論，認為孟子獨出於諸儒之上的原因之最重要一點，即在於孟子能夠明性。所謂「明性」，即是明性在本然處是善的。這一點使儒者修身，既有了先天根據，又有了踐履的歸處，從而使道德倫理行為成為必然如此和必須如此者。但是，孟子的性善論在根據方面，是存有相當的不足的。宋代理學之所以能夠成為「新儒學」，就在於他們為儒家倫理的存在必然性，找尋到了宇宙本體論上的根據。胡宏之所以認定「孟子道性善」是「嘆美之辭」，而主張「性不可以善惡辨，不可以是非分」⓰，原因並不在於胡宏不同意孟子的性善論，而是認為「性」之作為宇宙本體，是「至誠」的，超乎是非、善惡之上的，它是「天地之所以立」和萬物之所以生的形上根據。這種形上根據既是普遍的，又是永恒的，是宇宙的究竟根源。它的圓融自足，「於穆不已」，絕不是「善」所能淋漓盡致地表現出來的。但同時，胡宏的「善惡」不足以言性的「性」之下，又有「善惡」之性，這是「生性」即善惡相對之性。這種「善惡」之性，亦不是現實環境的影響所造成，也是與生俱來的，它是「氣性」，亦即程顥的「生之謂性」的「性」。胡宏所謂「人生氣稟，理有善惡」的「性」，顯然是從程顥處直接繼承來的。至於現實的「理欲」關係所表示出的「性」，乃是胡宏性論的第三個層面。由此胡宏的「性」，可以約略地用下面的圖式表示：

性（天下之大本，無聲無臭，於穆不已的本然至善，圓融自足之性）──→性（生之謂性，即氣性，善惡之性）──→性（表現於具

⓰ 同前注 ⓬ 。

體行為中的性，陷溺於世事之中的性）。

　　據此，無論如何是得不出自然人性論或泛性論的結論。上式所能表明的，只是「性」的三個不同層面或三個不同階段。本然至善之性，是「天地之所以立」的終極根據，這是普遍的宇宙倫理，是所謂「上天之載，無聲無臭」的「成之者性也」**❿**的「性」。它雖然超越了人倫之性的範圍，但卻是人類社會倫理行為的至上的根據，它是「善惡」不足以言的至善至尊之性。而「善惡」之性或「生之謂性」，作為「性」的第二個層面或階段，正是由「本然至善」之「性」所造就，因稟氣賦形所成的。此中的善，正是「於穆不已」的「性體」之自然流露。非本然至善之「本性」，「善惡」之性中的「善」便無所從出。而此中的「惡」，正是氣稟所致，氣之明通者，保持本然之性，故為善；性之昏蔽者，掩了本然之性，故為惡。但是誠如橫渠所謂「天所性者通於道，氣之昏明不足以蔽之」**❽**，這種本然之性並不因氣稟而改變其至善的屬性。氣稟之性也就因此而不能等同於本然之性，胡宏所謂「善不足以言之」，正是在這個意義上講的。朱熹沒有能真正理解胡宏的性，其重要原因之一，即在於他並未通曉胡宏的性是分層次分階段的，而將胡宏的三個不同層面上的性，混淆不分了。因此，「性分善惡」的第二個層面上的「性」，被當作了本然之性，於是成了《知言》的「罪證」，被列為「八端致疑」之首。

　　第三個層面上的「性」，是入於世事，混於情識的「好惡」之性。《知言》曰：「好惡，性也，小人好惡以己，君子好惡以德道。察乎此，則天理人欲可知」**❽**。朱熹於此處亦未通達。《知言疑義》

❿　《易‧繫辭》。

❽　《正蒙‧誠明》，《張載集》。

中有下面一段:

> 熹按：此章即性無善惡之意。若果如此，則性但有好惡，而無善惡之則矣。「君以好惡以道」，是性外有道也。「察乎此，則天理人欲可知」，是天理人欲同時並有，無先後賓主之別也。然則所謂「天生蒸民，有物有則，民之秉彝，好是懿德」者，果何謂也？龜山楊子曰：「天命之謂性，人欲非性也。」卻是此語直截。而胡子非之，誤矣！
> 栻曰：「好惡，性也」，此一語無害，但著下數語則為疾矣。
> 今欲作：好惡，性也，天理之公也。君子者，循其性者也。小人則以人欲亂之，而失其則矣。
> 熹謂好惡固性之所有，然直謂之性則不可。蓋好惡，物也，好善而惡惡，物之則也。有物必有則，是所謂形色天性也。今欲語性，乃舉物而遺則，恐未得為無害也。❶❷

　　朱熹於此顯然已混淆了胡宏性的層次性和階段性，將「道」、「則」、「物」同作本然之性看待了。而張栻則仿佛已經兩頭不明白，懸於其中了。所謂「性外有道」，就是將「好惡之性」看做了「本然之性」，將第三層面混同於第一層面，而所謂「熹謂好惡固性所有，然直謂之性則不可」，表明朱熹也已有些糊塗了。既然「好惡固性所有」，那麼為什麼不可謂「好惡，性也」？朱熹用了一個「直」字，顯然是隨機性的「姑且言之」，因為既有所謂「直」，便有所謂「不直」，「不直」者何謂也？不直接稱「好惡」為性，又將稱為什

---

❶　《知言疑義》，《胡宏集》330頁。
❷　同前注 ❶ 330—331頁。

麼？朱熹並未對此有附帶的說明，概其亦不能說明矣。

其實朱熹所疑的「善不足以言性，況惡乎？」，即所謂「性無善惡」，早在程顥處既已提出。程顥稱：

> 「生之謂性」，性即氣，氣即性，生之謂也。人生氣稟，理有善惡，然不是性中原有此兩物相對而生也。有自幼而善，有自幼為惡，是氣稟然也。善固性也，然惡亦不可不謂之性也。「人生而靜」以上不容說，才說性時，便已不是性也。凡人說性，只是說「繼之者善」也，孟子言人性善是也。」❸❸

所謂「善固性也，惡亦不可不謂之性」，顯然，若用朱熹的眼光看來，這也是「性無善惡」論。由此可見，胡宏的性論是直承程顥而來的。胡宏的本然至善之性，「不與惡對」，即是程顥的「人生而靜以上不容說」的性。與程顥不同的，則是胡宏將這「人生而靜以上不容說」的「性」，拓寬並提升為宇宙本體，規定為「天地之所以立」的終極根據，這是胡宏對儒學思想史的了不起的貢獻。胡宏的所謂「與惡對」之性，正是程顥的「善固性也，然惡亦不可不謂之性」的「性」。而胡宏的「好惡，性也」的「性」，正是程顥的「清濁」之性的「性」，是流出以後的「性」。可見胡宏的「性本論」是直接來源於程顥的，而且胡宏「性」的「三個層面」都已蘊涵在程顥的人性論之中。而且其所謂「性立天下之有」、「萬物皆性所有」、「有毀人敗物之心者，小人也。操愛人成物之心者，義士也。油然乎物各當其分而無為者，君子也」以及「仁者，人所以肖天地之機要也」，顯然又是受了張橫渠的「民吾同胞，物吾與也」❸❹的宇

---

❸❸　《遺書》卷一，《二程集》。

宙情懷的感召並提升而來的。由是乃知「南渡後，胡五峰是第一個消化者。五峰倒卻是承北宋前三家而言道體性體，承由《中庸》、《易傳》回歸於《論》、《孟》之圓滿發展」⑬非妄言矣。

朱子之不能見諒於胡宏，雖主要集中在疑胡宏的「善不足以言之，況惡乎」，但其根本處，實在於二者的進路不同。一以「理」為天下萬物之本，一以「性」為之。以理為本則性在理下，故胡宏提性為至尊便未被注意到，而被斷為兩截，以下者為上，攻詰不已。以性為本，則理在性下，天的「於穆不已」之性賦予人，即有善惡，此善惡之性非本然至善，寂然不動之性。由朱熹不能理解胡宏，可知其不能理解程顥。但於程顥處不敢致疑，姑且繞開去。而朱熹之蔽畢竟還在體上，但後世因朱熹之蔽而受蔽者，則混同了體用。將「流行於日用之間」者混同為「寂然不動」者了。「性」雖不可以善惡言，但卻有是非好惡的作用。由此乃知胡宏之性的前兩個層面是就體而言，而後一個層面則是就用而言。體用一線貫穿下來，方見胡宏「性本論」的一貫性和徹底性，因此說胡宏於人性論上是徹底的性善論。其於根據處，較孟子更堅實，其於層面上較程顥更清晰。見疑於朱熹，並不能表明胡宏是正統之外的「異端」，致疑於《知言》，亦不能表明朱熹即是嫡傳。誠然，嫡傳與庶出與否並不重要，而使「性」有根有據，有層面能流行下去，乃是對儒學之巨大貢獻。這一點才至關重要，因為這可以使「吾人」的倫理行為，有明確而不能移易的行止宿歸。

由此，理學之在宋代，就有了三條明顯的路線，其一為程頤、朱熹的理本論，其二為胡宏的性本論，其三為陸象山之心本論。

---

⑬　同前注⑬。

⑬　同前注⑬ 45─46頁。

德人蘭德曼於《哲學人類學》中曾指出西方哲學史上曾有宇宙論的形而上學和自我的形而上學長期爭執不休。前者將人看成是宇宙的一個部分（確切地講應是附屬部分），受制於「理型」或「絕對精神」等，而後者認為從自我主體出發即可窮盡世界（如存在即是被感知，我思故我在等）。

應當說中國宋代的理學之爭，也主要表現為這樣兩種形而上學的爭論。而胡宏的「性本論」剛好夾在中間。「性本論」雖無「理本論」那樣「精密」，但也克服了它的繁瑣和神秘；它雖不具有「理本論」能夠與「政權」合一從而自上而下的推行下去的現實可能性，但也克服了它的強制性，從而易於喚醒「良知」，提高倫理主體的道德行為的自覺性，從而克服「多尋空言，不究實用」的弊端，解放「他律」威懾和束縛下的自由意志，建立自由意志基礎上的「自律」道德。同時，「性本論」雖不如「心本論」對於自由意識強調得強烈，但也防止了「猖狂者參之以情織」的過正行為。其對於主體自覺能動性的強調，雖然弱於心本論，但卻指明了道德行為的客觀必然性，不致墮入「心官茫茫，不知其鄉」的迷霧中去。人，在胡宏那裏，既是作為客觀自性原則的「性」的現實載體，（「人備天道」，「性外無物」）從而使人「接而知有禮，交而知有道」，故可以保持善端，「守而弗失」，「得性命之正」；同時，又因為「人能通於道，而不死於事」❸，所以能「宰物而不死」❸，役物而不被物所役❸，從而「內不失成己，外不失成物，可以贊化育而與天地參也」❸。只有這種既受制於客觀自性原則，又有自由意志的道德踐

---

❸　同前注 ❸。

❸　同前注 ❸。

❸　參見《知言・事物》，《胡宏集》22頁。

履主體，才能如「有源之水，寒冽不凍」，這樣的「有德之人」，才能「厄窮不塞」 **❿**。難怪乎龔道運，以胡宏為宋儒之代表，應牟宗三而呼，認為他的「道德形上學，足以補充康德的不足」 **❿**。

綜上所論，胡宏的「性本論」，作為理學的第三條路線（從時間的意義上講是第二條路線，象山心學才是第三條。這一點本身即已表明「性本論」不是調和「理本論」和「心本論」的產物，而是理本論的對立面。其對於「盡心成性」的極盡強調，實應是象山心學的邏輯前提。當然，邏輯的前提並不等於事實的前提。因此，朱熹所謂「上蔡之說一轉而為張子韶，子韶一轉而為陸子靜」，雖於事實上能夠說通，但於邏輯上並不周密。胡宏「性本論」實於邏輯上對陸象山心學之出現，有相當地開啟作用。而象山心學又不以性為本，此一點則只能表明宋儒的開拓精神和傑出的創造力。），不僅應該確立，而且已實然的確立了。因此，對於胡宏的理學思想，就不是應該不應該重視的問題，而是必須且必然重視的問題，否則便將無以窺察理學的全貌，甚至會產生偏離核心問題的不當之結論。

---

❿ 同前注 **㊼** 。

❿ 同前注 **⓲** 。

❿ 龔道運〈宋儒的道德形上學在中國哲學史上的地位〉，文見《國際宋代文化研討會論文集》198頁。完整語意請參見該書191—198頁。四川大學出版社1991年。

第五章 「心」的發揚

　　「心」是中國哲學思想史中一個至為重要的觀念。其在不同時代雖有不同的意義，但其基本含義，大約主要有兩點：「（1）是人生的主宰；（2）為宇宙的本體。」❶此二點雖皆由孟子所發端，但更一步的發揚，則是在宋明時代。北宋五子皆言心，二程雖極言天理之妙，但並未棄心不論。二程以為「聖人之心未嘗有在，亦無不在。蓋其道合內外，體萬物」❷，又謂「一人之心即天地之心，一物之理即萬物之理，一日之運即一歲之運」❸，又「正叔言不當以體會為非心。以體會為非心，故有心小性大之說。聖人之心與天為一，安得有二？至於不勉而中，不思而得，其不在此。此心即與天地無異，不可小了他。不可將心滯在知識上，故反以心為小」❹。上引三條雖表明二程皆由孟子的本即與天為一的道德意言心，但在對這一點的認識上，明道似較伊川更為自覺。故程顥說：「『窮理盡性以至於命』，三事一時並了，原無次序。不可將窮理作知之事。若實窮得理，即性命亦可了。」❺這正是將認識（窮理）與盡性同歸

❶　韋政通《中國哲學辭典》142頁，臺灣水牛圖書出版事業有限公司，中華民國83年3月20日初版三刷。
❷　《遺書》卷三，《二程集》。
❸　《遺書》卷二，《二程集》。
❹　同前注 ❸ 。
❺　《宋元學案・明道學案》。

在「至於命」上，防止了「小心」的可能性，雖云「不當以體會為非心」，但卻盡量排除了將心「滯在知識上」，僅將「窮理作知之事」，造成「反以心為小」，將認知與修身判為兩途或兩個分解的遞進過程的可能性。後來伊川確有這種傾向的發展，直至被朱熹進一步發揚。如程頤所謂：「大學，孔氏之遺書，而初學入德之門也。於今可見古人為學次第者，獨賴此篇之存，而論孟次之」❻，又如朱熹注《大學》中的「修、齊、治、平」等八條目時亦稱：「物格者，物理之極處無不到也。知至者，吾心之所知無不盡也。知既盡，則意可得而實矣。意既實，則心可得而正也」❼，顯然已有明顯的先後次第和遞進關係。這與程顥的「三事一時並了，元無次第」的「原教模型」確實不一致，而且似已將「窮理作知之事」了。

　　胡宏雖宗二程，但其進路確實更近於明道，雖早年師事龜山、荊門，但生命的至處更能與上蔡契合，又受其父之影響，開出了性本論的道路。

　　在胡宏看來，心、性於至處本即是一，性即是天，與天同大同久，心即是性，與天同德同功。二者之別，只在於「已發」、「未發」。

一、心為「已發」

〈與僧吉甫三首〉稱：「竊謂未發只可言性，已發乃可言心。故伊川曰：『中者，所以狀性之體段』，而不言狀心之體段也。心之體段，則聖人無思也，無為也，寂然不動感而遂通天下之故是也。

---

❻　朱熹《四書章句集注》1頁。

❼　同前注❻2頁。

未發之時，聖人與眾生同一性；已發，則無思無為，寂然不動感而遂通天下之故，聖人之所獨。夫聖人盡性，故感物而靜，無有遠近幽深，遂知來物；眾生不能盡性，故感物而動，然後朋從爾思，而不得其正矣。若二先生以未發為寂然不動，是聖人感物亦動，與眾人何異？尹先生乃以未發為真心，然則聖人立天下之大業，成絕世之至行，舉非真心邪？」❽

按：此「二先生」指楊時與尹焞，皆程門高弟。同篇又稱：「楊先生《中庸解》謂：『中也者，寂然不動之時也。』按子思說，喜怒哀樂未發謂之中，則是楊先生指未發時為寂然不動也。頃侍坐時嘗及此，謂『喜怒哀樂未發』， 恐說『寂然不動』未得。……今來教舉尹先生之說亦如是。某反復究觀，茫然莫知所謂『心性』二字。」❾

在這裏，胡宏雖不同意楊時與尹焞將「未發之中」說成「寂然不動」之時態，但胡宏對此一問題之重視，顯然是受了楊時的影響，故言「頃侍坐時嘗及此」。靖康年間，胡宏於京師太學受業楊時，此間楊時對胡宏產生重要影響的，當主要有「中和」問題。

「中和」問題，由來已久，《中庸》謂：「喜怒哀樂之未發謂之中，發而皆中節謂之和。中也者，天下之大本也；和也者，天下之達道也。致中和，天地位焉，萬物育焉」❿

宋儒為儒家倫理的存在找尋本體論和宇宙論上的根據，故將「中和」問題作為體用問題來重新詮釋。他們又將《易傳》中的「無思無為，寂然不動，感而遂通天下之故」等與「中和」問題貫通一處進行研究，也正是在這一點上，他們產生了分歧。

---

❽　《胡宏集》115頁。

❾　同前注 ❽ 。

❿　《中庸》第一章。

　　程頤原本主張「凡言心者，皆指已發」，但後來程頤又改變了，又主張「『凡言心者指已發而言』，此固未當。心一也，有指體而言，寂然不動是也。有指用而言，感而遂通天下之故是也。惟觀其所見如何耳」❶。胡宏堅持程頤先前的觀點，認為「未發只可言性，已發乃可言心」，而反對程頤後來的以心為「寂然不動，感而遂通天下之故」的觀點，從而也就堅持反對楊時和尹焞對程頤後來觀點的堅持和發揮。但胡宏顯然沒有將「心」單純地作「用」處理，從而與作為「體」的「性」相對應，以彰顯「性」。在胡宏的「性本論」哲學體系中，「心」雖是顯性者，但亦如性一樣，皆是體。「心」首先是「體」，與「性」同一，然後才是「用」，從而顯「性」。因其是「體」，所以才有「凡人之生，粹然天地之心，道義完具，無適無莫，不可以善惡辨，不可以是非分，無過也，無不及也。此中之所以名也」❷。顯然，這裏的「粹然天地之心」是圓融自足的，完滿無缺的，與「性」同一之物。所以才有「誠者，天之道也。心涵造化之妙，則萬物畢應」❸。這是與「性」同一的心，而「此心妙無方，比道大無配，妙處果在我，不用襲前輩。得之眉睫間，直與天地對。混然員且成，萬古不破碎」❹。此「粹然天地之心」同於「性」，皆是「仁體」。故胡宏說「人有不仁，心無不仁」，而又謂「道者，體用之總名也。仁，其體，義，其用」❺。既然「心無不仁」，那麼「心」即是「道之體」，與「性」同一。故曰：「一失其

---

❶　《與呂大臨論中書》，《二程集》。

❷　《知言疑義》，《胡宏集》332頁。

❸　《知言・中原》，《胡宏集》44頁。

❹　《律詩・示二子》之一，《胡宏集》68頁。

❺　《知言・陰陽》，《胡宏集》10頁。

心於浮偽，未有能仁者也」⑯。只有在本源處「道義完具，無適無
莫」，與「性」同一，「心」才可以進一步成為顯性者。「性」是宇
宙本體，但卻不能自見，惟仰仗於「心」，「心」於本根處與性為一，
故能顯性。「性」是本然至善的，「心」是「性」之在人者，故曰：
「天命為性，人性為心」⑰。「性」是共有者，長存者，「心」是人
所獨具的，亦是不滅者。「仁者，天地之心也」⑱，天地之心本即粹
然而仁，故曰「心無不仁」。但因人於稟氣賦形之後，受利欲所牽
繫，故「人有不仁」。「人之生也，良知良能根於天，拘於己，汨於
事，誘於物，故無所不用學也」⑲

　　在胡宏處，「心」有一個從「粹然天地之心」，「無適無莫，道
義完具」到「拘於己、汨於事、誘於物」的現實人心的過渡。胡宏
並沒有明確地列出此一過程，故朱熹將此二者混而為一了。《語類》
卷一百一稱：

　　　　胡五峰云：「人有不仁，心無不仁」此說極好！人有私欲遮障
　　　了，不見這仁，然心中仁依舊只在。如日月本自光明，雖被
　　　雲遮，光明依舊在裏。又如水被泥土塞了，所以不流，然水
　　　性之流，依然只在。所以「克己復禮為仁」，只是克了私欲，
　　　仁依舊只在那裏。譬如一個鏡，本自光明，只緣塵，都昏了。
　　　若磨去塵，光明只在。

---

⑯　《知言・好惡》，《胡宏集》11頁。

⑰　《知言・天命》，《胡宏集》4頁。

⑱　同前注⑰。

⑲　《知言・義理》，《胡宏集》31頁。

　　據錢穆考訂，此條為「周明作錄壬子朱子年六十三以後所
聞」 **⑳**。朱子在這裏肯定的「心無不仁」的「心」，顯然是胡宏的「道
義完具，無適無莫」的「粹然天地之心」。此「心」雖為「性之動」，
但本性與「性」同一，或即是「性」。　錢穆以為「仁乃性體。私欲
遮障，則性體不見。若如五峰意，性既無善無惡，天理人欲又屬同
體，則是仁在心，不關性事。故朱子謂知言將心性二字對說，又說
知言說性未是。若單就心言，則謂心無不仁，自是說得甚好」 **㉑**既
曰「仁乃性體」，而「心無不仁」，何謂「不關性事」？ 心即性也，
此心乃「道義完具，無適無莫」者，與「立天下之大本」的「性」
顯然是同一的。由此，胡宏不主「性無所謂善惡」， 而主「性」為
至善的超越本體，亦當無疑。

　　但是事隔兩年，朱子又謂：

　　　　五峰謂人有不仁，心無不仁，此語有病。且如顏子其心三月
　　　　不違仁。若才違仁，其心便不仁矣，豈可謂心無不仁？或云，
　　　　恐是五峰說本心無不仁。曰：亦未是。譬如人今日貧，則說
　　　　昔日富不得。

又曰：

　　　　說回心三月不違仁，則心有違仁，違仁的是心不是？說我欲
　　　　仁，便有不欲仁的，是心不是？ **㉒**

---

⑳　錢穆《朱子新學案》第三冊219頁。
㉑　同前注 **⑳** 219–220頁。
㉒　據錢穆考訂，「朱子又謂」條為「鐘震錄甲寅所聞」，而「又曰」條為

朱子批評的顯然已不是「粹然天地之心」，而是現實的人心。
胡宏的同一句話，在兩三年之間，朱熹竟然從兩個極端上去理解，
從而前後大相逕庭了。朱熹先前的理解，其實並沒有錯，但後來卻
一毀前言，這一點很值得重視。朱熹是一個悟性極高而又不輕易下
結論的，之所以顛倒前後，概因朱熹與胡宏的進路不同，憑悟性，
朱子同意五峰此說，憑謹慎，朱熹又反對此說。牟宗三認為朱子於
程明道之圓教模型用不上力，大抵就是二者進路不同，故朱熹改弦
更張，另闢新徑，所以捨棄從張栻處所學五峰的思想，這也是對五
峰學說實施全面致疑和批判的餘波。另外此一轉向可能與朱陸之辨
有關。倘使承認了「心無不仁」，便可能導致以心為本的心本論，
因此朱熹似幡然醒悟一般摒棄前說，實施對「心無不仁」的批評。
但事實上此一翻覆並不成功。所謂「回心三月不違仁」，無非是孔
子對顏淵的稱讚，說他於「克己復禮」上盡了大力。孔子並沒有講
心無所謂仁不仁，或有仁有不仁，只是講人心只要向仁，則「我欲
仁，斯仁至矣」。孔子所謂「聖則丘何敢」 ❷，正是說我心只是現實
的人心，並非「道義完具，無適無莫」的「粹然天地之心」。為了
成仁成聖，必須向仁。因此朱熹所謂的「是心不是」，是混淪不清
的，是什麼心？是本心還是現實的人心？按語氣推演，自當是現實
的人心，但其對於本心的肯定又作何處理？朱熹於此，似已不再謹
慎，急而言之了。至於「如富人失財，不得仍稱為富」 ❷，只是佐
辨而已。財是外在的，故可失卻，失卻便不再稱富。本心是內在的，
丟棄不了，只能障蔽，撫卻其障，又見本心之明。這與「今日貧，

─────────
「甘節錄癸丑以後所聞」，同前注 ❷ 220頁。前後只一、二年之隔。
❷ 《列子・仲尼》。
❷ 錢穆語，見前注 ❷ 220頁。

則說昔日富不得」不是一回事。

　　胡宏將性理解為「未發」之中，以「中」為「狀性之體段」，而「未發之時，聖人與眾生同一性」，就是講「萬物皆性所有」，「非性無物」。惟因如此，「性」才能成為「立天下之大本」，才有「性立天下之有」。但這裏的「性」卻不是不動的，「性不能不動，動則心矣」。「心」是「性之動」，又何以言「性定則心宰，心宰則物隨」❷⁵呢？這裏的「動」與「定」顯然不是對立的存在狀態，而是相依互賴的存在狀態。「定」指的是「性」的「圓融貫通」、自滿自足、至善完美的狀態，而「動」則是指「性」的「自我運動」，因為「性體」於穆不已，固不能不動。又「性」是自為的，固不能自我體現，必賴心而成之，所以「動則心矣」。「動」與「定」相依互賴，始有「於穆不已」之「性體」的完滿自足，亦始有完滿自足之「性體」在「於穆不已」的永恒運動中的自我實現。「動」與「定」之不能分離，即是「心」與「性」之不能分離。「定」既是指「性」的「完滿自足」的至善本性的不增不減（其實亦無須增減），就不是「不動」，是本性不曾損益，而不是不曾運動，且只有在「於穆不已」中，才能使本性保持完滿自足，使之成為萬事萬物的活的「主宰者」。

　　在胡宏看來，「未發」之時，聖人與眾生所稟完全一致，是「性」使之然也。聖人與眾生的差別在「已發」之時體現。聖人能盡性，故感物而靜，無思無為，寂然不動感而遂通天下之故，而凡夫俗士則不能盡性，感物而動，然後朋從爾思，而不得其正矣。由此，如按楊時與尹焞的說法，將「中」視為「寂然不動之時」，那麼「已發」之時，聖人與眾生皆感物而動，凡聖將無以別矣。在儒學思想家看來，凡聖一旦無以別，現世的修身行為將失去指歸，並將不再

❷⁵　同前注 ❶⁹ 30頁。

有價值和意義可言，這也是胡宏執著於此的重要原因。胡宏堅持認為：

> 某愚謂方喜怒哀樂未發，沖漠無朕，同此大本，雖庸與眾，無以異也；而無思無為，寂然不動，乃是指易而言，易則發矣。故無思無為，寂然不動聖人之所獨，而非庸人所及也。惟無思無為，寂然不動，故感而遂通天下之故，更不用擬議也。❷⑥

胡宏以「未發」為「性」，「已發」為「心」，主要是就作為道體的仁的「沖漠無朕」的本性和「無思無為，寂然不動，感而遂通天下之故」的功用而言，「《知言》曰：天地，聖人之父母；聖人，天地之子也。有父母則有子矣，有子則有父母矣，此萬物之所以著見，道之所以名也。非聖人能名道也，有是道則有是名也。聖人指明其體曰性，指明其用曰心。性不能不動，動則心矣。聖人傳心，教天下以仁。」❷⑦胡宏將心性對言是真，但對立而言是假，對言是對待而言，一是體，一是用。體用一源，同出於道，性體心用，性是未發之中，天命為性。心是已發，人性為心。「中者，道之體，和者，道之用。中和變化，萬物各正性命而純備者，人也，性之極也。」❷⑧由是，體用合一顯微無間了。

---

❷⑥　同前注❽116頁。
❷⑦　同前注⓬336頁。
❷⑧　《知言·往來》，《胡宏集》14頁。

二、心的屬性

胡宏將心視為已發，將心性對待而言，並不是為了將二者分立並對立起來，而是從體用不二的角度，闡明二者的原則關係，以為修身的指導。胡宏又藉此進一步指出了心的一些重要屬性。

（一）心為至大

胡宏指出：「天下莫大於心，患在不能推之爾；莫久於性，患在不能順之爾；莫成於命，患在不能信之爾。不能推，故人我內外不能一；不能順，故生死晝夜不能通也；不能信，故富貴貧賤不能安也。」❷⁹

胡宏以「心」為天下至大者，認為「此心妙無方，比道大無配」，目的就是指出「心」的包容性，惟因「此心」無所不包，故能體萬物，從而成己成物。這一點與佛教對心的作用的誇大是不一致的。儒者入世，以開務成物為己任，強調心的無所不能包容，並不是為了因「此心」之大而傲睨世間萬物，而是為了表明惟因「此心」之大，方能體物不遺，方能開務成物，內不失成己，外不失成物，貫通人我內外，實現天人合一。究實而論，就是為了找正自己在宇宙間的真實位置，並表明人之不同於萬物而又高乎萬物之上的天賦性，並由此而確立自己在社會關係中乃至在人與自然的關係中所應盡和所能盡的維護良好秩序的道德職任。

在胡宏看來，佛教論心，以之為大，表明的只是狂簡不偶。他認為：「釋氏絕物遁世，棲身沖寞，窺見天機有不器於物者，遂以

❷⁹　《知言·紛華》，《胡宏集》25頁。

此自大。謂萬物皆我心，物不覺悟而我覺悟；謂我獨高乎萬物。於是顛倒所用，莫知所止，反為有適有莫，不得道義之全。名為識心見性，然四達而實不能一貫。」❸

朱熹每言子靜似禪，應當說象山心學確有禪味。而胡宏於心本論尚未出現之時，即已提請學者注意，有著相當重要的意義。在胡宏看來，萬物就是萬物，我心就是我心。我心既非萬物，又不能取代萬物，它只能體萬物不遺，從而開務成物。

胡宏與釋氏同言心大，區別在於前者適當並主張弘揚主體能動精神，目的在於成己成物。而後者則狂簡不偶，並且旨在淹沒主體能動精神，實現對己與物的雙重拋棄。胡宏以為只有盡心，才能成性，維護天人合一的宇宙秩序，以開人間合乎倫理的幸福之泉。而釋氏則認為只有棄身，才能成心，只有棄己棄物，才能擺脫現實的痛苦。

據此，胡宏批評佛教，指斥「釋氏見理而不窮理，見性而不盡性」，認為「釋氏以盡虛空沙界為吾身，大則大矣，而以父母所生之身為一塵剎幻化之物而不敬焉，是有間也。有間者，至不仁也，與區區於一物中沈惑而不知反者何以異?」胡宏並進而指出了儒釋之道的原則區別，認為「即物而真者，聖人之道也，談真離物者，釋氏之幻也」❸

由此不難看出，胡宏以心為至大，說它「比道大無配」，目的只在要用「敬」的態度，存心養性，盡心成性，以實現成己成務之仁，完成人所受之於天的宇宙職任。「此心」雖至大，但卻並不就是萬物或宇宙本身。

❸　《知言・修身》，《胡宏集》6頁。
❸　同前注 ❸ 13頁。

（二）心是遍在的

> 心無不在，本天道變化，為世俗酬酢，參天地，備萬物。人
> 之為道，至大也，至善也。放而不知求，耳目聞見為己蔽，
> 父子夫婦為己累，衣裳飲食為己欲，既失其本矣，猶皆曰我
> 有智，論事之是非，方人之短長，終不知其陷溺者，悲夫！
> 故孟子曰：「學問之道無他，求其放心而已矣」❸

胡宏以「心」為普遍性的存在，認為「心無不在」，這是與「天
下莫大於心」相配合而講的，心之大，指其無所不包，而「心無不
在」，　則指其體物不遺，天下萬物，無一能外。這兩點正是心能夠
溝通人我內外的內在根據，缺少任何一點，心的屬性都不健全，其
功用也自會受到限制，從而不能體物不遺，盡心也就難於成性。

心的普遍性，就是「夫性無不體者，心也」❸，即心是體物不
遺的，是性使之然也。性之為性，必須通過心來體現，「萬物皆性
所有」，心又體物不遺，故可以顯性。心之作為普遍性的存在之被確
立，就為主體能動性的發揮提供了廣闊的場所，只有這樣，心才能
成為「性之流行」的絕對的體現者。心若無此遍在性，則便不能體
物不遺，亦不能成性，人亦無法開務成物，與天地為一了。因此，
胡宏才認定「心與天地同流，夫何間之？」❸才堅持「人盡其心，則
可與言仁矣，心窮其理，則可與言性矣」❸，才認定「聖門事業無

---

❸　同前註 ⓬ 331頁。

❸　《知言・仲尼》16頁。

❸　同前註 ⓰ 12頁。

❸　同前註 ㉙ 26頁。

多子，守此心為第一門」❸❻。

（三）心是永恆不滅的

胡宏不僅以心為至大者和遍在者，而且以心為永恒不滅的存在。《知言·一氣》稱：「有而不能無者，性之謂歟！宰物而不死者，心之謂歟！感而無息者，誠之謂歟！往而不窮者，鬼之謂歟！來而不測者，神之謂歟！」❸❼

胡宏以心為「宰物而不死者」，認為由於它的永恒存在，才使得往來無窮的宇宙萬化，成為「感而不息」之「誠」，才使得「有而不能無」的「性」得以彰顯出來。認為心是彰顯萬物之性和成就萬物之性的主宰，指出：「萬物生於天，萬事宰於心。性，天命也。命，人心也。而氣經緯乎其間，萬變著見而不可掩。莫或使之，非鬼神而何？」❸❽在胡宏看來，宇宙萬變著見而不可掩的過程或情狀即是心以彰顯性的過程和情狀。在這種過程中，氣成為聯結者，氣「經緯乎其間」的過程是可見的，是「形形者」，而之所以如此，即「形形」的「不形形」原因，則是心的神妙功用，故此，胡宏以為「天地之心，生生不窮者也。必有春秋冬夏之節，風雨霜露之變，然後生物之功遂」❸❾。同樣，惟因人的道德本心，生生不窮，宰事而不惑，才能成己成物，以盡天性。

胡宏言心之遍在性，就今天的意義理解，可以視為其在空間中的無處不有，而其所言心之不死，即恒常性，可以視為其在時間中

---

❸❻ 《古詩·贈人》，《胡宏集》72頁。

❸❼ 《胡宏集》28頁。

❸❽ 同前注❸⓿。

❸❾ 同前注❸⓿。

的無時不在。此兩點即表明「此心」是與宇宙同存共駐的，就邏輯
的外延而論，心與性一樣，均與宇宙相同。而胡宏講心為至尊至大，
則是指心的「體物不遺」的內在屬性。心與宇宙同時空，只表明心
有「體物不遺」的客觀可能性，而心為至尊至大，則表明心是「體
物不遺」的內在現實根據。心之至尊至大，心之遍在性與恒久性的
統一，使心成為真正意義上的「體物不遺」者。胡宏之所以強調「此
心妙無方，比道大無配。妙處果在我，不用襲前輩。得之眉睫間，
直與天地對。混然員且成，萬古不破碎」的原因，即在於此。此心
即如此精妙，故無「不仁」可言矣。

　　應當指出，胡宏以心為至大至尊的恒常遍在，與佛教的「生死
輪迴」之心是有原則區別的。這一點朱熹的指責，未免欠妥。《知
言疑義》中有如下一段：

　　或問：「心有死生乎?」曰：「無死生。」曰：「然則人死，其
　　心安在?」曰：「子既知其死矣，而問安在邪!」或問：「何謂
　　也?」曰：「夫惟不死，是以知之，又何問焉!」或者未達。
　　胡子笑曰：「甚矣! 子之蔽也。子無以形觀心，而以心觀心，
　　則知之矣。」
　　熹按：……「心無死生」，則幾於釋氏輪迴之說矣。天地生
　　物，人得其秀而最靈。所謂心者，乃夫虛靈知覺之性，猶耳
　　目之有聞見耳。在天地，則通古今而無成壞；在人物，則隨
　　形氣而有始終。知其理一而分殊，則亦何必為是心無死生之
　　說，以駭學者之聽乎? ❹

***

❹　《胡宏集》333頁。

其實胡宏所答之心，正是所謂「粹然天地之心」，當然此心亦是人心，但卻不是一人之心。朱子所謂「在人物，則隨形氣而有始終」的「心」，顯然不是胡宏所說的「心」，而是拘於體內之「認知心」。胡宏並不是「必為是心無死生之說，以駭學者之聽」，而是答問者所問。問者始言「心有死生乎」的「心」，顯然不是指拘於體內的一己之認知心，問者後來把所問之心縮小了，並非答者強辯以駭人聽聞，而是問者自己糊塗，混淆了道德本心與一己之認知心。因此朱熹所疑，亦屬「未達」。至於朱熹以胡宏「心無死生」為釋氏輪迴之說，亦由本心與認知心的區別不明使然。牟宗三對此有一段說明甚精，今錄於此，權且代為己言：

輪迴者只是「識心」，正是有生滅，非本心永恒遍在之意也。五峰所言之心正是實體性的，道德的本心，故莫大莫久而至善也。此亦不是「靈魂不滅」之意，亦不是柏拉圖所說的「宇宙魂」之意。西方哲學（就柏拉圖言）與宗教是客觀地言此個性體的實體之實有，惟是客觀存有論上之肯定，而儒者之言心常心遍，則是自道德實踐上本「仁體物不遺」而來。其有宇宙論與存有論上的意義惟是以「仁體物不遺」而規定，此純是道德踐履上心體之無外，離此便不能言有一客觀的個體性的心靈或靈魂孑然而獨存或自存。故此本心即仁心也。此純由道德的自覺而道德地挺立起者，非平鋪的、實然的、屬於形氣之「虛靈知覺」也。而朱子則必以「形氣之虛靈知覺」視言本心者，亦謬之甚矣。❹

---

❹ 《心體與性體》第二冊469頁。臺灣正中書局中華民國八十二年二月初版第九次印行。

識心有生滅，本心無存亡。

心既有如上之性，其作為顯性者，就是絕然而必然的了。

三、盡心成性

《知言》曰：天命之謂性。性，天下之大本也。堯、舜、禹、湯、文王、仲尼六君子先後相詔，必曰心而不曰性，何也？曰：心也者，知天地、宰萬物，以成性者也。六君子，盡心者也，故能立天下之大本。人至於今賴焉。不然，異端並作，物從其類而瓜分，孰能一之！❷

　　既然「性」是「天下之大本」，「性立天下之有」，那麼，性之作為宇宙存在的根源和至真屬性，即應是至尊而又無尚的，然而「六君子先後相詔」何以不曰性而曰心？胡宏以為，這是因為「心也者，知天地宰萬物，以成性者也」。「性」雖為大本，雖是根據，但性卻是「自性原則」，非心不顯。只有心才能形現性，使之成為現實，人性只有通過心的作用才能實現，而人性的成就同時即是開務成物。盡心，才能使物各安其所，各當其分，使人盡其職，成其德，盡心成性才可「至於命」。在胡宏看來，作為宇宙本根的性，只有通過心的作用，才能最真實地凸現出來，並最終得以成就。性原本就有，並非因心而有；性原本既存，並非因心而「立」。但是，心則可使性得以顯現，得以完成。盡心才能使性「得其具體化與真實化，彰顯而挺立，以真成其為『天下之大本也』。」❸

---

❷　同前注 ⓬ 228頁。

❸　同前注 ⓬ 447頁。

　　胡宏之所以強調盡心，無非是強調開務成物之作為目的的道德修養的出發點和用力處乃在於心。只有「盡心」，才可使「成性」落於實處，只有這樣，才不致使性之為道成為玄虛的和近於不可捉摸的東西。就此而論，胡宏確實消化了北宋諸子，他保留了周敦頤、張橫渠和二程的「太極」、「太虛」及「天理」的本源意義，而拋棄了「太極」「太虛」等的玄奧特點和繁瑣的論證，而直呼宇宙本體和根據為「性」，又極言「心」之功用，從而使「性」不再像「太極」等那樣玄奧，而成為既是遠在天邊的根據，又是眼前普通的現實了。胡宏的這一成就，應當說是為儒家倫理的存在，找尋根據的成功的貢獻。這一成功便使現實的修身行為，不再成為受制的，不再具有盲目性，而即成了必須而且必然如此的了。同時，修身為本，也就感之於外，召之於內，既是性所使然，又是心所實然的了。由此，「氣之流行，性為之主」就是自然，「性之流行，心為之主」便是當然。形上之性與形著之心有機地統一於人之一身，人為貴便不再難於理解，「聖人盡性，故無棄物」也就成了現實的楷模，「人皆可以為堯舜」便不再成為天方夜譚，儒家倫理也就因此成為天經地義的了。胡宏於此一點的成功，事實上在宋明儒中是獨到的。

　　張橫渠曾謂：「未嘗無之謂體，體之謂性」❹，又謂：「大其心則能體天下之物。物有未體，則心為有外」❺ 並壯呼要「為天地立心，為生民立命，為往聖繼絕學，為萬世開太平」❻。亦有將性作為客觀原則，而將心作為主觀性原則，強調「大其心」以為「體物不遺」之用的思想。這一點可能對胡宏產生了較大影響，因此，呂

---

❹　《正蒙・誠明》，《張載集》。

❺　《正蒙・大心》，《張載集》。

❻　《近思錄拾遺》，《張載集》。

祖謙所謂「《知言》勝似《正蒙》」之說，當不無根據。誠然，胡宏的「盡心成性」之說，顯然也受到了程顥的「只心便是天，盡之便知性，知性便知天，當處便認取，更不可外求」❹和謝良佐的「心者何也？仁是已。仁者何也？活者為仁，死者為不仁。」❽的「以覺言仁」的重要影響。誠然，家學之影響亦甚為顯著，胡安國強調《春秋》「乃聖人傳心之要典也」❾，並謂「惟厥宅心，乃克立茲常事。故一心定而萬物服矣」❺等等，應對胡宏產生了巨大影響。

　　胡宏近有所承（張、程、謝、父），遠有所歸（《論語》、《孟子》、《中庸》、《易傳》），中有所發，為儒家倫理找到了現實的根據，這種根據雖仍然而且只能是宇宙論和本體論上的，但卻不再玄奧駭人，而是親切感人了。其實胡宏在中國思想史中的地位，尤其在理學發展史中的地位，即可由此而確立。

四、求其放心

　　孟子設「學問之道無他，求其放心而已矣」之教，後世儒者宗之。胡宏以本心湛一，無不仁者，又以為學者，學道者也。因此極盡對於盡心之強調，以為這是盡性成性的惟一通衢。捨此，便再無成性之路。

（一）求放心之前提

---

❹　《遺書》卷二上，《二程集》。
❽　《上蔡語錄》上。
❾　胡安國《春秋傳・序》。
❺　同前注❾卷三。

　　本心至善至潔，但因現實利欲關係的驅使，使人陷溺了本心，本心從而被放失了，固必須求之。這是求放心的客觀前提，亦是必須求放心的現實原因。胡宏指出：

> 道充乎身，塞乎天地，而拘於軀者不見其大；存乎飲食男女之事，而溺於流者不知其精。❺¹
>
> 生本無所好，人之所以好生者，以欲也；死本無可惡，人之所以惡死者，亦以欲也。生，求稱其欲；死，懼失其欲，冲冲天地之間，莫不以欲為事，而心學不傳矣。❺²
>
> 胡子謂孫正蒙曰：「天命之謂性，流行發見於日用之間。患在學道者未見全體，窺見一斑半點而執認己意，以為至誠之道。如是，如是，欲發而中節，與天地相似也，難矣哉！」❺³

　　既然「氣動」、「情流」，使世人為物所役，為欲所蔽，那麼求放心就是必要的和必須的。因此胡宏說：「孟子曰：『天下之本在國，國之本在家，家之本在身。』修身，本於正心。」❺⁴ 又說：「欲修身平天下者，必先知天。欲知天者，必先識心」❺⁵

　　前已述求放心的客觀前提是人欲流蔽，使本心昏暗不明。欲拭去昏塵，使本心復明，必求放心。而此所謂「必先識心」則是求放心的主觀前提，若不識本心，則所求回者竟不知是何物了。在胡宏

---

❺¹　同前注 ⓱ 3頁。
❺²　《知言・文王》，《胡宏集》18頁。
❺³　《知言・復義》，《胡宏集》39頁。
❺⁴　《上光堯皇帝書》，《胡宏集》86頁。
❺⁵　《知言・漢文》，《胡宏集》41頁。

處，識心與求放心是互為條件和因果的，二者相推並進，成就修身大業。

識本心與求放心，說到底都是為了成仁，這兩個對向的過程是相互統一的。認知即是修身，認知服務於修身；修身亦是認知，是認識的目的和最終完成的標志。

因此，仁即是二者的共同指歸。所以胡宏指出：

> 誠，天命。中，天性。仁，天心。理性以立命，惟仁者能之。委於命者，失天心。失天心者，興用廢。理於性者，天心存。天心存者，廢用興。達乎是，然後知大君之不可以不仁也。❺❻
> （此「委於命」之命指「生身」而非天命）

胡宏的求放心之前提，亦是所謂必要性，是從主觀和客觀兩方面闡發的，在此基礎上，胡宏提出了求放心的方法。

（二）求放心之方法

《知言疑義》中引胡宏答彪居正問仁的如下一段話：

> 他日某問曰：「人之所以不仁者，以放其良心也。以放心求心可乎？」曰：「齊王見牛而不忍殺，此良心之苗裔，因利欲之間而見者也。一有見焉，操而存之，存而養之，養而充之，以至於大，大而不已，與天地同矣。此心在人，其發見之端不同，要在識之而已。」❺❼

---

❺❻　同前注 ❺❺ 。

❺❼　《胡宏集》335頁。

胡宏以性為立天下之大本。又以心為顯性成性之主，因此極盡對於本心之弘揚。又因本心雖根於天，但稟氣賦形以後，「拘於己，泪於事，誘於物」，因此被蒙蔽起來了。要使本心復現光明，必從一星半點的「因利欲之間而見」之時，操持擴充之，只有這樣，才能求回已放之心，使復如初。

胡宏以仁為本，認為仁即是心，認為現實中人「心官茫茫，不知其鄉，若為知其體乎？有所不察則不知矣」❺❽

察識本心，然後操存涵養，是胡宏修養工夫論的最引人注意處，亦是最親切處。這一原則被湖湘弟子所尊奉，成為「湖南一派」的最顯著的特徵。先察識後涵養，這裏顯然是消化並發揮了謝良佐「心有知覺之謂仁」的思想。謝良佐以知覺言仁，要求識道於日常小處，指出「凡事不必須高遠，且從小處看」，「道，須是下學而上達始得。不見古人於灑掃應對上做起？」❺❾謝良佐對胡安國的影響極大，故黃宗羲稱：「先生（指胡安國）之學，後來得於上蔡者為多」❻⓪。《宋元學案‧五夷學案》中，有一段胡安國與弟子曾幾的對話：

> 吉甫嘗問：「今有人居山澤之中，無君臣、無父子、無夫婦，所謂道者果安在？」曰：「此人冬裘夏葛、飢食渴飲、晝作入息，能不為此否？」曰：「有之。」曰：「只此是道。」

胡宏的於日用之間察識本心的修養工夫主張，顯然是受了謝上蔡的「道」即在「灑掃應對」之間和胡安國的於「冬裘夏葛、飢食

❺❽　同前注 ❺❹ 83頁。
❺❾　《宋元學案‧上蔡學案‧語錄》。
❻⓪　《宋元學案‧五夷學案》。

渴飲、晝作入息」中尋道的思想的重要影響和啟發。所不同的，只是胡宏將察識的對象直接具體化為本心，使「學者」更容易把握。胡宏的弟子們（南軒除外，但亦未全棄）皆信奉並堅守師訓。如吳翌所謂「若不令省察苗裔，便令培壅根本，夫苗裔之未萌且未能知，而還將孰為根本而培壅哉？此亦何異閉目坐禪、未見良心之發便敢自謂『我已見性』者？」❻等等即是明證。

　　所謂察識本心於日用之間，待其發現，便操存涵養，究實而論，是於「已發」處做工夫。在胡宏看來，「未發」是性，性雖至尊但不能自顯，故必於「已發」之心上做工夫，從而反本得「性命之全」。捨此，已發即未把握住，未發便更難於把握。脩身則很可能因此而落空。這與朱熹早年所受的「道南」指訣的要求體驗於未發之時，是正相反對的。體驗於未發，顯然是從正面直接入手，但卻極難實現，孔子所謂「人非聖賢，孰能無過」，正是流露出「觀過識仁」的端倪，所以才強調「三人行，則必有我師焉。擇其善者而從之，其不善者以改之」，也才主張「里仁為美」。所謂「克己復禮為仁」和「非禮勿視、聽、言、動」❻云者，亦是必須首先知道何謂「非禮」。知「非禮」而勿視、聽、言、動，即已包涵有「觀過知仁」的意思。孟子強調良知、良能，亦不是要人「體驗於未發之時」，而是要人護持「四端」，使不放失。其實這只是原則的要求，現實中人皆或多或少地放失了「本心」，故必須從良心的偶或發現中入手，勿廢止，勿助長，使其自然而然地逐漸復明。就修養而論，一勞永逸的完成，其實根本不存在。因此，胡宏的察識良心於日用之間的方法，既是現實的，又是可行的。其為學者所指出的，乃是一條從

---

❻　《宋元學案·五峰學案》。

❻　《論語·顏淵》等。

足下開始，以至千里的「積善成德」的，合眼前行為與長遠目標相統一的現實可行之路。胡宏之不同凡響，亦在於此。朱熹的「丙戌之悟」❻正是於「未達」道南指訣之時，欣喜自己之所悟正合了胡宏的「已發」、「未發」之旨。但朱熹於「己丑之悟」❻以後，向道南指訣復歸❻，從而開始對胡宏的已發、未發思想提出質疑並展開了批判。

朱熹在評判胡宏的「齊王見牛而不忍殺」一段時指出：「以放心求心之間甚切，而答者反若支離。夫心操存舍亡，間不容息，知其放而求之，則心在是矣。今於已放之心不可操，而復存者置不復問，乃俟異時見其發於他處，而後從而操之。則夫未見之間，此心遂成間斷，無復用功處。及其見而操之，則所操者亦發用之一端耳，於其本源全體未嘗有一日涵養之功，便欲擴而充之，與天同大，愚竊恐其無是理也。❻

朱熹之設此疑，正緣於其對「體驗於未發之時」的復歸。朱熹

---

❻ 參見〈中和舊說序〉，《朱文公文集》卷七十五。

❻ 同前注❻。

❻ 朱熹向道南指訣的復歸，是拋棄「體驗於未發之時」的神秘色彩，而代之以「格致」的理性認識。這是朱熹思想的進一步發展。這一復歸導致了對其所曾藉以實現這一回歸的胡宏的已發、未發的思想的懷疑和批判。朱熹之所以能拋棄羅從彥、李侗等「體驗於未發之時」的神秘直覺主義傾向，是因為得利於胡宏。而之所以實現理性的復歸，亦得利於胡宏。只不過前者表現為認同和接納，後者表現為懷疑和批判而已。在此一完整之過程中，胡宏始終是作為朱熹的放矢之地存在的。這一點同樣表現了朱熹的不同凡響。他不是為了信奉某一學說而去信奉這一學說，而是為了「尋個是處」而不惜不斷地懷疑批判，以最終實現對於自我的超越。

❻ 《知言疑義》，《胡宏集》335頁。

極言「主敬涵養」，上承程頤的「涵養須用敬」，「涵養於未發之時」，並承繼和吸收了程門弟子們的有益於是的思想，提出「主敬涵養」的工夫理論，在宋明理學中有較大影響。雖然有廣狹兩意，但其對胡宏「以放心求心」的質疑，使用的只是狹義。即主要指「涵養於未發之際」。表明二者進路上的完全不同。胡宏所謂「齊王見牛而不忍殺，此良心之苗裔，因利欲之間而見者也。一有見焉，操而存之……」云云，正是程顥所謂「只心便是天，……當處便認取，更不可外求」，亦符合孟子所謂「反身而誠，樂莫大焉」。朱熹所謂「夫心操存捨亡，間不容息，知其放而求之，則心在是矣。今於……無復用功處」云云，正是朱熹以自己的修養論強加於胡宏，以為胡宏「於其本源全體未嘗有一日涵養之功」，不可能擴充此心，與天同大。這與前引吳晦叔（翌）所謂「夫苗裔之未萌且不能知，而還將孰為根本而培壅哉」的反批評正是兩極。一為直接於本心處直接下手，一是從本心之發見處當下入手。正是對向的兩種修養工夫。牟宗三稱胡宏的這種修養工夫為「逆覺體證」，認為此種功夫「亦涵肯認意」，主要指「反而覺識本心，體證而肯認之，以為體也」，並以此種逆覺工夫為「內在的體證」，它要求「就現實生活中良心發見處直下體證而肯認之以為體」，「不必隔絕現實生活，單在靜中閉關以求之」❻。「逆」就是「反」，逆覺體證即是反歸其本，從良心之發現處入手，操存涵養，以復歸本然至善本心。

　　胡宏要求學者「要在識之」的原因，正在此種功夫是現實的，實在的。「見牛而不忍殺」，這種良心之發現，正是「此心之發見，非發見於他處也」❻，呂伯恭與朱熹不同的這一點認識，是客觀至

❻　以上短語皆牟宗三語，見前注❹476頁。
❻　呂祖謙於《知言疑義》中此一段語，是針對朱熹「乃俟異時發見於他

切的。至於其與朱熹相同處「苟以此章欠說涵養一段,『未見之間,此心遂成間斷,無復用功處』是矣」[69]云云,其實不妥。因為胡宏講「逆覺工夫」,只是認定此種工夫至為現實可行從而重要,但並未否定直接地「居敬窮理」之意義與必要性。胡宏深知「情一流則難遏,氣一動則難平」,所以又強調「察而養之於未動,則不至用平矣」[70],並亦曾聲稱「天道至誠故無息,人道主敬所以求合天也。……敬也者,君子之所以終身也」[71]也許是因為胡宏早逝的原因,所以他的「主敬」思想表達的不夠明確和徹底,但「這些思想對早年朱熹影響較大,從朱熹乾道間的許多提法中都可以看到胡宏的影子」[72]

由此不難看出,胡宏並未放棄「主敬」,而以為修養工夫只有「發見良心之苗裔」一種。胡宏事實上是講兩種方法需綜合使用,以「主敬」為本,以「發見」便當處認取,操存涵養為下手要處,從而實現對於本然至善之性的復歸。以完成儒者成己成物的天賦仁職。正如胡宏自己所稱:

是故察之有素,則雖嬰於物而不惑;養之有素,則雖激於物而不悖。[73]

處」所言。另中華書局版《胡宏集》於此處有腳注如下:「是」,原在「處」字上,嘉靖本在「矣」字下,今據復性本及上文改。復性本是民國二十九年馬一孚主持復性書院的刊本,作者手頭不存。但「是」字在何處皆不影響整體文意,故文中不作考訂而直接採用。

[69]　同前注 [68]。

[70]　《知言・一氣》,《胡宏集》28頁。

[71]　《知言・大學》,《胡宏集》34頁。

[72]　陳來語,見《宋明理學》160頁。遼寧教育出版社1991年12月第一版,1992年6月第2次印刷。

「察」主要指於「已發」處作工夫，而「養」若「敬」，強調
於「未流」、「未動」時護持本心。

其實呂祖謙並不是沒有看到這一點，因此他說：

> 蓋所謂「心操存捨亡，間不容息，知其放而求之，則心在是
> 矣」者，平昔持養之功也；所謂「良心之苗裔，因利欲而見」、
> 「一有見焉，操而存之」者，隨事體察之功也，二者要不可
> 偏廢。**❼❹**

那麼又何以認同朱熹對胡宏的指責，以「未見之間，此心遂成
間斷，無復用功處」為胡宏的疏漏泥？概因呂伯恭善調和使然，其
在象山與朱子之辨中的態度可為一證據。又其語氣已表明這一點，
所謂「苟以此章欠說涵養一段，……是矣」，即是態度。雖然語從
朱熹，然「苟以」之態度傾向胡宏無疑。朱熹所謂「二者誠不可偏
廢，然聖門之教詳於持養而略於體察，與此章之意正相反」**❼❺**云云，
實已有些強辭奪理。

胡宏強調只有盡心，才能成性，對陷於已放之心的苗裔萌蘖倍
加警覺，要求學者當其一見，就地認取，操存擴充，使至於大，直
至本心全部恢復，與天地參為止。如此，性盡顯而可成。胡宏將求
放心作為修養工夫的主要下手處，一方面祖述孟子的「學問之道無
他，求其放心而已矣」，另一方面亦深受謝良佐以覺言仁的影響。
胡宏雖然沒有直接講「警覺」一詞，但其對於良心萌蘖的因日用之

---

❼❸　同前注 **❼⓪**。

❼❹　同前注 **❻❽** 335頁－336頁。

❼❺　同前注 **❻❽**。

間而現，確是十分警覺的，此一點亦可能受了謝良佐提出的「常惺惺」之修養方法的啟發❼。如下一段話似可以作為胡宏對心的重要性和求放心的意義的自我表述：

胡子喟然嘆曰：至哉！吾觀天地之神道，其實無怨，賦形萬物，無大無細，各足其分，太極保合，變化無窮也。凡人之生，粹然天地之心，道義完具，無適無莫，不可以善惡辨，不可以是非分，無過也，無不及也。此中之所以名也。夫心宰萬物，順之則喜，逆之則怒，感於死則哀，動於生則樂。欲之所起，情亦隨之，心亦放焉。故有私於身，蔽於愛，動於氣，而失之毫釐，謬以千里者矣。眾人昏昏，不自知覺，方且為善惡亂，方且為是非惑。惟聖人超拔人群之上，處見而知隱，由顯而知微，靜與天同德，動與天同道，和順於萬物，渾融於天下，而無所不通。此中和之道所以聖人獨得，民鮮能久者也。為君子者奈何？戒謹於隱微，恭敬乎顛沛，勿忘也，勿助長也，則中和自致，天高地下而位定，萬物正其性命而並育，成位乎其中，與天地參矣。❼

五、概述心性關係

有關於心、性關係，第四章與本章均以有所陳述，為明晰起見，略作概述於下：

---

❼　「常惺惺」本是佛語，又稱提斯，是一種與昏倦相對的警覺狀態。目的是為了「喚醒此心」《五燈會元》載瑞巖師彥禪師道出此言，見8頁。

❼　《知言疑義》，《胡宏集》332頁。

1.性為本體，性為至尊至善，是宇宙萬物存在的根據。「性立天下之有」，「非性無物」。

2.性是氣之本。氣化過程皆是性使之然，性亦是氣化過程的內在根據。氣助性以成物，「非性無物，非氣無形。性，其氣之本乎！」

3.性一理殊。萬物萬事之理，皆是性之分殊。「世儒之言性者，類指一理而言之耳，未有見天命之全體者也」。「大哉性乎，萬理具焉，天地由此立矣」。此正與「性者，人之所得於天理也」❼❽的「理一分殊」說反向而立，開創了理本論之外的性本論路線，將理置於性之下，作為分殊對待了。

4.性雖圓融貫通，自滿自足，其至善本性不損不益，但不能不動，「動則心矣」。

5.性是「自性原則」，心是「顯性原則」。性不能自見，須仰仗心來彰顯。非性則心之功用無所施，非心，則性之至善無以見。

6.性為未發，心為已發。未發之性，「沖漠無朕，同此大本，雖庸與聖無以異也」。已發之心，則有和與不和之分。「無思無為，寂然不動」是「聖人之所獨」，是謂「中節者」，為和。驅欲逐利，則失其本，是謂不中節，為不和。

7.盡心始能成性。盡心有居敬與求放心兩路，前者是所謂「培壅根本」，後者乃做工夫之下手要處。此一要處極端重要而又可行，因為它是真正現實的易見成效的方法。

8.性至善，故不可以善惡言，不可以是非分。心至大，貫通人我內外。

9.心性本即是一。心性對言是為了明確體用關係，以便為修養提供指南。使「學者」有著實的下手處，不致茫然無措。心性對言

❼❽　朱熹《四書集注·孟子集注·告子上》。

不是二本，大用之體方為本，故心性對言，體用賅備，方能使性真
正成其為本。

10.心性終復合一。發見良心之苗裔，操存涵養，使至於大。心
既大，人便所行無不中節，與天同矣。心盡則性成，性成則心盡，
盡心同於成性，心性終復合一。

以上所概述，只是粗略而言，細微處請參見第四章與第五章，
茲不贅述。

第六章　獨特的理欲觀

　　理欲關係，向為儒學所重視。從孔子的「君子喻於義，小人喻於利」❶開始，即已定下了基調。這種基調要求士人既「志於道」，便不可以「惡衣惡食」為恥，從而也就開了「崇德辨惑」❷之端。至孟子有「王！何必曰利？亦有仁義而已矣」❸將「義利之辨」推向極至。但孟子的話似有固定的針對對象，那便是為王者，不應謀一己之利，並且認定王者之仁義，即是與天下之利，與民共之。其實崇德辨惑和義利之辨，即是天理人欲之辨的原初形態。在這一點上，孔子所指較孟子更有普遍的適用性。而真正的天理人欲之辨則始於《禮記》，《禮記·樂記》稱：

> 人生而靜，天之性也；感於物而動，性之欲也。物至知知，然後好惡形焉。好惡無節於內，知誘於外，不能反躬，天理滅矣。

　　又曰：

---

❶　《論語·里仁》
❷　《論語·顏淵》稱：子張問崇德辨惑。子曰：「主忠信，徙義，崇德也。愛之欲其生，惡之欲其死。既欲其生，又欲其死，是惑也。」
　　主忠信，從仁義，是謂崇德；將一己之好惡（私欲之一端）作為標準來裁決事物，據以為行為之根據，即是惑。
❸　《孟子·梁惠王上》。

> 夫物之感人無窮，而人之好惡無節，則是物至而人化物也。
> 人化物也者，滅天理而窮人欲者也。

《禮記》將「天理」、「人欲」對立而言的思想，為宋儒所本。宋儒以其為修養工夫論中的一個重要組成部分，給予揮發，將「天理」、「人欲」的對立，推向極至，提出了「存天理，去人欲」的主張，這一主張也是通俗意義上宋代理學的最顯著的特點。這種主張根源於將「天理」看成是「先天」的，而「人欲」是後天的。先天之「天理」與後天之「人欲」同處於一體之中，不能合一從而成為二元。而理學家以「天理」為根本，為維護「天理」的主導地位，故將人欲看成位於天理之外，用以亂天理的邪惡力量，從而加以強力排斥。

但是，就在理學家異口同聲地「存天理，去人欲」的氛圍中，理學主將之一的胡宏卻提出了「天理人欲，同體異用，同行異情」的不同主張，標示了其理欲觀的新異。

但是，胡宏的理欲觀，究實而論，並不是對理學所倡導的「存理去欲」思想的反動，而是對這種思想的修正。欲說明這一點，並不是十分容易的事，須從胡宏的「性」處說起

胡宏是徹底的性善論者，他將人的本性看成是根於天的，圓融自足、不生不滅、不能損益的至善本體，強調它並不是現實的善惡所能名狀的相對存在物，而是「不可以善惡辨，不可以是非分」的無缺無疵的存在物。從而才有極盡對於「盡心成性」之強調。指出「心性」二字，「乃道義淵源，當明辨，不失毫釐，然後有所持循矣」❹。正因為人性本即至善，從而才有「凡人之生，粹然天地之

心，道義完具，無適無莫，不可以善惡辨，不可以是分非，無過也，無不及也，此中之所以名也」❺。按：此心即性。性既是絕對的至善，便不能以現實的善惡來說明，故有所謂「性無善惡」之說。性無善惡並不是性無所謂善惡，而是性不能用現實的善惡來表述。因為現實的善惡，都是相對於自己的對立面而言，不足以表明「性之全」、「性之正」。所以胡宏才有「世儒乃以善惡言性，邈乎邈哉！」❻的批評。就此而論，批評者（朱子與張栻等）的批評，顯然是未得要領，而且已落入「世儒」之見❼。

胡宏從「性無善惡」出發，提出了獨特的理欲觀，指出：

> 天理人欲，同體而異用，同行而異情，進修君子，宜深別焉。❽

這種提法，無異是在天理本諸天，人欲假諸身，天理為本，人欲是末，天理人欲不兩立的理學氛圍中，刮起了一股清新之風。但

---

❹　《與曾吉甫書》，《胡宏集》115 頁。按：中華書局版《胡宏集》此處文字與語句有問題。其文曰：今來教舉尹先生之說亦如此。某反復究觀，茫然莫知心性二字。乃道義淵源當明辨，不失毫釐，然後有所持循矣。作者以為句不當如此斷，又無其它版本在，故依文意臆以為斷如下：某反復究觀，茫然莫知。（且夫）心性二字，乃道義淵源，當明辨，不失毫釐，然後有所持循矣。

❺　《知言疑義》，《胡宏集》332頁。

❻　同前注 ❺ 334頁。

❼　關於朱張等對此一條的批評，已於第四章中論及，茲不復述，詳可參見《知言疑義》。

❽　同前注 ❺ 329頁。

這種清新的提法之被重視並引起反響，無論就批評者還是就贊賞者而言，卻均出於對這一提法的誤解。

朱熹強烈反對這一提法，認為這也是「性無善惡」論，認為「蓋天理，莫知其所始，其在人，則生而有之矣；人欲者，梏於形，雜於氣，狃於習，亂於情，而後有者也。」並進而指斥胡宏將天理人欲混為一區。

朱熹之所以指斥胡宏將天理人欲「混為一區」，原因乃在於對「天理人欲，同體而異用」之「體」字的錯解。朱熹將此「體」字理解為「至善本體」的「體」，等同於「性」體之「體」了。錢穆考證《朱子語類》卷一○一中有「萬人杰錄庚子以後所聞」一條 **❾**，其文曰：

> 或問天理人欲同體異用，同行而異情，曰：胡氏之病，在於說性無善惡。性中只有天理，無人欲，謂之同體，則非矣。……龜山云天命之謂性，人欲非性也。胡氏不取其說，是以人欲為性矣，此其甚差者也。

這裏顯然是將「同體而異用」的「體」理解為性這一至善本體的「體」了。

朱熹既已做此理解，便不當不予攻擊。所以才有「仁義理智為體。如五峰之說，則仁與不仁，義與不義，禮與無禮，智與無智，皆是性。如此則性乃是一個大人欲窠子，其說乃與東坡子由相似，是大鑿脫，非小失也」**❿**

---

❾　見錢穆《朱子新學案》第三冊208頁。

❿　《朱子語類》卷一○一，《胡康侯》。

　　如果胡宏說性，果真是一個「大人欲窠子」，那麼胡宏便很難稱為理學中人。胡宏以性為至善，強調盡心成性，主張及時發現良心之苗裔並擴而充之的修養工夫論等，便都很難理解了。胡宏的思想若是自相矛盾到如此地步，便絕難在南宋之初產生那樣大的影響，而全祖望所謂「紹興諸儒所造，其出五峰之上」的評價，也只能作為「瘋話」處理了。

　　三賢雖共為知言疑義，但於此一點上，呂祖謙卻與朱熹持有完全不同的意見。

　　祖謙曰：「天理人欲同體而異用」者，卻似未失。蓋降衷秉彝，固純乎天理，及為物所誘，人欲滋熾，天理泯滅，而實未嘗相離也。同體異用，同行異情，在人識之耳。**⓫**

　　如果「同體異用」之體，果如朱熹所理解的，是「本體實然只一天理，更無人欲」之體，那麼呂伯恭與胡宏一樣，皆是理學可怕的異端。因為他也講「而實未嘗相離也」。

　　「實未嘗相離」，對於天理與人欲而論，只能在現實的生命體中存在，而不能在本然至善的性體中存在。循呂祖謙「實未嘗相離」所提供的思想線索，便可知胡宏「同體異用」之體，並不是朱熹所理解的「實然只一天理」的「本體」之體，而當是現實的生命體之體。如此說來，胡宏的所謂「天理人欲，同體而異用，同行而異情」，只有被理解為天理人欲，同處於生命體中，表現為不同的功用，在現實中人的同一行為活動中，二者又表現出不同的情況。惟有作這樣的理解，才符合胡宏思想的本意，才能看清胡宏思想的前後一貫性。捨此，胡宏便不能被理解。牟宗三以胡宏「天理人欲，同體而異用」之「體」為「同一事體之體，非同一本體也」**⓬**雖有因偏愛

⓫　同前注**❺**330頁。

而過譽之嫌，但究其實是不離乎本意的，只是將「生命體」具體化了，謂之「事體」而已。

由此而進，胡宏又提出了：

> 好惡，性也。小人好惡以己，君子好惡以道。察乎此，則天理人欲可知。❸

既然每一現實的生命體中，都同含天理、人欲於內，那麼無論小人還是君子，都是一實實在在的現實生命體，其所好惡，自然都會受到天理人欲的雙重制約，只是君子存住良知，小人放失了本心而已。存住良知的原因，正在於「好惡以道」，反之，只有「好惡以道」，才能存住良知，從而為君子，為聖賢。放失本心的原因，只是因為以一己之私欲為指歸，為其所驅使然，而本心一旦放失，則便更加「好惡以己」。只要於生命的至處，真切地體會到這一點，便可以知道天理和人欲。於好惡中見性，正是與在日用之間發現良心之苗裔，完全一致的。日用間的好惡，正是性於已發後最真切的表現，也是抓住良心之苗裔，以擴充從而全面恢復本心的最可靠的時機。而忽視這一表現，錯過這時機，便無法恢復本心，體驗天性，從而使現實的修身行為落空。這一點比之尋找太極之蘊，高談天理性命更具現實性與可行性。捨此，則必會導致「平居高談性命之際，亹亹可聽，臨事茫然，不知性命之所在」❹的種種弊端。

胡宏強調「好惡，性也」，正是在修養工夫處體現「學聖人之

❷　參見牟宗三《心體與性體》第二冊454頁。
❸　同前注❶。
❹　《與樊茂實書》，《胡宏集》124頁。

道，得其體必得其用」❶的「學即行也」❶的一貫主張。究其實，這種工夫即「用」。胡宏以為：「道學，體用之總名也。仁其體，義其用，合體與用，斯為道矣」❶「有體而無用，與異端何異？」❶由此，只在太極之蘊和天理性命上兜圈子，不重視於日用間修養身心，最終就只能落得「有體而無用」，而使「命之理，性之道，置諸茫昧」❶。這也是胡宏定心為已發，強調盡心成性的根本原因所在。

　　由以上分述可見，「天理人欲，同體而異用」，正是「性無善惡」的進一步闡發，而「好惡，性也」則是又進了一步，目的是為了在現實活動中，發現本性，這樣就使得現實的修身行為，既擁有宇宙本體論上的根據，又切實可行了。胡宏論性及修養的如此遞進程序，是將道德理想與日常行為有機結合起來的典範，是將客觀必然性和主體自覺性結合起來的典範。

　　理解胡宏的「天理人欲，同體而異用」的第一個要點，就是理解「同體」之體並非本體，而是生命個體。但僅僅如此，尚不足以理解「天理人欲，同體而異用」的精湛，還必須正確理解胡宏的「人欲」概念。就「同體」之體而論，只要穿透《知言疑義》的迷霧，即可看清在道德本心或天賦之性的認識上，胡宏與理學家們的認識基本是一致的，只是胡宏所謂的「性」，雖主要針對人性，但其範圍卻決不僅限於此，而是宇宙的奧秘和萬物存在的根據。此一根據

❶　《與張敬夫》，《胡宏集》131 頁。

❶　《知言・中原》，《胡宏集》46頁。

❶　《知言・陰陽》，《胡宏集》10頁。

❶　同前注 ❶。

❶　《宋元學案・五峰學案・胡子知言》。

在宇宙萬物，表現為有而不能無，而在人，雖同樣亦是有而不能無
的，但主要是指「良知」或「善端」，是現實道德行為的至上根據，
也是道德的源泉。人之向善，是性之當然，是性使之然。而胡宏的
「人欲」概念，則表現為與當時理學家的習慣看法的重要不同，尤
其是與程朱為代表的理學家路線的分歧。這一點正是胡宏的開明之
處，也是他對先秦儒家的理解的獨特之處。胡宏之能成為開風氣的
人物，其重要表現之一，即在於此。

　　胡宏認為，正常的生存需要，如「食色」等，並不是「人欲」。
非但不是「人欲」，而且是天之所賦，在人不當去，亦無法去的本
性。這是此身之能成為此身的理由與根據，是性使之然，而道即在
其中：

> 道充乎身，塞乎天地，而拘於墟者，不見其大；存乎飲食男
> 女之事，而溺於流者，不知其精。諸子百家億之以意，飾之
> 以辨，傳聞習見蒙心之言，命之理，性之道，置諸茫昧則已
> 矣。悲夫！此邪說暴行所以盛行，而不為其所惑者鮮矣。❷⓿

　　胡宏以性為「立天下之大本」，指出「物外無性，性外無物」，
就是為了表明性與物未嘗離，物之本然即是性，物之當然便是理。
性在物中表現為物之所以為物的內在根據。理於物之運作過程中體
現，表現為「物各當其分」。人，物中之傑，但亦是物，故人之所
以為人是性，人之表現為人是理。人之表現盡在日用之間，故「飲
食男女」無不能見理。道的範圍之無限廣大，表現於每一具體的至
微之處，於飲食男女中即可識理見性，道不特存在於「太極」之蘊

---

❷⓿　同前注 ❶⓾ 。

和玄奧的「天理」之中。胡宏於此，似已暗合對周、張、二程等北宋諸子的批評，其理論勇氣，自已不言而喻。

胡安國曾有「冬裘夏葛、飢食渴飲、晝作入息」[21]之不能不如此為道，這一點可能即是胡宏的「道充乎身」「存乎飲食男女之事」的直接理論來源。

強調「道充乎身」「存乎飲食男女之事」，正是為了於切近處見性，於日常之間把握良心苗裔的理論根據。但若僅止於此，則非但不能分清天理、人欲的區別，反易導致將人欲看成天理的弊端。對此，胡宏十分清醒，故進而指出「溺於流者不知其精」。「飲食男女」雖非人欲，但「溺於流」則便成了人欲。關鍵的區別只在是否「以保合為義」。若能「保合」則不失為性，若「溺於流」則即成人欲。這一點劃分，在胡宏的思想中是極其清晰的：

> 夫婦之道，人醜之矣，以淫欲為事也；聖人安之者，以保合為義也。接而知有禮焉，交而知有道焉，惟敬者為能守而弗失也。語曰：「樂而不淫」則得性命之正矣。謂之淫欲者，非庸陋而何？天得地而後有萬物，夫得婦而後有男女，君得臣而後有萬民，此一之道也，所以為至也。[22]

只要「接而知有禮，交而知有道」，守此禮與此道不失，即是「天理」，不守此禮此道，「溺於流」而不知返，便是人欲。「樂而不淫」是尺度和標準，過則為人欲，不及則是「拘於墟」的偏見。此偏見之流行，必將使現實的修身行為成為受制的，從而受到心理

---

[21]　《宋元學案・五夷學案》。

[22]　同前注[19]。

的抵禦，修身行為便無法成為自覺，從而不被付諸實行。而「過」則為「溺於流」，「溺於流」則會為利欲所束縛，不能役物，反為物所役，從而違背人性，摒棄天理。只有「樂而不淫」，才能「保合」，才能使「性（現實中好惡之性）不悖於道，行不反於理」❷³。

胡宏提出：

> 凡天命所有而眾人有之者，聖人皆有之。人以情為累也，聖人不去情；人以才為有害也，聖人不病才；人以欲為不善也，聖人不絕欲；人以術為傷德也，聖人不棄術；人以憂為非達也，聖人不忘憂；人以怨為非宏也，聖人不釋怨。❷⁴

胡宏之所以作如此細說，目的即在於糾正「世儒」以「情」、「才」、「欲」、「術」、「憂」、「怨」為人欲的偏頗。在胡宏看來，情、才、欲、術、憂、怨等七情六欲是人伴生而至，與生俱來的，這些都是性的分殊與具體化，不能簡單而籠統地稱為「人欲」，這些皆可顯性，非此七情六欲，人性便成為高懸於上的空洞之名，名而無實，故不能為真有。既不能為真有，便無法「立天下之有」。胡宏以老子為「非知太極之蘊」者的原因，即在於老子以「無」為天下之本，謂「有」皆從「無」中所來。

「聰明智慧，在學者不當去，在聖人不去」，關鍵看是否能「安之」，「以保合為義」。

胡宏以為，現實人的知識，都是「緣事物而知」，非事物，人便無以獲知。因此，將與外物交接和由此而產生的一切「好惡」情

---

❷³　同前註❶⁶ 45頁。
❷⁴　同前註❺ 333 頁。

緒統統視為「人欲」，　就終將使人歸於蒙昧，究其實，則將使儒者
的「踐形」之教成為釋氏的「逐影」之妄，甚至於道家的絕聖棄智。
惟因如此，儒家才是理性主義的，而非宗教。但是，正因為「人非
生而知之，則其智皆緣事物而知」❷⑤，而「緣事物而知，故迷於事
物，流蕩失中，無有攸止」，　從而使「自青陽至於黃髮」的認知者
們，易於陷於「茫茫如旅人之不得歸家而安處」❷⑥的境地。因此，
「今欲驅除其外誘，不失其赤子之心，以復其所由生之妙，則事事
物物者，乃人生之不可無，而亦不能掃滅使之無者也」❷⑦，這就要
求以「率性保命」為道的儒者，必須「節事取物」，「不厭不棄」❷⑧。
如此，才能「與天同功」，「贊化育，而與天地參矣」。才能使「事
各付事，物各付物，人我內外，貫而為一，應物者化，在躬者神」❷⑨，
才能真正實現開務成物之目的。

　　如此，則知朱熹於《知言疑義》中對「好惡，性也」一條的指
責，是緣於對「性無善惡」之「性」的誤解而來，謂胡宏的「察乎
此，則天理人欲可知」為「是天理人欲同時並有，無先後賓主之別
也」❸⓪，是與「胡氏說性未是」的同意語，所不同者，「無先後賓主
之別」一語具體化了。

　　胡宏的本意，正是講天理本於天，為先天固有的善性，而人欲，
則是「拘於軀，汩於事，誘於物」所產生的，是經驗中的，後天的，

---

❷⑤　〈復齋記〉，《胡宏集》152 頁。

❷⑥　同前注 ❷⑤。

❷⑦　同前注 ❷⑤。

❷⑧　同前注 ❷⑤。

❷⑨　同前注 ❷⑤ 153 頁。

❸⓪　《胡宏集》330 頁。

天理是主，人欲是實。先驗的超越之性若非於經驗的現實之人欲中
掙脫和解救出來，心便不為至，性亦不能成。而張南軒其實已經理
解了胡宏的文意，故說「好惡，性也。此一語無害」，但未理解胡
宏的用意，故又說：「但著下數語則為病矣」。並試圖將「小人好惡
以己，君子好惡以道。察乎此，則天理人欲可知」改作「君子者，
循其性者也，小人則以人欲亂之，而失其則矣」❸事實上張栻所改，
只是對胡宏高妙理論的通俗化注釋而已。

　　其實後世大儒王陽明「天泉證道」的四句詩教，即所謂：「無
善無惡心之體，有善有惡心之動。知善知惡是良知，為善去惡是格
物。」❸正可以成為胡宏「性無善惡」、「心為已發」，於日用間見本
心，「學即行也」，「學者，學道者也」的最佳注釋。

　　胡宏既不以天理人欲為同一本體，又不以正常的「飲食男女」
的人生需求為人欲，正是為了表明聖人是「不與俗同，不與俗異，
變動不居，進退無常，妙道精義未嘗離也。參與天地，造化萬物，
明如日月，行如四時」❸的。只有「不與俗同」，才會「高於俗而與
俗立異」，也只有不與俗異，才會有正常的「飲食男女」的需求，
才不至將這些統統視為人欲，給予摒棄，從而「以出家出身為事」，
墮入空無。只有既「不與俗同」，又「不與俗異」，才能使聖人成為
既即乎民眾之中，處於生活之內，又超乎眾生之表，高於生活之上
的「允執厥中」❸的典範，使「人皆可以為堯舜」不再是神話，而
是有希望且可行的。「不與俗異」，即所謂「性相近也」，「不與俗同」

❸　同前注 ❸ 。
❸　王守仁《陽明全書》卷二十四，《年譜》丁亥條。
❸　《知言・往來》，《胡宏集》14頁。
❸　《論語・堯曰》。

則是「習相遠也」。

其實所謂「子罕言利，與命與仁」及「何必曰利」云云，並不表明傳統儒家將利益視為異己之非，而只是要求王者與現實的修養君子們，不要貪戀一己之利，而忘記了天下的公益。孔子適衛時，既有「先富後教」之說，孟子則更以君王之義為「與民同利」，且再三強調「制民之產，使有恒心」。這方面的證據是很多的，正如戴東原所說：「夫堯舜之憂四海窮困，文王之視民如傷，何一非為民謀其人欲之事！惟順而導之使歸於善。今既截然分理欲為二，治己以不出於欲為理，治人亦必以不出於欲為理，舉凡民之飢寒愁怨，飲食男女，常情隱曲之感，咸視為人欲之甚輕者矣。輕其所輕，乃曰：吾重天理也，公義也。言雖美，而用之治人則惑其人。……孟子於民之放僻邪侈無不為以陷其罪，猶曰『是罔民也』，又曰『救死而恐不贍，奚暇治禮義』！古之言理也，就人之情欲求之，使之無疵之為理；今之言理也，離人之情欲求之，使之忍而不顧之為理。此理欲之辨，適以窮天下之人盡轉移於欺偽之人，為禍何勝言也哉」❸。

應當說戴東原對宋儒將理欲絕對對立起來，以「去人欲」為理論標的，從而使「蒸民之常業，幾一切廢棄之」❸的批判是相當有利的。從戴東原的「出於身者無非道也」❸以及「生養之道，存乎欲者也」，「性譬則水也，欲譬則水之流也，節而不過則為依乎天理」❸等語中，可以看出戴東原顯然是受了胡宏的影響和啟發。戴

---

❸　戴震《孟子字義疏證》卷下。
❸　章太炎〈四惑論〉，見《民報》第22號。
❸　同前注 ❸。
❸　同前注 ❸ 卷上。

震雖未必見過知言原本，但肯定見過朱熹的《知言疑義》。這種推斷的依據只在於思想中所表現的承繼關係，雖然戴震並沒講自己讀過《知言疑義》。

　　但戴震之說與胡宏又實有不同。戴震的所謂「遂己之欲，亦思遂人之欲，而仁不可勝用矣」**❸❾**，以及「性之欲，其自然之符也」**❹⓪**，以及「欲也者，性之事也」**❹❶**等，相對於胡宏的原意，顯然已有背離而大過了。如果說胡宏的「天理人欲，同體而異用，同行而異情」是對理學之偏頗的修正，那麼戴東原之反叛則是昭彰的。

　　以胡宏為「公然引孟子為同調，對其性善說任意加以解釋，實為前人所罕見，卻為後人說經所本。清代漢學家戴震著《孟子字義疏證》，實則承繼胡宏以己意說經這一學風的餘緒」**❹❷**，其實只對了一部分，即前後承繼關係中所表明的戴震所受的影響和啟發。但胡宏並未任意解經，其所解者正較程朱理學更近於孟子本意，只是表現出開明與豁達的氣象，從而與當時的潮流不相一致，固被視為標新立異的「任意」而已。而陳確的所謂「聖人之心無異常人之心，常人之欲亦即聖人之欲也，聖人能不縱耳」**❹❸**，倒是貼近胡宏的「聖人不絕欲」「不與俗同，不與俗異」的思想，不過其所謂「確嘗謂人心本無天理，天理正從人欲中見，人欲恰好處，便是天理」**❹❹**則不僅是對程朱理學的反動，亦是對胡宏理欲觀的反動了。胡宏不以

---

❸❾　同前注 **❸❺**。

❹⓪　同前注 **❸❽**。

❹❶　同前注 **❸❺**。

❹❷　侯外廬等《宋明理學史》上卷295頁，人民出版社，1984年第一版第一次印刷。

❹❸　《瞀言・四、無欲作聖辨》，《陳確集・別集卷五》。

❹❹　同前注 **❹❸**。

正常的「飲食男女」為人欲，而以「溺於流」者為人欲，雖表面類似於陳乾初的「人欲恰好處，便是天理」，胡宏決不曾以為「天理」存在於「人欲」之中，「天理」、「人欲」之在胡宏處，依然是絕對的對立面，二者是不能調和的。故胡宏亦極盡對於「克欲」之強調，而且以盡為好，故說：「心由天造方成性，逐物云為不是真，克得我身人欲去，清風吹散滿空雲」❹。胡宏以「人欲」為障「本心」之明者，為「成性」之大礙，必以克盡為修身之至，而陳確所謂「天理正從人欲中見，人欲恰好處，便是天理」云云，顯然已非胡宏同道。既曰「天理」，如何能在「人欲中見」？即是「人欲」，又如何能有恰好處？後世研究者，察不及此，而以「清初思想家陳確也持胡宏這一觀點」❻，顯然是因受朱熹《知言疑義》的蒙蔽而如朱熹一樣誤解了胡宏。若藉此而將胡宏的理欲觀歸結為「天理人欲不相離」、「天理人欲無先後、主次之別」、「天理人欲、本無善惡」❼等等含義，顯然均不符實。作如此論，無論出於襃揚還是出於其它等等，均是對胡宏的曲解。而認為胡宏「從天理人欲本無善惡開始，最後則以承認其有善惡之分而告終。就是說，他以與程、朱的理欲觀相離異開始，以最後復歸於程、朱的理欲觀而告終，這反映了胡宏理欲觀的不徹底性」❽的結論，顯然也因以程、朱理欲觀為理欲觀之正宗之論而以胡宏為異端，而以胡宏理欲觀為反理學者，稱其具有「不徹底性」，顯然亦是因朱熹之疑而誤解胡宏，從而得出的結論。

---

❹　《絕句・次劉子駒韻》，《胡宏集》72頁。

❻　同前注❷299頁。

❼　同前注❻。

❽　同前注❷300頁。

　　明清思想家對理學的反動與批判，雖是思想史發展的必然，但是胡宏在這一批判中，則充當了導引者的角色。對理學的批判之所以選擇「天理人欲」之辨為突破口和核心之的而放矢，當然有歷史發展過程中的現實原因，但胡宏的「天理人欲，同體而異用」的思想，是被當成了理學批判的始作俑者，為其提供了最原初的啟發。他們甚至於情願這樣來誤解胡宏，以為成就批判理學的目的之用。從這一點看來，王夫之的「聖人有欲，其欲即天之理。天無欲，其理即人之欲。學者有理有欲，理盡即合人之欲，欲推即合天之理。於此可見人欲之各得，即天理之大同；天理之大同，無人欲之或異」❹以及焦里堂所謂「飲食男女，人之大欲存焉。欲在是，性即在是。人之性如是，物之性亦如是。惟物但知飲食男女，而不能得其宜」❺等，無不深受胡宏之影響，在王船山處尤能見到胡宏的影子。

　　但是，胡宏之主張「性無善惡」與「天理人欲，同體而異用，同行而異情」及「好惡，性也，小人好惡以己，君子好惡以道。察乎此，則天理人欲可知」等，並不在於反叛理學，而故意與程、朱理學對立，以標立自己之新異，而正是要維護理學的尊嚴，捍守孔孟道統的至尊地位。他以自己的「正確」理解，來糾正「世儒」之偏頗，使「人性」更加湛一純粹了。就此而論，胡宏的理欲觀正是其性善說的進一步展開和具體運用，而不是其「性無善惡」論的再一次濫觴。這一點正好表明了他是徹底的性善論者的一貫立場。後

❹　王夫之《讀四書大全說》卷四。

❺　焦循《孟子正義》卷二十二〈性猶杞柳章〉，轉引自侯外廬《中國思想通史》第五卷，573 頁。人民出版社1956年8月第一版，1980年2月第4次印刷。

世學者之讚賞胡宏，誇耀其理欲觀的新異的時候，卻恰恰站在了胡宏立場的反面。從這一點來看，思想史研究的艱難，思想因以文字為表現形式之易於產生誤解，就不能不說是十分可能而又十分可怕的了。

　　總之，胡宏的理欲觀，是其性本論的自然伸展，是作為為發現良心的苗裔，從而擴充之，以便盡心成性的「是、非」判別標準而用的，它表現了胡宏「性」一元論的徹底性。其為清新，乃在於糾正理學將人生不可無的正常情欲統統視為人欲的理欲觀的濫觴。之所以被朱熹誤解，則在於作為胡宏理欲觀出發點的「性」，雖主要指本然至善的人性，但已超出此一範圍，廣大到宇宙，以為宇宙的本體了。朱熹以理為惟一之本，推己及人，以為胡宏亦當以之為本，不知胡宏以性代理，更廣大，更切近，更精純，故生出諸多詰難，自是在所難免。南軒未得五峰真傳，亦不理解胡宏的精蘊，其附和朱熹以疑《知言》，亦是在所難免。東萊以友情及對理學的執著，參與其中，亦是自然之當然。但是《知言疑義》一出，胡宏從此便被不斷地更進一步的誤解，從而被當成理學的異端處理了。而現有的有關於胡宏研究的一點少得可憐的成果，則多半是在此一誤解的基礎上對胡宏的更進一步的誤解。如此，則胡宏幾乎面目全非了。如此，胡宏斥佛辟道，排楊責墨，糾先儒「億之以意，飾之以辨」，使「命之理，性之道」不再「置諸茫昧」，深憂「邪說暴行之盛行」，痛呼「道學衰微，風教大頹」，欲「以死自擔」的真儒情懷，便成為不可理解的了。

　　但是，胡宏因被誤解而反理學的後世儒者以誤為正，據以為前行者，從中汲取營養，後世研究者對胡宏之看重，多半亦是出於對胡宏的誤解，這一點不能不說是思想史研究中的十分有趣的現象。

第七章　概說《知言疑義》兼及朱熹與胡宏之關係

　　《知言疑義》，從整體上來說，主要是出於對胡宏思想的誤解，但其作為理解胡宏思想的第一部有份量的著述，其重要性又是決不容忽視的。朱熹與胡宏的關係，主要亦是因《知言》而來，在《知言疑義》中不斷展開的。胡宏在理學界的影響，相當程度上亦得利於《知言疑義》。而朱熹的「成長」同樣離不開其與胡宏的關係。

一、概說《知言疑義》

　　《知言疑義》，是以朱熹為代表的「東南三賢」，包括呂祖謙和胡宏的大弟子張栻在內，討論胡宏的主要哲學著作《知言》的綜合記錄。

（一）《知言疑義》的由來

　　宋孝宗乾道六年庚寅（1170），朱熹給正在知嚴州（今浙江建德梅城鎮）的張栻寫信，將對《知言》批評的十數條意見，寄與張栻討論。時，呂祖謙亦教授嚴州，南軒便與東萊就《知言》展開進一步討論，並在朱說的基礎之上，又整理出一些對《知言》的異見，於是三人之間遂就《知言》中的一些主要觀點，更進一步的展開討論，最後由朱熹將這些意見，進行加工分類，綜合整理而成。歷時兩年❶。此當是指《知言疑義》的成書過程而言，而不當指對於《知

言》實施致疑的過程。對於《知言》的致疑，事實上在朱熹「己丑之悟」時已正式開始，朱熹於「己丑之悟」間所作〈與湖南諸公論中和第一書〉即是針對知言而來。而且朱熹直至晚年仍然不停對於《知言》的致疑。

朱熹之所以對《知言》進行質疑，起初的原因，並不在於欲確立自己在理學中的宗主地位，必須首先「排山倒海」，不「擊垮胡宏」，便不能使自己「脫穎而出」。而源於他自己對心、性問題的理解發生了原則的變化，是其執著於理學的求真精神使然，雖然在「致疑」的進程中或多或少的表現出起初的目的中所不曾有的傾向。而張、呂二人作為朱熹的道朋講友，因朱熹之「啟發」，參與其中，雖屬當然，但卻又有所不同。張栻是胡宏弟子，昔嘗躬親受教於五峰，師說若有疵，為人所指，自必做出反應。但因南軒「受教之日淺」，「僅得一再見耳」，故未得五峰真傳，對胡宏思想的精奧之處，自然理會不到。非獨朱子於李侗處，「受《中庸》之書，求喜怒哀樂未發之旨」有「未達」❷，南軒於胡五峰的心、性之說亦實「未達」。從張栻以太極為性這一點看來，表面上有承胡宏「性立天下之大本」的思想意圖，其實則是繞過了胡宏，而直承周、邵而來。周敦頤將太極看成宇宙的本體，以其為最原初的，絕對的精神存在，固作《太極圖說》，而邵雍則以心為太極。以性為理和心具此理的

---

❶ 陳來以為「《知言》之論始於庚寅而終於辛卯」，理由是《東萊文集》中「與朱子第六云：『《知言》昨在嚴陵時與張丈講論，亦嘗疏出可疑者數十條』，其書在庚寅，而朱子答呂祖謙第九書『《知言疑義》再寫欲奉呈』，其書在辛卯」。見陳來《朱熹哲學研究》118頁下腳注 ❷。中國社會科學出版社1988年4月第一版第一次印刷。

❷ 〈中和舊說序〉，《朱文公文集》卷七十五。

思想在邵雍處已經有所顯現，提出了「天使我有是之謂命，命之在我之謂性，性之在物之謂理」❸的主張。張栻則以為「太極之說，其欲下語云：易也者，生生之妙也；太極者，所以生生者也」❹，並指出「太極動而二氣形，二氣形而萬物化生，人與物俱本乎此者也」❺。而胡宏雖亦曾提及太極，但卻有明顯地以此為過玄而不切近的感覺，並認為以「太極」為本，有使「命之理，性之道」「置諸茫昧」的嫌疑。就此而言，張栻於本體論上，實繞過了胡宏而與周、邵、程諸子直接發生了繼承關係。張栻於盡心的修養工夫論上，雖始終繼承了胡宏「先察識，後涵養」的主張，但卻不諱於胡宏的「心無死生」。 張栻既於宇宙本體論上繞過胡宏，回歸周、邵、程等諸子，其以胡宏論性為「非是」則屬必然，故其與朱熹並疑知言，乃源於其與胡宏在本體論上的原則分歧，因此便不是簡單的因為「軟弱」而附會朱熹的問題。這是張栻對朱熹所作《知言疑義》的反應之一，即：某雖五峰弟子，然「當仁，不讓於師」。 張栻的反應之二，便是對《知言》多少作了一些迴護，以表明師尊。這兩點反應，大約可以用張栻自己的話來表示，那便是：析理當極精微，毫釐不可放過；至於尊讓前輩之意，亦不可不存也。❻

　　而呂祖謙，既非胡宏弟子，確因受業於胡憲而有部分湖湘學統，又與張栻於嚴州時相交甚善，過從極密，因此對知言自當早有了解。熟悉知言，是其參與異議的客觀條件，非胡宏親傳的身份，又使得他不致有如張栻一樣的「既欲不讓，又須尊讓」的心理負擔。加之

---

❸　《宋元學案·白源學案下·附錄》。

❹　《南軒文集》卷十九，〈答吳晦叔〉。

❺　同前註 ❹ 卷十一，〈存齋記〉。

❻　《知言疑義》，《胡宏集》334 頁。

其對《知言》的過於熟悉❼，所以雖亦未解胡宏性心學說的精奧，但因深知其「局部」之妙，故於三賢中對《知言》讚譽較多，態度也較公正。

　　前文已經提到，朱子初疑《知言》，並不是為了確立自己在理學界的宗主地位，而是由其思想變化發展所導致，是求真精神使然。為明確起見，茲將朱子《知言疑義》前直至《知言疑義》時的思想轉變略作如下陳述。

　　朱熹早年承父朱松之遺命，從學於胡憲（籍溪）、劉勉之（白水）、劉彥冲（子翬）三人，其中從胡憲時間最長，自應對湖湘之學有所了解，對胡宏亦應有所耳聞。但朱熹卻稱：「胡籍溪人物好，沈靜謹嚴，只是講學不透」又謂：「籍溪教諸生於功課餘暇，以片紙書古人懿行，或詩文銘贊之有補於人者，粘置壁間；俾往來誦之，咸令精熟」❽。如此看來，朱熹於籍溪先生處，並未得到更多的心性問題的湖湘學派的認識內容，而只是廣博了自己，泛泛地識些修身教誨。於是朱熹又從李侗學。凡三見乃師事之❾。朱熹受學於李延平，按照楊時和羅從彥的路數體驗於「喜怒哀樂未發」之際。如《中和舊說序》所稱：「余早從延平李先生學，受《中庸之書》，求喜怒哀樂未發之旨，未達而先生歿」。但李侗死後，朱熹剛剛開始獨立地進行思想探索，便首先面對了「已發」、「未發」的「中和」

---

❼　《宋元學案・五峰學案・附錄》載：「呂東萊〈與朱侍講書〉曰：十年前，初得五峰《知言》，見其間滲漏張皇處多，遂不細看。後來翻閱，所知終是短底，向來見其短而忽其長，正是識其小者」。可見呂東萊曾反複閱讀胡宏《知言》，對《知言》甚為熟悉。

❽　《朱子語類》卷一〇一。

❾　清王懋竑《朱子年譜》，據范壽康《朱子及其哲學》211 頁。

難題，但未能解決，因張栻告以胡宏之說，始有「丙戌之悟」，亦如《中和舊說序》所自道：「余竊自悼其不敏，若窮人之無歸。聞張欽夫得衡山胡氏學，則往從問焉。欽夫告予以所聞，余亦未之省也，退而沉思，殆忘寢食。一日喟然嘆曰：『人自嬰兒以至老死，雖語默動靜之不同，然其大本莫非已發，特其未發者為未嘗發耳。』自此不復有疑，以為中庸之旨果不外乎此矣。後得胡氏書，有與曾吉甫論未發之旨者，其論又適與余意合，因是益自信，雖程子之言有不合者，亦直以為少作失傳而不之信也，然間以語人，則未有能深領會者。」❿

　　這是朱熹的「丙戌之悟」⓫，又稱「中和舊說」。

　　此一悟雖是朱熹「一日喟然嘆曰」所「自得」，但欽夫所告胡宏的「已發」「未發」之說，自當不無啟發。但欽夫既告以從胡宏所聞，朱熹何以「亦未之省也」，而非待「一日喟然嘆曰」方始悟得？這顯然是一個問題，不解決這個問題，很難說通「丙戌之悟」是朱熹自得。

　　陳來以為「心為已發、性為未發」的思想固然主要出於朱熹自得，但按他後來的說法，除自我體知之外，這個思想的確立與程頤答呂大臨論中書得到印證有關聯」⓬。陳來於上引一段的腳注中稱：「程頤答呂大臨書云：『凡言心者皆指已發而言』。然朱子丙戌諸書未及程子此語」⓭。陳來顯然已看透朱熹後來認定自己的「丙戌之

---

❿　同前注 ❷。

⓫　王白田以中和舊說為朱子於乾道丙戌所悟，故稱「丙戌之悟」，見王白田《朱子年譜》。

⓬　同前注 ❶ 99頁。

⓭　同前注 ⓬ 下腳注 ❷。

悟」得到程子的印證是值得懷疑的。

　　朱熹之所以求教於張栻仍不得解的原因，愚以為大約有二：

　　其一，張栻在「已發」「未發」的問題上，並未得到胡宏的真傳。所以，透過「根據現存朱熹給張栻的書信及其它材料看，張栻並沒有把胡宏關於中和的思想完全介紹給朱熹」❹的現象，當能把握到張栻於此一問題上未得胡宏真傳的實質。朱熹既如此執著於此一問題，苦苦探索，竟至「若窮人之無歸」，「聞張欽夫得衡山胡氏學，則往從問焉」，張栻必當告之以此一問題上所得的胡宏之傳。但「欽夫告予以所聞」之後，朱熹竟「亦未之省也」。就此而論，張栻於此一問題上未得胡宏真傳，當無須辨爭。張栻之所以後來附和朱熹，共為知言設疑，認為「心性分體用，誠為有病」，並認為「此一段似亦不必存」❺的原因，概不能簡單地以張栻孱弱了之，只有認清張栻未得胡宏真傳這一事實，方能解得通。正緣朱熹並未從張栻處盡得胡宏之說，才有「後得胡氏書，有與曾吉父論未發之旨者，其論又適與余意合，因是益自信，雖程子之言有不合者，亦直以為少作失傳而不之信也」。

　　其二，朱熹從李侗，李侗教之以體驗未發，朱熹雖受啟而「未達」，但一時間尾大不掉，兩派不同的指歸一時間難於融凝。既「未達」於此，又不諳於彼，因此被懸掛起來，「若窮人之無歸」了。朱熹因此只能靠自悟，所謂「一日喟然嘆曰」即是這種情況下的產物。但正因「未達」於此，又不諳於彼，所以朱熹不敢過於自信，直至得胡氏書，見其中有「與曾吉甫論未發之旨者，其論又適與余

---

❹　同前注 ❶ 97頁。

❺　此一段指胡宏「聖人指明其體曰性，指明其用曰心。性不能不動，動則心矣」云云。同前注 ❻ 337頁。

意合」，乃「因是益自信」。

看來朱熹自以為這一思想的確立「與在程頤答呂大臨論中書得到印證有關聯」是假，而得到胡宏與曾吉甫書的印證是真。故朱熹自謂「因是益自信，雖程子之言有不合者，亦……不之信也」。這一點也表明胡宏在當時理學界的地位和影響，是至上的，否則朱熹不會因其與己意合而喜不自禁，亦不敢「因是益自信」。這一點自亦印證「紹興諸儒所造，其出五峰之上」的可靠性。

但是，張栻畢竟受業於胡宏，又曾親受其指，雖未得其真傳，總當有些收益，故欽夫告於朱子的，自當有「未發」「已發」的「中和」問題，因此，朱熹亦多少應受些啟發，否則從體驗未發的習慣教誨中掙脫出來，竟「一日喟然嘆曰」，又與胡宏正合，亦不盡合理。朱熹於此，可能亦多少有所規避。

丙戌之悟以後，朱熹對「自得」之「心為已發，性為未發」的思想著實自得了一段時間，並作了著明的「人自有生」四書給張栻，對「性心只是體用」❶，一度曾堅信不移。但翌年的湖湘之行，朱張討論的主要問題，「最多的還是衡山之學的察識端倪即先察識後涵養之說。」❷二人雖有一些不合，但以朱子基本接受衡山胡氏學說而分手。朱子稱：「去冬走湖湘，講論之益不少」❸，並極力推薦湖湘學的「於日用間察識本心」，擴而充之，充而行之，逐漸體驗大本性善，不假外鑠的修養方法，直至己丑之悟。

乾道五年己丑，朱熹四十歲。是年朱熹推翻了「丙戌之悟」的結論。《中和舊說序》有云：「乾道己丑之春，為友人蔡季通言之，

❶　〈答何叔京十二〉，《朱文公文集》卷四十。

❷　同前註 ❶ 106頁。

❸　〈答程允夫〉，《朱文公文集》卷四十一。

間辨之際，予忽自疑斯理也。……程子之言出其門人高弟之手，亦不應一切謬誤以至於此。然則予之所自信者，其無乃反自誤乎？則復取程氏書，虛心平氣而徐讀之，未及數行，冰釋凍解。……」⓳於是「丞以書報欽夫及嘗同為此論者」⓴，這就是所謂〈與湖南諸公論中和第一書〉，它標志朱熹之思想的發展變化，亦是對《知言》正式致疑的開始。這一疑直至晚年未曾改變。

（二）《知言疑義》的主要內容及其影響

　　從〈論中和第一書〉中，即能看到朱熹對《知言》的疑義是原則上的，其中要點，主要包括「未發、已發指心理活動的不同階段或狀態」，「未發指性，已發指情」㉑。在朱熹看來，「思慮未萌時心的狀態為未發，思慮已萌時心的狀態為已發，也就是說，心有已發時，有未發時，或者說，有未發時心，有已發時心」㉒鑒於這種認識，朱熹則認定胡宏以「心為已發」，　注重於日用間察識本心苗裔的修養理論，「缺卻平日涵養一段工夫」㉓，這是朱熹將心理解為既屬已發，又是未發，貫乎已發、未發，從而必然與胡宏在理論上產生的分歧。朱熹又因對「未發是性，已發是情」的理解，指出，「論心必兼性情，然後語意完備」㉔，故此在《知言疑義》中，欲將胡宏的「心也者，知天地，宰萬物，以成性者也」的「成」改為

⓳　同前注 ❷。

⓴　同前注 ❷。

㉑　同前注 ❶ 109 頁、112 頁。

㉒　同前注 ❶ 110 頁。

㉓　〈與湖宏諸公論中和第一書〉，《朱文公文集》卷六十四。

㉔　同前注 ❻ 329 頁。

「統」。　在這一點上，張栻與朱熹意見十分一致，故欲將「成」改
為「主」，朱熹以為「所改『主』字極有功」❷。張栻既於本體論上
繞過了胡宏，而順周敦頤與邵堯夫的太極即性，心即是理（此亦是
從明道處來），視太極即性即理而為宇宙本體，便不理會胡宏「性」
本貫乎主觀和客觀的內涵，更以心的「自主性」的成性功能為不確。
故改「主」字，是源於其與朱熹的理本論思想相一致的，並不是故
意附會朱熹。而呂祖謙則不盡以為然，謂朱、張所改與胡宏設問不
相應❷。要之，呂祖謙較朱、張似更理解胡宏的本意。

　　〈論中和第一書〉中對胡宏將心視為已發的指責，並不僅限於
這一問題本身，事實上更牽涉胡宏的「道物關係論」。　這一分歧一
直表現到朱熹與陸象山尤其陳亮的論爭上。

　　朱熹視道為天理，為一種絕對客觀倫理精神，強調其永恒不滅
和無牽無掛。但胡宏卻以為「道不能無物而自道，物不能無道而自
物」，　即認定道在物中，物緣道而成物。陳龍川頗喜胡宏知言，每
加讚譽❷，並深受胡宏影響，繼承胡宏道物關係論的思想，弘揚其
盡心成性之說，以為「道非出於形氣之表，而常行於事物之間」❷，
並以為「道之在天下，何物非道，千涂萬轍，因事作則，苟能潛心
玩省，於所已發處體認」❷便能識「道」。陳亮雖無師自通，但從其

---

❷　同前注 ❻ 328 頁。

❷　同前注 ❷ 。

❷　陳亮於〈胡仁仲遺文序〉中稱：「聞之諸公長者，以為五峰實傳文定之
　　學。比得傳文觀之，見其析理精微，力扶正道，惓惓斯世如有隱憂，
　　發憤至於忘食，而出處之意終不苟，可謂自盡於仁者矣。其教學者以
　　求仁，終管之見，未嘗不致意焉。推其文以學者共之，因文以達其意，
　　庶幾五峰之志未泯也」。《龍川文集》卷十四。

❷　同前注 ❷ 卷九，〈勉強行道大有功〉。

對胡宏的讚譽中可以看出其幾欲以五峰為師的心情❸。

　　陸象山，雖不是直承胡宏而來，但其以「吾心即是宇宙」的「本心」為本體，乃是源於對「心之體甚大，若能盡我之心，便與天同」❸的認識。這與胡宏將心視為至大且久，無有死生的倫理之主宰的主張是一致的。這一點雖然由於性本論與心本論均從明道、上蔡的路數上來有關係，而從理論發展的角度來講，若無對於「盡心成性」的極盡強調，心本論的產生就顯得有些突然。似有調和理本論與心本論傾向的性本論，之能出現於心本論之前而非其後，自已表明其作為理本論向心本論的過渡，是有其產生的必然性的。而心本論發展至王守仁，遂提出了「性之本體，原是無善無惡的」，「無善無不善，性原是如此」❸，其實表明心本論有向性本論索取思想營養的必然的客觀需要。而所謂「君子之學，以明其心……世儒既叛孔孟之說，昧於《大學》格致之訓，而徒務博乎其外，以求益乎其心，皆入污以求精，積垢以求明者也」❸，顯然是受了胡宏的「世儒乃以善惡言性，邈乎遼哉！」和「世儒之言性者，類指一理而言之爾，未有見天命之全體者也」和及時於日用間發現良心之苗裔，從而操存涵養，以至於大的明顯影響。這裏實亦能表明胡宏的重要作用和學術地位。

　　而朱熹重視湖湘學者在朱陸之辨中的地位和作用的言行❸，所

----

❷⁹　同前注 ❷⁷ 卷十九，〈與應仲實孟明〉。

❸⁰　參見前注 ❷⁷。

❸¹　《語錄》下，《陸九淵集》卷三十五。

❸²　《傳習錄》下，《王陽明全集》。

❸³　同前注 ❸² 卷七，〈別黃宗賢歸天臺序〉。

❸⁴　宋孝宗淳熙十三年丙午夏(1186)，胡季隨訪陸象山於臨安，陸象山「以識面為喜，以款集為幸」(見《陸九淵集》卷一，〈與胡季隨一〉)，朱

能表明的，也只是性本論可能產生兩種必有之傾向，其一，復歸理本論，張南軒是也；其二，走向心本論，胡季隨、游九言等是也❸。而固守師者的（胡廣仲、吳翌、彪居正、胡伯逢等是也），之所以不能繼承並發揚性本論，使之進一步光大，一方面是才、智之不足，另一方面也是受了性本論中的心、理兩種傾向的制約。而呂祖謙於朱陸之辨中的角色，正好表明他深受胡宏《知言》的影響，從而表現為搖擺於心本論與理本論之間的特徵。逆推而上，其對《知言》的疑義，不同於朱、張而又不以《知言》為盡是，也就由此而可以理解了。

《朱子語類》卷一〇一載「五峰門人中，朱子獨重南軒，其他皆少所許可」，原因即在於張栻繞過性本論而回歸於理本論上去了，故其言多與朱子合，朱子方才以南軒為重。

但是，張栻畢竟是從胡宏處來，於其師說自有得，這一點又使得張栻不能與朱熹盡同。《語類》卷一〇三有：

問：「先生（指朱子）舊與南軒反複論仁，後來畢竟合否？」
曰：「亦有一、二處未合。敬夫說本出胡氏。胡氏之說，惟敬夫獨得之，其餘門人皆不曉，但云當守師之說。向來往長沙，

熹聞訊，急與胡季隨寫信，不希望他被象山拉去。（見《朱文公文集》卷五十三，〈答胡季隨九〉）兩方爭奪湖湘學者，正是由於性本論可能導致理論本和心本論兩種可能。

❸ 《湘譚縣志》卷三載：「其後陸九淵自謂其學易簡不支離，大時契之，約為婚姻。自是宅心高明，復類金溪之為陸學者，乃或授大時為九淵弟子」。可見胡大時，後來走向心本論。而游九言亦稱「欲知太極，先識吾心」（見《宋元學案・岳麓諸儒學案》）。另如舒璘、陳概等，皆有明顯的心學傾向。（見《廣平定川學案》及《二江諸儒學案》等）。

正與敬夫辨此。」

　　所謂「未合」，主要是指張栻堅持胡宏的「先察識，後涵養」
等。

　　簡言之，朱熹對《知言》的疑義，乃出於本體論的不同，故表
現為不同的進路。朱熹於「丙戌之悟」時，因所悟巧合了胡宏的已
發、未發，故曾盛讚之，今又有「己丑之悟」，則理應說明所悟之
經過，否則便無法為「欽夫及嘗同為此論者」所理解。而欲說明「所
悟」，就必對曾以「其論又適與余意合」的《知言》進行反對，故
《知言疑義》之出，是朱熹思想變化發展的必然。

　　朱熹對《知言》的疑義，「大端有八」：

　　　　性無善惡，心為已發，仁以用言，心以用盡。不事涵養，先
　　　　務知識。氣象迫狹，語論過高。❸❻

　　此「八端致疑」，使胡宏作為理學的可怕異端的形象，出現於
學術思想界，造成了後世的嚴重誤解。

　　新儒家牟宗三，經過仔細研究與詳密論證，認定「如此八端無
一中肯」❸❼。

　　《宋元學案・五峰學案》載黃宗羲案稱主要可以會而為三：「性
無善惡，一也。心為已發，故不得不從用處求盡；『仁，人心也』；
已發言心，故不得不從用處言仁，三條同者，二也。察識此心，而

❸❻　同前注❸。
❸❼　《心體與性體》第二冊501頁，臺灣正中書局民國七十五年十月初版，
　　　八十二年二月第九次印行。

後操存，三也。其下二句，則不過辭氣之間」。

應當說黃宗羲的分類歸納是準確的。

胡宏《知言》之被設疑至此，乃在於朱胡於本體論處之迥然相異，後朱熹又添自以為正宗之心態，自以為「舉天下無不在下風」❸，遂使對《知言》之疑，脫離初宗，滲入了對胡宏人格的不應有的微詞，如「語論過高，氣象迫狹」之類。有關「八端致疑」的正誤及適當與否，前此數章已有較詳細論證，茲不贅復。至於《知言疑義》的影響，則是造成了後世對胡宏的嚴重誤解，研究者遂以胡宏為叛逆者，將其作為理學的異端處理了，此亦甚為明顯，無須論證，只看今日對胡宏進行研究的著述，便可知曉。

二、朱熹與胡宏之關係

朱熹既受業於胡憲，憲是安國從子，從文定公學，故朱熹對胡安國及胡宏的名字當早已熟知於心。《朱子語類》中對從胡安國、胡寅（致堂）、胡宏、胡憲（籍溪）等直至張栻的弟子胡大時等均有品評。從這一點看來，朱熹對湖湘學派是有較全面的了解的，而且因張栻的關係，與湖南一派的交往也相當頻繁。當然，甚至包括其與南軒氏的關係，均是因《知言》而產生，是在對《知言》進行致疑的過程中不斷密切起來的。南軒雖於《知言疑義》成書前若干年即與朱子有較密交往，究其實乃緣於朱子對胡宏的嚮往，不管這種嚮往在起初時是清醒的還是盲目的。總之，其從籍溪處得知胡宏之作為湖湘魁首以及湖湘信奉胡宏《知言》等事實，是必然的。

高宗紹興三十年庚辰（1160），朱熹三十一歲，朱熹於臥病山

---

❸　此處借用陳亮語。

間時，寫了兩首詩，用以「戲」「以書見招」的仕於朝之親友。其
文曰：

> 先生去上芸香閣，閣老新峨豸角冠。留取幽人臥空谷，一川
> 風月要人看。
> 甕牖前頭列畫屏，晚來相對靜儀刑。浮雲一任閑舒卷，萬古
> 青山只麼青。
> 「或傳以語胡子，子謂其學者張敬夫曰：『吾未識此人，然觀
> 此詩，知其庶幾能有進矣。特其言有體而無用，故吾為是詩
> 以箴警之，庶其聞之而有發也』❸

胡宏的所謂「是詩」，被收入胡宏集之中，其文如下：

> 幽人偏愛青山好，為是青山青不老。山中出雲語太虛，一洗
> 塵埃山更好。❹

---

❸ 引自《胡宏集》244頁，附錄二。中華書局本《胡宏集》注此條曰：「原
見於《粵雅堂叢書》本《胡子知言》附錄」。按此條朱熹自注為「紹興
庚辰」即1160年，而研究胡宏與張栻的著述，如朱漢民、陳谷嘉等的
《湖湘學派源流》，陳谷嘉的《張栻與湖湘學派研究》，蔡方鹿的《一
代學者宗師——張栻及其哲學》、侯外廬的《宋明理學史》等，皆以張
栻受業於胡宏是在紹興三十一年辛巳。所據大約是張栻〈答陳平甫〉
中的自序「辛巳之歲方獲拜於文定公書堂」（見《南軒全集》卷二十
六）。而朱熹則謂其詩是庚辰所做，中稱「子謂其學者張敬夫云」云云，
概是「或傳以語胡子」的「傳」至時，已過了一年。否則，張栻受業
於胡宏的時間，就將提前一年。

❹ 此是朱熹跋五峰詩條所記，而胡宏集正文中有三首，前注為「朱元晦
寄詩劉貢父，有諷籍溪先生之意，詞甚妙而意未貝，因作三絕」。且後

　　這可能是胡宏初識朱熹之名。朱熹後從張栻處得知此事,「恨不
及見胡子而卒請其目也」❹。朱熹終未能與胡宏識面見款,胡宏便
已謝世,朱熹與胡宏的關係就只有以《知言》為紐帶了。在這裏,
張栻充當了中介者。

　　朱熹與胡宏的關系,應包括師生與論敵兩個方面。

　　朱熹雖終不曾受業於胡宏,但其於籍溪門下為生,原仲又是胡
宏從兄,同受業於胡安國門下,共為湖湘中人,所以胡宏在師承輩
份上長朱熹一輩,就二程而論,熹為三傳;宏為再傳。又朱熹從《知
言》裏及張栻處得胡宏之益者甚多,非胡宏朱熹無「丙戌之悟」,非
胡宏,朱熹亦無「己丑之悟」。 己丑之悟雖是對《知言》的反叛,
但卻是在曾經執著與信奉的基礎上,經過「反復思考」實現的,故
此,如果沒有對《知言》的研究和學習,便沒有「己丑之悟」可言。
「沒有胡宏的一番新意見,將轉不出後面朱熹那樣的大體系」❷。
據此,朱熹亦當算是胡宏的私淑弟子。朱熹之成為朱熹,拋開胡宏
是不能實現的。就此而論,朱熹與胡宏又屬同道,這一方面是從師
承關係上二者均屬二程洛學的傳人,另一方面朱熹與張栻極其友善,
以其為獨得胡氏之傳者。既以張栻為同道,則必以胡宏為同道。其
為《知言》設疑,並不在於斥胡宏為異己力量,恰好相反,目的則
在於惟恐《知言》有違於程氏初宗,以保持胡宏作為二程傳人的理

　　　　兩句有出入,集中所錄為:「山中雲出雨乾坤,洗過一番山更好」。《胡
　　　　宏集》77頁。

❹　同前注 ❸ 。

❷　錢穆語,具體出處未得見,此從韋政通與作者信中得知。1994年5月5
　　　　日。

學家的純粹性。朱熹雖為《知言》設了「八端致疑」，但終究還是認為「知言之書，用意深遠，析理精微，豈末學所敢輕議」[43]。這一方面是表明自己是高明學者，決非「末學」，同時也是以為《知言》非「三賢」之德才，不能輕議。朱熹雖致疑知言，但對胡宏及其《知言》，也還是敬畏的。「向輒疑之，自知已犯不韙之罪矣。茲承誨喻，尤切愧悚」[44]，雖然這是對胡宏從子兼弟子胡大原（字伯逢，《宋元學案·五峰學案》注為胡寅長子）反擊《知言疑義》的故作謙恭的回應，但也表明了敬畏的心理。

作為論敵，朱熹從理本論出發，對胡宏性本論所作的詰難和批評，目的亦在於使湖湘弟子一如張栻一樣放棄性本論而回歸理本論，從而成為自己純粹而又徹底的同道。朱熹並沒有在對《知言》的致疑中徹底放棄胡宏，而依然用《知言》豐富和提高自己，成就了自己理學家集大成者的學術和地位。這一點似不可因義氣用事而給以忽視。

朱熹與張栻之善，亦不能不有胡宏的原因。朱熹以「敬夫說本出胡氏。胡氏之說，惟敬夫獨得之」[45]，故益重之。並因胡宏《知言》，與湖湘其它學者，如彪居正、吳翌、胡廣仲、胡伯逢等成為講論之友，湖湘學派或「湖南一派」的名稱，就是朱熹首先呼出並傳流開去的。雖然朱熹於五峰門人中，獨重南軒，「其他皆少所許可」，但對湖湘學者也還不曾做徹底的輕視，往復致書湖南諸公，即可表明這一點。尤其是在朱陸之辨異常激烈之時，他完全是將湖南學者視作同道的，這一點似乎是比較清楚的。

---

[43]　〈答胡伯逢〉，《朱文公文集》卷四十六。

[44]　同前注 [43]。

[45]　《朱子語類》卷一〇三。

第八章　胡宏的教育思想

胡宏一生，志立於學術，鄙薄功名利錄，終身未仕，「優游南山之下餘二十年，玩心神明」❶。其間創建和主持了湘潭碧泉書院、南岳文定書堂、寧鄉道山書院（又名靈峰書院）等。在致力於理學研究，精析義理的同時，通過書院辦學，又培養了一批卓有成就的知名學者，如張栻、彪居正、吳翌、胡伯逢、胡廣仲等，並在實施教育的過程中，形成了一套較為系統的教育思想和教學方法。對教育的目的、教育的方法等，都作了有益的探討，為後世提供了借鑒。

一、教育的目的和原則

培養人和培養什麼人的問題，從有教育那一天開始，即為教育者所不能迴避。這不僅是統治者統治需要的問題，也是教育的目的問題。因此，任何時代的教育活動，都必須首先擁有一個明確的目的，否則，便不能寄希望於教育的成功。而孔子以成德為目的的教育，向來為歷代的教育所遵循，胡宏在這一點上，對先聖恪守甚嚴。

胡宏認為：學者，學道者也。而「道者，體用之總名。仁，其體，義，其用，合體與用，斯為道矣。」❷

胡宏以「仁義」為道，分體用而設，將其本體論和工夫論中的

---

❶　張栻〈胡子知言序〉中語，《胡宏集》附錄二，338頁。

❷　《知言・陽陰》，《胡宏集》10頁。

「性體心用」思想，貫徹到教育活動中，無非是將認知與修身看做同一過程，使教育直接地成為「傳心」的過程。其實質就在於使被教育者確立「守身以仁」❸的「弘毅」之志，並推而至於行，從而實現儒者開務成物的理想。

胡宏的「義有定體，仁無定用」❹，事實上就是「性體心用」的理論認識前提。在胡宏看來，「性」雖至善完滿，但非「盡心」無以「成性」，「萬事萬物，性之質也。因質以致用，人之道也。」❺「性之質」既分殊於「萬事萬物」中，並表現為「萬事萬物」，因此，性是沒有定體的，但人卻可以「因質以致用」，因此，心是有定用的。性無定體，以仁為體，心有定用，以義為用，仁體至大且久，無所不包，無處不在，無時不有，其於「形影」故無定。心體湛一純粹，道義完具，表現為履仁之誠與勇及決，故其用有定。

「中者，道之體；和者，道之用。中和變化，萬物各正性命」❻又《中庸》謂「喜怒哀樂之未發謂之中，發而皆中節謂之和。致中和，天地位焉，萬物育焉」❼。胡宏以為「未發只可言性，已發乃可言心」，故性即是中，心便是和。既然只要致中和，便可使「天地位焉，萬物育焉」，那麼「盡心成性」便即是「率性保命」，即可開務成物。如此，以「率性保命」和「開務成物」為宗旨的儒學教育，就必須有體有用，二者缺一，便不足以使教育活動完成其固有的使命。因此，胡宏要求學者，必須首先對此一問題有足夠的認識，

---

❸　同前注❷8頁。

❹　《知言・修身》，《胡宏集》5頁。

❺　《知言・往來》，《胡宏集》14頁。

❻　同前注❺。

❼　《中庸》第一章。

只有這樣，才不致盲目無獲或捨本逐末。

> 學道者，正如學射，才持弓矢，必先知的，然後可以積習而
> 求中的矣。若射者不求知的，不求中的，則何用持弓矢以射
> 為？列聖諸經，千言萬語，必有大體，必有要妙。人自少而
> 有志，尚恐奪於世念，日月蹉跎，終身不見用。君若不在於
> 的，苟欲玩辭而已，是謂口耳之學，曾何足云？夫留情於章
> 句之間，固遠勝於博奕對象者，時以一斑自喜，何其小也！
> 何不至於大體？以求要妙。譬如遊山，必上東岱，至於絕頂，
> 坐使天下高山遠岫、卷阿大澤悉來獻狀，豈不偉歟？ ❽

　　胡宏教育目的論中的體用思想，雖與本體論與工夫論中的「性
體心用」相一致，但其落到教育的實處，又有其具體的內容，也惟
因如此，它才成為教育思想。

> 胡子曰：孔子十五而志於學，何學也？曰：大學也，所以學
> 修身、齊家、治國、平天下之道也。❾

　　如此，教育的目的，落實到具體處就是學修、齊、治、平之
道❿。

　　儒學的教育目的，究實而論，不外於「內聖」、「外王」。至於

---

❽　《知言・大學》，《胡宏集》33—34頁。

❾　同前注 ❽ 31頁。

❿　此處所謂「何學也？曰：大學也」之「大學」，非是《大學》之「大
　　學」，而是「大人之學」，即聖賢君子之學之「大學」，是針對於局限
　　在辭章中的「小人儒」之學相對的提法。

辭章之學，以及「多識鳥獸草木之名」，則是「行有餘力」之後的
事情。而在「內聖」與「外王」的關係中，儒者則以「內聖」為「外
王」之體，而以「外王」為「內聖」之用。「外王」是「內聖」的
具體運用和自然延申，「內聖」即是「外王」的首要基礎和必不可少
的前提條件。「內聖」即是「修身」，而「外王」則包括「齊」、
「治」、「平」。「修身」是體，「齊」、「治」、「平」是用。「修身」是
本，「齊」、「治」、「平」是末，本立而末生，非本無以有末，非末
不能使本得以成就。因此，胡宏指出：

> 夫為是學者（指接受修、齊、治、平的教育），非教士子美食
> 逸居，從事辭藻，倖覬名第，蓋將使之修身也。修身，然後
> 人倫明，小民親而人道立。❶

　　胡宏之所以強調這一點，認為自天子至於庶人，壹是皆以修身
為本，原因乃在於他將「修身」視為教育目的中的「體」的認識。
他認為「道非仁不立」❷，因此要求學者需「守身以仁」，「志仁則
可大，依仁則可久」❸，而「孝者，仁之基也」❹，故曰：「孝弟須
知是本根，萬般功行且休論。聖門事業無多子，守此心為第一
門。」❺而孝即是「明倫」，非「明倫」無以「孝」，「明倫」則「孝」
矣。因此，胡宏以學之妙，盡在於「明倫」。「天開學海在明倫，中

---

❶　〈邵州學記〉，《胡宏集》149頁。
❷　同前註❹4頁。
❸　《知言・好惡》，《胡宏集》10頁。
❹　同前註❷。
❺　〈絕句・贈人〉，《胡宏集》72頁。

有妙處誰能臻」❻。既然「明倫」是「孝」，「孝」又是「仁」，因此為學的目的即在於「成仁」，「成仁」便是「盡性」，「盡性」則能「成仁」，教育的目的論從而又回到了本體論和修養工夫論。而「夫性無不體者，心也」❼，因此，「心用不盡」便無以為仁。因此，「行吾仁」便是「操吾心」，「操吾心，謂之敬，敬以養吾仁」❽，故此「聖門工夫要處」，就「只在個敬字」❾了。雖然「人盡其心，則可與言仁矣；心窮其理，則可與言性矣；性存其誠，則可與言命矣」❿，但是「動處萬物之分，得吾心之樂也難」㉑，之所以如此，原因乃在於，雖然「人之生也，良知良能根於天」，但因「拘於己，汩於事，誘於物」㉒，從而為利欲所驅使，而使本心放失了。因此，學習的過程也就是養心的過程，養心必須存理，存理必須去欲。因此，「胡子曰：修身以寡欲為要，行己以恭儉為先，自天子至於庶人，一也」㉓。由此，教育的目的論中又體現了胡宏的理欲觀。胡宏認為：「人欲盛，則天理昏。理素明，則無欲矣。」㉔故曰：「學未至於無欲，非善學也」。他因此要求學者：「一身之利，無謀也，而利天下者則謀之；一時之利，無謀也，而利萬世者則謀之」㉕。

---

❻　〈和馬大夫闢佛五首之四〉，《胡宏集》76頁。

❼　《知言・仲尼》，《胡宏集》16頁。

❽　《知言・事物》，《胡宏集》22頁。

❾　胡宏告誡彪居正語，見《宋元學案・五峰學案》。

❿　《知言・紛華》，《胡宏集》26頁。

㉑　《知言・天命》，《胡宏集》1頁。

㉒　《知言・義理》，《胡宏集》31頁。

㉓　同前注 ❿ 。

㉔　同前注 ❿ 24頁。

㉕　同前注 ㉔ 。

　　其實宋儒在「不為身謀」這一點上，均持相同意見，在「克欲存理」這一點上，胡宏與朱熹及陸象山等同樣堅定不移。淳熙六年己亥（1179），朱熹知南康軍，重修白鹿洞書院，特請象山為學者演講，象山遂講了《論語》中「君子喻於義，小人喻於利」一段，朱熹則將子靜所講，收藏起來，欲令「凡我同志，於此反身而深察之，則庶乎其可以不迷於入德之方矣」。此時朱陸之辨正酣，但於此一點上二者並無絲毫「未合」，他們同樣將此一條作為入德之方看視。在理欲觀方面，二者與胡宏的差別，只是胡宏並未將人的生存所必需的「飲食男女」之求視為人欲而已。

　　胡宏將教育的「體」的目的，定在「修身成仁」之上，其目的即在於使學者最終實現「天人合一」的倫理境界。

　　天命「於穆不已」，君子法天，行仁不息。胡宏對現實中許多學者為索取功名利祿而學習的傾向提出了嚴厲地批評，指出：「古之學者求天知，今之學者求人知。古之仕者行己，今之仕者求利焉」❷這與陸象山為白鹿洞書院學者所講「君子喻於義，小人喻於利」，同樣具有要求學者必須「先立乎其大者」❷的同樣的目的。

　　胡宏在〈與秦檜之書〉中，所表現出的「氣節」，又是這種為學宗旨的進一步表述。他說：

> 稽諸數千年間，士大夫顛冥於富貴，醉生而夢死者，無世無之，何啻百億。雖當時足以快胸臆，耀妻子，曾不旋踵而身名俱滅。某志學以來，所不願也。至於杰然自立志氣，充塞乎天地，臨大節而不可奪，有道德足以贊時，有事業足以撥

---

❷　同前注 ❷ 27頁。

❷　〈與邵叔誼〉，《陸九淵集》卷一。

亂，進退自得，風不能靡，波不能流，身雖死矣，而凜凜然長有生氣，如在人間者，是真可謂大丈夫矣。❷❽

　　有道是身教勝於言教，胡宏以自己高潔的行動，為學者樹立了楷模，影響了湖湘弟子。他們在仕時，為君謀，為國謀，為民謀；無法施展抱負時，則捐棄科舉，辭官隱修。他們以自己的實際行動踐履胡宏的「達則兼善天下，窮則兼善萬世」❷❾聖賢理想，為中國教育，增添了光輝。

　　胡宏要求學者樹立以天下為己任和「仁以為己任」的高尚情懷，他對「斯文掃地，邪說滔天」❸⓪的現實，十分擔憂，懷著「如有用我者，吾其為東周乎」的「捨我其誰」的堅定信念和高度的責任感，呼出了「道學衰微，風教大頹，吾徒當以死自擔，力相規戒，庶幾有立於聖門，不淪胥於污世也」的理學最強音。應當說，這也是胡宏創辦書院、振興教育的首要目的之一。藉此，胡宏對河南程氏兄弟「紹孔孟道統，振六經於既衰」的歷史功績，給予了充分的肯定，指出：「天生蒸民，必有聖賢為耳目。……然則屬之者誰？曰：程氏兄弟，明道先生、伊川先生也」❸①他在〈簡彪漢明〉詩中稱：「斯文久寥落，我欲問青天。蒼天默無言，復欲問古先。古先群聖人，去我三千年。紛紛儒林士，章句以為賢。問之性命理，醉夢俱茫然。皓月隱重雲，明珠媚深淵。近得程夫子，一線通天泉。蕩滌淨塵垢，逸駕真無前。……」❸②胡宏雖盛贊二程，自恨不得灑掃於其門，以

----

❷❽　《胡宏集》104 頁。

❷❾　同前注 ❷⓪ 。

❸⓪　〈碧泉書院上梁文〉，《胡宏集》149 頁。

❸①　〈程氏雅言前序〉，《胡宏集》156—157 頁。

其為「當五百餘歲之數」者，但對其過世以後，孔孟道統之未能從
根本上被全面道述出來，「風教仍衰而未盛」，以及程文之「流落四
方者，率皆訛舛」的情況深表憂慮，同時亦以自己為當然的承繼者，
準備繼續完成這一重要的歷史職任了：

> 予小子既深知天下之於六經，如無舟楫之不可濟，倘不為之
> 類集，則罪人也，用是汲汲以成之。……無文之言，猶璞玉
> 也，……吾能存之而已。無欲之理，天理也，非存純粹精一
> 之心，操弘大毅然之志，未易得也，我則行之。❸

　　胡宏欲使儒家的綱常倫理更深入人心，並以此為重整社會風
氣，振興國家，以圖恢復中原的必要保證前提，從而就使得「伸大
義於天下」的「外王」行為，也進入了教育目的之中，作為「用」
出現了。胡宏在其教育目的論中對於「用」的極盡強調，事實上亦
是與其在工夫論中對於「心」的重要作用的強調相一致的。
　　胡宏既謂「學聖人之道，得其體必得其用」，因此也就有了「大
丈夫得路，固將輔是君，而濟斯民也」❸
　　胡宏重視學以致用，認為「有體而無用，與異端何異」。因此，
胡宏反對專守方冊，囿於經典，「平居高談性命之際，亹亹可聽，
臨事茫然，不知性命之所在」的「世儒」的愚腐和偏執。而極力主
張力行所學，為振興國家、匡濟時艱，重振社會風氣服務。他對「多
尋空言，不究實用，平居高談性命，……臨事茫然……」❸的愚腐

---

❸　《胡宏集》50頁。

❸　〈程氏雅言前序〉，《胡宏集》159—160頁。

❸　〈與汪應錫書〉，《胡宏集》125頁。

行為，提出了嚴厲的批評。後來浙東永康陳亮對於朱熹的批評，與此如出一轍，十分一致。陳亮頗喜胡宏，認為五峰「力扶正道，惓惓斯世如有隱憂」， 並深受胡宏影響，他反對朱熹「三代以前都無利欲」的觀點，以為堯、舜、禹之所以為堯、舜、禹，乃在於他們有現實的功利，非功利無以顯仁義，無以成仁義。陳亮所謂「今世之儒士，自以為得『正心誠意』之學者，皆風痺不知痛癢之人也，舉一世安於君父之仇，而方低頭拱手以談性命，不知何者謂之性命乎？」❻幾乎就是胡宏「高談平居……臨事茫然，不知性命之所在」的重版，只是加入了慷慨激昂的解說而已。

胡宏教育之目的中的「用」， 其實並不簡單地等同於陳龍川的「功利」， 這一點是應當明確的。胡宏認為現實的功利行為，並不在於單純地成就王霸外業，而是為了「行己」， 即將所求得的「天知」，付之於行，其實是「顯性」、「成性」，最終目的，還只在於實現「天人合一」的道德修養極境。而陳亮則具有將外在事功等同於內在修養的傾向。

由上分述可見，胡宏在強調教育目的中的「用」的方面時，表現了與永康陳亮和永嘉葉適相近的事功傾向，而在其強調「體」的方面時，又與朱熹相近了。朱熹之所以未將湖湘學者等同於浙東學者看待，而視為自己的同道，原因不能不有此一內容，而浙東學者，如呂祖謙、陳傳良、陳亮、葉適等之所以亦與湖湘學者親密無間，原因則在於「用」上。

胡宏將教育的目的，分體用而設，同時又以二者本即是同一之謂，認為二者既是同源的，又是殊途同歸的。但是， 「義理明則心

❺　〈與樊茂實書〉，《胡宏集》124 頁。

❻　〈上孝宗皇帝第一書〉，《陳亮集》卷一。

志定，心志定則當其職，而行其事無不中節，可以濟人利物矣」[37]。
因此，在體、用關係上，胡宏顯然是以體為本和關鍵的。所以胡宏
才強調「學貴大成，不貴小用。大成者，與天地參也；小用者，謀
計利功之謂也」[38]。這一點也表現了他與事功派的明顯不同。胡宏
提出「學在天下不可一日廢」[39]的原因，正在於他要克服以本代末，
因本廢末和以末為本，逐末捨本的兩種錯誤傾向。胡宏以為「格物
致知」是克服上述錯誤傾向的有效方法。「物不格則知不至。知不
至則意不誠。意不誠則心不正。心不正而身修者，未之有也」[40]。
在胡宏看來，無論體與用，都是表明修身並為修身服務的，修身是
為學之根本，修身是齊家、治國、平天下的前提。因此「格物致知」
的目的即在於修身，而「格物致知」本身也就是修身。所以胡宏才
說：「學，即行也。非禮勿視、聽、言、動，學也，行之也。行之
行之而又行之。習之不已，理與神會，能無悅乎!」[41]胡宏並因此設
立了人才的真正標準：

> 靜觀萬物之理，得吾心之說也易；動處萬物之分，得吾心之
> 樂也難。是故仁智合一，然後君子之學成。[42]

　　君子之學成與否，主要以「仁智合一」為標準，那麼真正能繼
承聖賢道統的人才，就是「仁智合一」的。這種所謂的「仁智合一」，

---

[37]　〈與丁提刑書〉，《胡宏集》128 頁。

[38]　同前注 [20]。

[39]　同前注 [11]。

[40]　同前注 [8] 34頁。

[41]　《知言・中原》，《胡宏集》46頁。

[42]　同前著 [21]。

就是今天意義上的「德才兼備」。這種人才標準，在中國任何一個歷史時期和任何一個王朝裏都未曾有過動搖，只是根據統治時期的不同需要，在細目上有所調整而已，就此而論，曹操的「惟才是舉」，亦不是完全意義上的只重才而不要求德行，曹操之重關羽，正表明了這一點。楊修之被殺，恰恰是因為才高。這一點也表明了統治者的用人標準和教育本身培養人的標準並不能完全一致。統治者以是否能為自己所用為德的首要標志，而教育雖然同樣主張忠君效命，如胡宏「輔是君」、「濟斯民」之謂，但畢竟還有正君心，克蓋其衍的內容，行己的標準亦有「窮則獨善其身，達則兼濟天下」的基本內容。這也是深受儒家傳統熏陶的被教育者，之所以能寧不「居廟堂之高」，而甘願「處江湖之遠」，潔身自好，不與世俗同流的根本原因所在。這一點也表明了統治者為統治需要所設定的教育，在實施過程中或多或少地產生了「異化」現象。在胡宏的「仁智合一」的理想中，「仁」是本，「智」是末，「仁」是體，「智」是用。體用不二，是以體為根據和前提而實現的。

胡宏將身心性命的修養，與經世濟民的理想，在體用不二，顯微無間的高度上統一起來。將此設定為教育的目的，一方面與孔孟以來的儒家傳統相符合，另一方面也為封建社會的教育樹立了典範。這一點是有其非常積極的意義的，正是這種教育目的，使得湖湘學術團體在實際上消失以後，其影響依然是廣大而深遠的。

鴉片戰爭前後的湖南政治改革派和經學主變團體中的陶澍、賀長齡、賀熙齡、魏源等，之所以能著稱於世，與其「通經學古而致諸用」[43]的明顯特點是分不開的。而這一特點正是胡宏「學以致用」的教育原則的延續和發展。

---

[43]　〈尊經書院課藝序〉，《陶文毅公全集》卷三十七。

　　靠鎮壓「太平天國」起家的曾國藩、左宗棠、胡林翼等湘軍將領，甚至羅澤南、郭嵩燾、曾國荃、劉長佐等，這些號稱「中興將相」的人才團體，也是「十九湖湘」，而且大都受過保存有湖湘學派遺風的岳麓、城南（為張栻所創立）等書院的良好教育，在那裏獲得了畢業或肄業的資格之後才登上政治舞臺的。甚至戊戌前後的譚嗣同、唐才常、沈藎、熊希齡等「維新變法」的人才團體，也與「湘軍團體」一樣，接受過湖南各書院的良好教育，而這些書院都還相當程度地遵循著胡宏所開創的學用兼備的傳統。現代歷史上的著名教育家楊昌濟及其弟子，如蔡和森、毛澤東等，亦深受此種傳統的影響。毛澤東的很多提法，與胡宏十分相像，如所謂「認真看書學習，弄通馬克思主義」，「精通的目的，全在於應用」云云，與胡宏的「學聖人之道，得其體必得其用，有體而無用，與異端何異」的主張如同出一轍，只是將胡宏的「聖人之道」換成了「馬列主義」而已。

　　總之，胡宏所倡導的體用不二，德才兼具的教育宗旨，至今依然作為活的傳統存在著並影響著相當數量的華夏士人，使他們朝著體用賅備、德才兼具的目標，努力地前行著。❹

二、教學方法論

　　在體用不二的教育原則的基礎上，胡宏對教學方法問題進行了有益的探討。

---

❹　有關於湖湘學傳統對於後世中國的影響的較詳細的情形，請參見朱漢民、陳谷嘉著《湖湘學派源流》324—375頁。湖南教育出版社，1992年4月第一版第一次印刷。

在胡宏看來，教與學的根本方法，大致不外兩種，其一是就書本上學知識。學者從師，主要是為了通過這種途徑，把握聖賢經典原意，以為修養身心之用，從而實現教育的「體」的目的，即進行內聖工夫的修養。子思所謂「君子尊德性而道學問，致廣大而盡精微，極高明而道中庸，溫故而知新，敦厚以崇禮」，大約就是從這個意義上使用的❹。另一種方法主要是通過對經驗事實的把握與省察，從而培養從事實際活動的能力，並在紛繁蕪雜的事物和事件中，分清善惡、是非、美醜，「增益其能」，以為外王之業服務，實現教育的「用」的目的。胡宏這種教學方法中的亦體亦用，正是其教育目的中的即體即用的原則在實行過程中的具體表現。

就「先知先覺」者在教育過程中的作用而論，胡宏雖然未能在原則上突破韓愈「師者，所以傳道、授業、解惑也」的理論框架，認為「當五百餘歲之數」的先生們的職任，即在於將聖賢之道無誤地傳授給後學者，從而承繼其偉業，並解決學者在修德進業方面的疑難。但在具體的實現方法上，卻遠承《論》、《孟》、《中庸》和《大學》，同時又有具體的發揮。有關於此，大約可從以下幾個方面來加以說明。

（一）讀書的基本原則——不可無心；要有見處。

胡宏認為，「昔孔子下學而上達，及傳心要，呼曾子曰：『吾道一以貫之』❻並謂「聖人傳心，教天下以仁」。

胡宏反對道家「絕聖棄智」的主張，認為「聰明智力在學者不當去，在聖人不去。去之，則必入於空，淪於靜，又焉能有得而可

---

❹　參見《中庸》第二十七章及朱熹集注。

❻　〈與原仲兄二首〉，《胡宏集》121頁。

以開務成物乎哉?」❹並對黃祖舜的「學道未至於無心，非善學也」的觀點，提出了批評，指出：「學道者，以傳心為主，不知如何卻要無心，心可無乎?」❹

不僅如此，胡宏還針對黃氏將「無物我之心」釋為「顏子克己之學」的極境以及沈大廉氏的「無物我之事，不必分也」的觀點，提出了自己頗不相同的主張，指出了「蓋天地之間，無獨必有對，有此必有彼，有內則有外，有我則有物，是故『一陰一陽之謂道』，未有獨者也。而聖人曰『毋我』者，恐人只見我而不見人，故云爾也」❹。在胡宏看來，「渾然與物同體」，並不是無物我、彼此、內外之分，是「有分」之同，非是無差別的同一。無我則無所謂天，無所謂物，又將何以為「天人合一」? 儒者之高明，正在於卓立於物但不離物，因物而成己卻不棄物，與天為一，「渾然與物同體」但不捐棄自己。這正是作為儒家修養極境的「天人合一」與佛教的「離物而求道」以及道家視外物為我之羈絆的觀點的原則區別所在。胡宏以為，只有認清這一差別，才不致最終墮入空門，或造成物我之間的對立與分離。也只有這樣，才能充分發揮主體人的道德自覺性，以完成修養心性並實現開務成物。

為此，胡宏遠承孟子，提出了以「盡心」為宗旨的修身和為學原則，認為「欲修身平治天下者，必先知天，欲知天者，必先識心」，只有這樣，才能使「心用」得以罄盡，使人「通於道」而「不死於事」，使「各當其用，一物不遺」❺。胡宏並不同於心本論者，以為

---

❹　《論語指南》，《胡宏集》310 頁。

❹　同前注 ❹ 308 頁。

❹　同前注 ❹ 307—308頁。

❺　《知言・漢文》，《胡宏集》41頁。

識得此心，便見得宇宙，而是將識心與識天看做互相成就的兩個方面，天是心之法度，心是天的流行，從而排除以我代天，最終導致人與物分離進而捐棄外物的可能性。這一點是必須加以說明的。胡宏指出：「『惟天之命，於穆不已』。王者法天，心不可放怠。怠則應變必失其幾，放則三綱不得其正。幾一失，則事難定，綱不正，則亂易生。……法天之道，必先知天。知天之道，必先識心。識心之道，必先識心之性情。欲識心之性情，察諸乾行而已矣。」❺「誠，天道也。人心合乎天道，則庶幾於誠乎！不知天道，是冥行也。冥行者，不能處己，焉能處物？失道而曰誠，吾未之聞也。是故明理居敬，然後誠道得。天道至誠，故無息；人道主敬，所以求合乎天也。」❺胡宏藉此而強調認知的重要性，又因「人非生而知之者，則其知皆緣事物而知也。緣事物而知，故迷於事物」，因此就必須充分發揮心志的重要性，居敬窮理，才能使「格物致知」成為無誤之真知：

> 儒者之道，率性保命，與天同功。是以節事取物，不厭不棄，必身親格之，以致其知焉。夫事變萬端，而物之惑人無窮。格之之道，必先立志以定其本，而居敬以持其志。志立於事物之表，敬行於事物之內，而知乃可精。……」❺

胡宏此一段文字，正是「道非人不立」的倫理主體性精神，於「格致」的認知過程中的具體體現，這顯然是對孔子「人能弘道，

---

❺ 《知言・復義》，《胡宏集》38頁。
❺ 《知言・一氣》，《胡宏集》28頁。
❺ 〈復齋記〉，《胡宏集》152頁。

非道弘人」的思想的繼承和發揮。

　　朱熹所謂「近世精義之說，莫詳於《正蒙》，而五峰亦曰：『居敬所以精義也』此言尤精切簡當，深可玩味」❺❹，正表明胡宏在「格物致知」和「居敬窮理」方面，曾給朱子以深刻地啟發和影響。因此，朱熹雖為《知言》設了八端致疑，但卻不能不稱：「然其思索精到處，何可及也！」❺❺

　　胡宏在強調窮理的重要性的同時，即強調心不可無的同時，又諄諄告誡學者：

　　　　讀書一切事，須是有見處方可。不然汨沒終身，永無超越之期矣。❺❻

　　所謂「有見處」，一是指要明確不同書目的輕重緩急，二是切忌淺嘗輒止，同時又要防止走極端、誤解本意。

　　胡宏認為《六經》是學習之重要的急務，「《六經》濟天下之大舟也。治身而不循《六經》者喪身，治家而不循《六經》者喪家。天下陵蕩，紀綱摧圯，未有不由棄《六經》之言者」❺❼並謂「《六經》，指道之大路，而《論》、《孟》，又指入《六經》之關要也」❺❽。

　　由此可見，胡宏以《六經》為急要，又以《論語》、《孟子》為急中之急，要中之要。背離急要，從事於辭章傳注之末，便不能得

---

❺❹　《宋元學案·五峰學案》。

❺❺　同前注 ❺❹。

❺❻　〈與彪德美〉，《胡宏集》138 頁。

❺❼　同前注 ❸❸ 159 頁。

❺❽　同前注 ❺❼。

聖道之真，而從事於訓詁傳注之末，必然會因「皓首窮經」，徒然將生命浪廢掉。這是「見處」之顯者，它要求學者通曉讀書是明理修身的必要途徑，不要只在「訓詁傳注」上繞圈圈，只有這樣，才不致流於末流之見和以「道聽途說」為是。只有「知《六經》為啟我之要」，才不致「滯泥訓詁傳注之末，不知《六經》之旨，漫然放誕，不切於身」❺❾。

胡宏雖以發明《六經》本旨為使聖學昌明的一大關鍵，但卻反對胡亂猜度，以己意度經。胡宏以為「本朝丞相王安石專以己意訓釋經典……」造成了將「《六經》置於空虛無用之地」❻⓿的惡劣後果，只有遵循《六經》本旨，克服以己意度經的陋習，才能使聖學昌明，學者修身亦因此而擁有了可靠的依據。

姑且不論王安石是否專以己意訓釋經典，或其說之奸與否，僅就既不拘泥於訓詁傳注之末，又要防止以己意度經這一點來看，就足以見胡宏治學態度之嚴謹，可謂「實事求是」矣。湖湘學派之能在歷史上盛極於一時，且影響如此深遠的原因，於此已可略見其一斑。

胡宏讀書要有「見處」的另一方面，就是指在關鍵問題上要有真實見地，切不可模糊，從而以異端邪說為是，以聖學為「反不如者」。這是「有見處」之微者。如在心性問題上，胡宏堅持強調：「『心性』二字，乃道義淵源。當明辨，不失毫釐。然後有所持循矣」。

胡憲曾致書胡宏，推信佛教的心性之說，以為「要妙」而「最親切」，胡宏認為胡籍溪於此關鍵一點上並無實在的「見處」，認為

---

❺❾　同前註 ㉝ 160 頁。

❻⓿　同前註 ❺❼ 。

原仲兄推信釋氏，是「誤之大者」，在批評胡憲的同時，對儒學的心性論與佛教的心性論進行了詳密的辨析，並指出了二者不容混同更不容顛倒的原則差別。胡宏指出：

> 今釋氏不知窮理盡性，乃以天地人生為幻化。此心（此指道德本心，而非輪迴認知心）本於天性不可磨滅者，則以為妄想粗跡，絕而不為，別誤精妙者為之道。則未知其所指之心（此指輪迴認知心，而非道德本心），將何以為心？所見之性（此指佛說空無之性，而非至善自足之本性），將何以為性？言雖窮高極微，而行不即乎人心。兄以為最親切，得無未之思乎？」❻❶

　　在胡宏看來，胡憲「未之思」，從而未能於心性問題上有真「見處」，從而以佛教的本空之性和輪迴之心為「最親切」，而以儒家的自足之性與至善之心為「反不如者」。
　　胡宏認為「道不能無物而自道」，而且「充乎身，存乎飲食男女之事」，而所謂「粹然天地之心」，也是本乎天，存乎身的。而釋氏「離物而談道」，捨人而曰心。這是二者的本質差別。釋氏之說因此就是「邪說暴行之大者」。

> 方今聖學衰微，自非真積力久之儒辭而闢之，則天下之禍未易息也。❻❷

---

❻❶　同前注 ❹❻ 。
❻❷　同前注 ❹❻ 122 頁。

胡宏以為:「釋氏與聖人,大本不同,故末亦異。……是以仲
尼從心而以不踰矩為至,故退可以立命安身,進可以開物成務。…
…釋氏毀性命,滅典則……以其不識本宗,故言雖精微,行則顛沛,
其去仁遠矣。正是小智之私謂之大覺,可乎? ……故伊川謂學者於
釋氏『直須如淫聲美色以遠之』,非苟言也」❻

湖湘學派如此重視心性問題,應當說這與胡宏「讀書一切事,
須是有見處方可」的治學原則,是絕然不能分開的。胡宏於心性問
題上確有極高的見處,這一點使得胡宏身後的湖湘學者,往復與朱
熹辨難,堅定地捍守師說。朱熹所謂「主其家說」、「但云當守師說」
云云,實未見湖湘弟子們對胡宏在心性問題上的著實「見處」的堅
信與執著。誠然胡宏的所謂「見處」,絕不僅指心性問題這一大處。
但卻「必先立乎其大者,則其小者不能奪也」。

胡宏要求學者在「先立乎其大者」的前提之下,對具體的「小」
事情和「小問題」,也應當有著實的見處。

胡宏曾就孫正孺以生產作業為俗事的看法,提出了批評,告誡
他當有真「見處」,不可作「世俗虛華之見」:

> 聞公每言才親生產作業便俗了人,果有此意否? 古之人蓋有
> 名高天下躬自鋤菜如管幼安者;隱居高尚,灌畦粥疏如陶靖
> 節者。使顏子不治郭內郭外之田,饘粥絲麻將何以給? 又如
> 生之將聖,猶且會計升斗,看視牛羊,亦可以為俗事乎! 豈
> 可專守方冊,口談仁義,然後謂之清高之人哉! 正孺當以古
> 人實事自律,不可作世俗虛華之見也。❻

---

❻ 同前注 ❹ 122頁。

❻ 〈與孫正孺書〉,《胡宏集》145─146頁。

　　究根而論，後世儒者中的一些人，之所以持有與孫正孺同樣或類似的類點，均在相當程度上，受了孔子鄙視生產勞動的態度的影響。孔子回答樊遲之問「稼」「圃」之事時所答「不如老農」「不如老圃」云云，並沒有好的語氣，而且樊遲一出，即謂樊遲為「小人」。當然這裏的「小人」並不是與「君子」對立的，而是與「君子儒」相對的「小人儒」。孔子自謂「吾少也賤，故多能鄙事」**❺**，顯然也不是自我讚譽。正因為「賤」，才「多能鄙事」。如此，「猶且會計升斗，看視牛羊」，實出不得已。孔門說教中的「學也，祿在其中矣；耕也，餒在其中矣」**❻**，無非是表明孔子輕視日常生產作用的「焉用稼」**❼**的態度而已。在這一點上，胡宏的美化確實顯得有些「以己意度經」了。

　　但是，胡宏對孫正孺的批評，事實上就是要糾正自孔子以來儒家思想中所固有的這種輕視日常生產作業的偏見。然而，胡宏並不是要將生產作業當成目的，從而主張發展經濟。認定生產作業為生存所必須，且不為「俗事」，雖不能說是點綴，但無論如何不能構成為學的目的或者進入這一目的之中。正如胡宏所自述的那樣：

　　　　為圃非是學樊須，鋤罷歸來又讀書。
　　　　董子不窺緣底事，陶公成趣愛吾廬。**❽**

---

❺　《論語・子罕》。

❻　《論語・子路》。

❼　《論語・衛靈公》。

❽　〈律詩・和伯氏〉，《胡宏集》63頁。

　　胡宏在強調「讀書」「須有見處」的同時，還經常告誡弟子們切忌淺嘗輒止，尤其要防止驕傲自滿。他要求學者確立終身之志，以速成為戒。

　　胡宏告誡張栻：「聖賢之言，去取大是難事」，「須仔細玩味」，「於未精當中求精當」❻❾，要將為學看成終身事，「天地日月長久，斷之以勇猛精進，持之以漸漬薰陶，升高自下，陟遐自邇」，只有這樣，才能「有常而日新，日新而有常，從容規矩，可以贊化育、參天地而不過也。」❼⓿

　　胡宏又告誡彪居正說：「須是指摘分明，難為糊塗說也」，「學問之道，但患自足自止耳。若勉進不已，則古人事業絕可繼也」❼❶

　　胡宏告誡自己的弟子們：「孔子曰：『無欲速，無見小利』。不特為政，學亦如是也。孟子曰：『心勿忘，勿助長』。此養心之要道。今欲進學而終，其去仁也遠矣。吾友勉乎哉！」❼❷胡宏要求弟子們切忌一有所得，便產生驕傲情緒，指出：「今之學者少有所得，則欣然以天地之美為盡在己，自以為至足矣。就世俗而言，亦可謂之君子，論於聖人之門，乃是自暴自棄耳。」「左右方妙年，……當終之……乾乾不捨，工夫深後自然已不得也，今且當以速成為戒耳。」❼❸

　　「故孔子十五而志於學，積十五年工夫，然後敢以自許。自是而後，每積十年工夫而一進，未至從心所欲不踰矩，方才純是道，心與天無二」❼❹因此，「人但恐立志不堅確，樹立不終久」，「若志意

────────────

❻❾　〈與張敬夫〉，《胡宏集》133、134 頁。

❼⓿　同前注 ❻❾ 134 頁。

❼❶　同前注 ❺❻ 135、136頁。

❼❷　同前注 ❺❻ 136 頁。

❼❸　同前注 ❻❾ 133 頁。

堅定，樹立日豐厚久長，則所居即為勝地，亦何必依名山大川也」❼。只要意志堅確，樹立久遠，不驕不躁，每日有所進步，則必能因毫末而成大樹，積微沙而成巨塔，成就聖賢偉業。

與此同時，胡宏又提倡講學，以為講學作為精通義理的重要的有效手段，能夠幫助學者清除淺嘗輒止的流弊：

> 孔子曰：「學之不講，是吾憂也。」夫聖人何憂？學者，所以學為治也。講之熟，則義理明；義理明，則心志定；心志定，則當其職，而行其事無不中，可以濟人利物矣。反是，則其害豈可勝言。聖人心在天下，豈得不憂？❼

故「相守著亦不濟事。古詩云：『與君一夕話，勝讀十年書。』若左右積思積疑，有不決處則一夜話，真勝讀十年書。不然，某雖竭其愚，而左右未能脫然著悟，處則亦空相守也。」❼

因此，「若未分明，正要提起熟講，然後可望上達。天命至微，自非亞聖大賢，孰敢便為已貫通。惟念念不忘，庶幾日月有功，不至墜墮也」❼。

遺憾的是胡宏並無條件講論，而只能「窮居杜門，躬理耕植。時讀經史，以求寡過。所恨離索，無講論之益」❼。倘使胡宏有條件如朱熹等一樣四處講論，所造定會更高。

---

❼　同前注 ❻ 132─133 頁。

❼　同前注 ❻ 147 頁。

❼　同前注 ❸ 。

❼　同前注 ❻ 148 頁。

❼　同前注 ❺ 135 頁。

❼　〈與向伯元書〉，《胡宏集》127 頁。

（二）讀書的具體方法

在「立志堅確」、「樹立終久」、「忌速成」、「不可無心」、「要有見處」等基本原則之下，胡宏又強調了「存疑」、「精思」等具體方法的重要性。

胡宏推重孟子的「盡信書，則不如無書」的懷疑原則，強調學習「必至於能有所疑」❽。在胡宏看來，只有存疑，才能防止「以信傳信，以疑傳疑」，　要之，「理趣須是自貫通，隨人言語是不可也。」❽

但只是懷疑，依然不行，還必須對所疑仔細考察、分析，只有這樣，才能使所疑被解開，從而成為不疑。只有這樣，才能真正有所進步。因此，胡宏進一步指出：

> 凡有疑，則精思之，思精而後講論，乃能大有益耳。若見一理即立一說，初未嘗求大體，權輕重，是謂穿鑿。穿鑿之學，終身不見聖人之用。❽

在胡宏看來，「存疑」是有「見處」的開始，有了「見處」，然後「審思之」、「慎問之」，才能最終辨明真偽，判斷優劣，從而更於講論過程中，看到認識的不足與不確之處，才不至囿於訓詁傳注之末，被現象所蒙蔽。只有反復不停的「存疑」、「精思」、「講論」，才能達到「不氾濫」、「不模糊」而「極分明」的「窮神知化」的境

---

❽　〈題大學〉，《胡宏集》194 頁。

❽　同前註 ❼❽ 。

❽　同前註 ❻❹ 143 頁。

地。學聖賢之道才能得其至真，而所行無不中節，才能真正做到「經世濟民」，　才能成為為君國民眾服務的有真才實學的人才，才能使聖賢的偉業無誤的傳承下去。

三、胡宏之後的湖湘學派

　　胡宏過世以後，張栻繼之為湖湘學派領袖。張栻雖與朱熹、呂祖謙並疑胡宏《知言》，　但對胡宏的「先察識，後涵養」之說執之尚堅。並且在教育過程中，仍然堅定奉行胡宏的「學以致用」的思想。認為「行之至，則知益明；知既明，則行益至」❸。從而將發端於程頤，發揮於胡宏的「知行合一」的思想，更明確的表示出來，與朱熹的「格物致知、居敬窮理」等一道，開了明代陽明子真正「知行合一」論的先河。

　　就在張栻執教於湖南的同時，堅守師說的胡宏另一大弟子彪居正也繼胡宏為岳麓書院山長，胡氏一門雲集於此，四方弟子來者甚眾。朱熹對此也非常傾慕。由於張栻與彪居正等的努力，使得湖湘學派一時間盛況空前，在當時學界似有壓倒之勢，胡宏所開創的湖湘教育事業，有了巨大的發展。

　　但因張栻受教日淺，因此沒有真正理解胡宏心性論等學術思想的精要，故在朱熹「己丑中和之悟」以後，便轉而傾向朱熹，與朱熹等並疑胡宏《知言》。　但彪居正與吳翌及胡門中如廣仲、伯逢等捍守師說，與朱熹往復辨難。朱子一時間難於說服「湖南諸公」，湖湘學派就在其正處頂峰之時，已經發生了分化。彪居正、吳晦叔、胡廣仲、胡伯逢等，不僅與朱熹辨難，而且亦與張栻辨難。❹但從

───────

❸　《朱子語類》卷一〇三。

擴大湖湘學派規模的角度看，南軒一系大有過於前者。

南軒於紹興三十一年（1161）隨父居潭州（今長沙），「築城南書院，以待來學者」❽，又於乾道二年（1166）受劉珙延請主教岳麓書院。張南軒講學湘中時，弟子遍及湖南、四川等，並廣及江西、浙江、江蘇等地，當時士子多「以不得卒業湖湘為恨」。湖湘學派至此甚盛。❽

南軒歿（1180）後，胡宏幼子胡大時繼起為湖湘學派之首。大時是胡宏病危時託付於張栻的，張栻是其師。

朱熹認為胡大時並沒有多少思想，譏刺說他「只是世襲做大」❽，但並未過於輕視，尤其是在朱陸之辨中，大時曾一度成為雙方爭取的對象。

胡大時於張栻逝後，從其它學派大師如朱熹、陳傅良等，尤其是陸象山學習，有明顯的「心本論」傾向。但胡大時在湖湘學派中

❽　《宋元學案·五峰學案》載胡實（廣仲）「與考亭、南軒皆有辨論，未嘗茍合也」，又載胡大原（伯逢）「與廣仲、澄齋（吳翌）守其師說甚固，與朱子、南軒皆有辨論，不以《知言疑義》為然。《朱文公文集》別集卷六〈與林擇之書〉又有：「彪德美赴省回，……且云欽夫見大本未明，所以被人轉去。」

上引諸條表明《知言疑義》一出，湖湘學派即已因南軒疑《知言》而明顯分化。大抵此時南軒已與彪夫子等各領一部分弟子，分別教授，但於《知言疑義》以外似無辨爭，彼此相安，共傳「湖湘之學」。此一點尚無實證，但自理性推斷，當是事實。不過南軒傳人，並不因此而不為湖湘子弟。

❽　《城南書院志·城南書院說略》。

❽　參見《湖湘學派源流》，朱漢民、陳谷嘉著，207頁。湖南教育出版社1992年4月第1版第1次印刷。

❽　《朱子語類》卷一二三。

仍然有很高威望。故「張栻既歿，門人數十聚處湖外，論說常不合，咸就大時質正，大時各為剖析分別」**❽**。但胡大時畢竟學術造詣不高，因此湖湘學派至此在學術上已不能再振，只是因循而已。張栻的弟子如彭龜年、游九言、舒璘等因此紛紛投師他門。湖湘學派從此走向衰落，胡宏的「性本論」的思想也因此而式微了。

但是，湖湘學者一直尊奉胡宏的「經世致用」思想，力戒空談玄理，將「求仁」之學，與經邦濟民的現實聯繫起來，提出了許多具有實際意義的政治主張，做出了許多令人矚目的政治業績。如「岳麓巨子」吳獵（張栻弟子），朝夕乞盼改變偏安江左的現狀，提倡「上無賄取幸得之門，下無虛籍冗費之敝，民力庶幾可療」**❾**，另如趙方（胡宏弟子趙棠子，五峰再傳），提出了「合官兵民為一體」**❿**的戰略思想，事實上就是發展了胡宏於《中興業》中所提倡的仿效曹操「屯田」的政治主張。等等等等，不一而足。

朱熹曾貶抑湖湘後學，認為他們「知其不能自主，其胸中空空無主人，所以才聞他人之說，便動」**⓫**。其實這一點，恰好揭示了胡宏、張栻身後，湖湘學派於思想和學術方面再無頂天棟梁，從而逐漸失去了核心凝聚力，被視為其它學派的同道了。

全祖望曾謂：「誰謂張氏之後弱於朱乎！」**⓬**這一點，如果不是出於偏愛而不情願，則只能做「經世」方面的理解。尤其胡大時死後，湖湘學派實體雖未散去，但就學術而言，已不再能稱其為湖湘

---

❽　《湘潭縣志》卷三。

❾　魏了翁〈文閣直學士贈通義夫吳公行狀〉中語。見《醴陵縣志》卷八。

❿　《宋史・趙方傳》。

⓫　同前注**❼**。

⓬　《宋元學案・岳麓諸儒學案》。

學派了。加之國難臨頭，形勢日緊，湖湘學派事實上已轉變為儒學普及教育的基地和愛國主義的政治實體。

德祐二年丙子（1276）初，蒙古兵破潭州（今湖南長沙），「岳麓諸生，荷戈登陴，死者十九」❸，湖湘學實體從實際上消失了。

但「岳麓諸生」捐軀赴國、視死如歸的高尚情懷，表明了他們對「春秋大義」思想的堅定信念和熱烈執著，這也是胡宏「經世致用」政治思想在純客觀意義上的實現。湖湘學者以其皓潔之行和堅定操守，實現了胡宏「操弘大毅然之志」的理想，完成了胡宏「大丈夫得路，固將輔是君而濟斯民也」的宏偉願望。為後世樹立了光輝典範，永垂竹帛，不可磨滅。

---

❸　黃宗羲語，見《宋元學案・麗澤學案》。

胡宏年表

（一）關於胡宏的生卒年問題，根據胡寅《斐然集》與《胡宏集》的對照分析，知其生於1105年，又據朱熹〈跋五峰詩〉，知其卒於1161。本表據此為主線。胡宏是理學發展史上的樞要人物，理學於宋代開基時既已醞釀並在有宋一代達到頂峰。為表明理學產生、發展的外在環境和理學發展的一般情況，本年表從趙宋開國始。

（二）本表雖涉及重大歷史事實等，但以書中所涉之人物及事件為主，盡量偏重學術上的人與事。

（三）本表依據下列文獻編定：

《宋史》若干傳記、畢沅《續資治通鑒》、《胡宏集》、《宋宰輔編年錄》、《建炎以來繫年要錄》、《綱鑒易知錄》6、7冊，張習孔等《中國歷史大事編年》3、4、5冊、《簡明宋史》（遼寧人民出版社，84年版）、《哲學大辭典、中國哲學史卷》（上海辭書出版社，1985年版）、《中國儒學辭典》（遼寧人民出版社1982年版）、《中國歷史人物辭典》（黑龍江人民出版社1983年版）、《辭海縮印本》（上海辭書出版社1979年版）、《宋史紀事本末》、鄧廣銘等《中國歷史大辭典·宋史卷》以及部分湖南地方史志等。

太祖建隆元年庚申（960）

後周殿前都點檢趙匡胤，為部將黃袍加身，「受禪」為皇帝，改國號「宋」，是為太祖。後周亡。隨後經太祖、太宗兩朝的

艱苦努力，於太宗太平興國四年（979），最後平定北漢，結束
了「五代十國」的長期割據分立局面，實現重新統一。

太祖深諳武人爭雄之弊禍，稱「作宰相需用儒者」，並勒「不
得殺士大夫與上書人」之誓，以詔子孫。實行文官政治，形成
了崇文尚學的社會風氣，為文化和理學的昌盛，奠定了政治基
礎。

太祖建隆二年辛酉（961）

趙匡胤用趙普謀，「杯酒釋兵權」，出石守信、高懷德、王審琦
等節度使。罷殿前都點檢，自此不復重設。

太祖開寶六年癸酉（973）

改殿試為常試，整飭諸州舉人考試。

太祖開寶九年丙子（976）

趙匡胤崩，弟炅（光義）即位，是為太宗。

太宗太平興國三年戊寅（978）

宋免孔子後裔租稅。翌年平北漢，實現統一。

太宗太平興國九年甲申（984）

太宗詔訪遺書，自是，四方之書往往間出，是歲，李昉等修成
《太平御覽》。

太宗雍熙二年乙酉（985）

詔：「自今諸州並令量定人數，相參引試，分拜隔坐，命官巡
察監門，謹視出入，以防作弊」。始令試官親戚別試，嚴科舉。

太宗至道三年丁酉（997）

太宗崩，子恒即位，是為真宗。

詔：「謹邊防，通盟好，使輦運之民有所休息」、「減冗兵」、「併
冗吏」、「沙汰僧尼」、「親大臣、遠小人，使忠良之士知進而不

疑」。

真宗景德元年甲辰（1004）

契丹大舉攻宋，訂「澶淵之盟」，宋始向契丹供銀、絹。

真宗大中祥符元年戊申（1008）

真宗詣孔子廟，詔加諡孔子為「玄聖文宣王」，並於翌年追封孔子弟子顏回、閔損、曾參等。

是歲，契丹蕭太后歿。

真宗乾興元年壬戌（1022）

真宗崩，子禎嗣，是為仁宗。

仁宗慶曆三年癸未（1043）

仁宗於慶曆年間，任用范仲淹、韓錡、富弼等，時歐陽修為諫官。仲淹於是歲上書言十事，曰：明黜陟、抑僥倖、知貢舉、擇長官、均公田、厚農桑、修武備、減徭役、覃恩信、重命令。仁宗悉用其說，一次性下頒，是為「慶曆新政」。因遭反對派抵制，隨後即罷。杜衍、歐陽修等，因被指為仲淹朋黨，不久被罷。翌年范仲淹受朋友托作〈岳陽樓記〉，言自己心聲，道士人情懷。

仁宗至和二年乙未（1055）

詔封孔子後為衍聖公。

仁宗嘉祐四年己亥（1059）

胡瑗（993—1059）卒。至是，宋初「三先生」歿盡。胡瑗於明嘉靖間從祀孔廟，稱「先儒胡子」。孫復（992—1057），治《春秋》，重視探尋本義，開以義解經先河。傳朱長文，長文傳胡安國，對胡宏產生影響，石介（1005—1045），師友孫復。是為「宋初三先生」。全祖望稱道：「宋世學術之盛，安定、泰山

為之先河。程、朱二先生皆以為然」。

仁宗嘉祐五年庚子（1060）

歐陽修等上所修《新唐書》。

宋再詔訪遺書。

仁宗嘉祐六年辛丑（1061）

以司馬光知諫院，王安石知制詔。

仁宗策試賢良方正能直言極諫，蘇軾所入第三等，蘇轍第四等。

以周敦頤為國子博士，通判虔州。

仁宗嘉祐八年癸卯（1063）

仁宗崩，子曙嗣，是為英宗。曹太后垂簾聽政。

英宗治平三年丙午（1066）

命龍圖閣直學士兼侍講司馬光編修歷代君臣事跡。

蘇洵（1009—1066）卒，蘇軾父，有《嘉祐集》等。

翌年，英宗崩，子頊嗣，是為神宗。

神宗熙寧元年戊申（1068）

詔翰林學士王安石越次入對。王安石與司馬光爭論理財不已。

神宗熙寧二年己酉（1069）

以王安石為參知政事。安石謂神宗：「變風俗，立法度，今之所急也」。神宗以為然，推行新法，均輸、青苗等。

神宗熙寧三年庚戌（1070）

罷新法反對者呂公著、趙抃等官。出司馬光知永興軍。

立保甲法，行免稅法。

翌年，原「慶曆新政」要員富弼因反對青苗法被貶官，出判汝州。

神宗熙寧五年壬子（1072）

行保馬法，定方田均稅法。

歐陽修（1007—1072）卒。與宋祁合修《新唐書》，撰《新五代史》，有《歐陽文忠公集》。

神宗熙寧六年癸丑（1073）

周敦頤（1017—1073）卒。世稱「濂溪先生」，為理學開山祖。著有《太極圖說》及《通書》等。傳二程。

神宗熙寧七年甲寅（1074）

司馬光上疏言青苗、免役、市易及用兵不便。

罷王安石相，出知江寧府。以韓絳同平章事，司馬光參知政事。

神宗熙寧十年丁巳（1077）

邵雍（1011—1077）卒。北宋五子之一，與周敦頤、張載、二程齊名。究象數，著《皇極經世》等。

張載（1020—1077）卒。二程師友之。有《正蒙》、《西銘》、《經學理窟》、《易說》及《語錄》等，對理學有重要貢獻。世稱「橫渠先生」。

神宗元豐二年己未（1079）

蘇軾被誣以詩謗訕朝政，入獄復出。受牽連者如王詵、蘇轍、司馬光等凡二十二人。是為「烏臺詩案」。

神宗元豐六年癸亥（1083）

富弼（1004—1083）卒。曾與范仲淹共為「慶曆新政」，後反對王安石變法。

宋封孟子為鄒國公。

神宗元豐七年甲子（1084）

司馬光修《資治通鑑》，書成。上迄周威烈王，下終五代，凡一千三百六十二年，計二百九十四卷，歷十九年始成。

神宗元豐八年乙丑（1085）

神宗崩，子煦嗣，是謂哲宗，罷新法。

程顥（1033－1085）卒。與弟頤並稱「二程」。字伯淳，世稱「明道先生」。有《明道文集》、《二程遺書》、《程氏外書》、《二程粹言》等。與弟頤之《程氏經學》、《伊川文集》、《伊川易傳》等，後被合編為《二程集》。二程為理學宗師，後之流派，溯源皆至二程。但顥與頤亦有別，顥頗重心，頤尤重理。

哲宗元祐元年丙寅（1086）

王安石（1021－1086）卒。有《臨川先生文集》等。

司馬光（1019－1086）卒。主編《資治通鑒》等。

哲宗元祐二年丁卯（1087）

蘇軾以程頤盡用古禮講書為不盡人情，每加玩侮，二人遂成嫌隙。後遂有「洛蜀黨爭」。

哲宗元祐四年己巳（1089）

呂公著（1018－1089）卒。曾與司馬光共同反對王安石變法，極言呂惠卿奸邪，捍祖宗舊法甚力。

哲宗元祐九年甲戌（1094）

哲宗親政，詔改元紹聖。以章惇為尚書右僕射兼門下侍郎。蔡京等亦入朝任要職。恢復新法，追奪司馬光、呂公著等贈謚。翌年沈括（1031－1095）卒。括博學多聞，尤長於天文、數學、地質、物理等，有《夢溪筆談》。

哲宗紹聖三年丙子（1096）

女真興起，阿骨打有背遼之志。

徽宗建中靖國元年辛巳（1101）

蔡京見用。

蘇軾（1037—1101）卒。世稱「東坡居士」，有《東坡七集》。

徽宗崇寧元年壬寅（1102）

蔡京為尚書右丞。詔司馬光、呂公著等子弟勿官京師。禁元祐法，立元祐黨人碑。蔡京猶未愜意，更誣蘇軾、李格非（李清照父）、秦觀、張耒等百二十人為奸黨。崇寧年間，徽宗趙佶重用蔡京、童貫、王黼、梁師成、朱勔、李彥等，六人結黨營私，排斥異己，擅權誤國，賣官鬻爵。時人謂之「六賊」或「六鬼」。宋朝進入歷史上最黑暗時期。

徽宗崇寧二年癸卯（1103）

謝良佐（1050—1103）卒。程門四大高弟之一，氣象從容似明道，與胡安國交厚，對胡宏及湖湘派有重要影響。其所倡「以覺言仁」為湖湘學者所捍守。又啟象山心學門徑。有《上蔡語錄》等，學者尊為「上蔡先生」。

徽宗崇寧四年乙酉（1105）胡宏生。

徽宗崇寧五年丙戌（1106）胡宏二歲。

罷蔡京，毀元祐黨人碑。允夏求和。

徽宗大觀元年丁亥（1107）胡宏三歲。

復蔡京相職，以其子攸為龍圖閣學士。

程頤（1033—1107）卒。世稱「伊川先生」，與其兄顥並稱「二程」。倡「存天理、去人欲」，為朱熹所宗。程朱理學統治中國思想達七百餘年之久。

徽宗大觀二年戊子（1108）胡宏4歲。

蔡京進太師，加童貫節度使。又出籍元祐黨人95人。

夏入貢於宋。

徽宗大觀三年己丑（1109）胡宏5歲。

侍御史洪彥章、太學生陳朝老兩度上書言蔡京之奸惡，上不得
聞。江、淮、浙、閩等地大旱成災，宋發粟賑民。

徽宗大觀四年庚寅（1110）**胡宏**6歲。

宋詔察方田法之弊。立詞學兼茂科。

徽宗政和元年辛卯（1111）**胡宏**7歲。

罷張商英尚書右僕射職，復蔡京太子太師。

完顏阿骨打壯大，生輕遼圖遼之心。

徽宗政和二年壬辰（1112）**胡宏**8歲。

阿骨打拒遼天祚帝命不跳舞，後屢招竟稱疾不至。

宋訪遺書有得。

蘇轍（1039—1112）卒。有《欒城集》等。

徽宗政和三年癸巳（1113）**胡宏**9歲。

女真反遼。阿骨打為女真部都勃極烈。

夏貢於遼。

徽宗稱夢為老君所召，作《天真降臨視記》。

徽宗政和四年甲午（1114）**胡宏**10歲。

阿骨打正式起兵反遼，得部分遼土。

徽宗政和五年乙未（1115）**胡宏**11歲。

阿骨打稱帝，國號金，取不變不壞之意。金大敗遼。宋敗夏。

遼天祚帝親征金失敗，黃龍府失陷。

徽宗政和六年丙子（1116）**胡宏**12歲。

金陷遼保州。

夏屠宋江原靖夏城。

徽宗政和七年丁酉（1117）**胡宏**13歲。

宋尊道士，徽宗自稱教主道尊皇帝。改老子《道德經》為《太

上混元上德皇帝道德真經》。宋大旱。

徽宗重和元年（1118）**胡宏**14歲。

遼金暫議和。宋南方水災。

徽宗宣和元年己亥（1119）**胡宏**15歲。

胡宏自撰《論語說》，編《程子雅言》並且自為之序。譽程氏，貶王安石、蘇軾、歐陽修，恨「不得灑掃於（二程）先生之門」。胡安國由衷高興，但恐其「果於己用」，贈所撰《通鑒舉要補遺》，使胡宏接受歷史教育。15歲以前，是胡宏「幼聞過庭之訓」階段，接受了來自家庭的良好的儒學教育。

宋定取燕之計。

太學生鄧肅以詩諷朱勔以花石綱害民，詔放歸田里。是歲，宋京西飢，淮東大旱。

徽宗宣和二年庚子（1120）**胡宏**16歲。

宋罷道學（指道家之學），以儒道合而為一，不必制置道學。

蔡京父子因權力相軋，遂生隙仇。

宋約金攻遼勝，金負約，不與宋燕地。

宋方臘起義。

徽宗宣和三年辛丑（1121）**胡宏**17歲。

宋江降宋。方臘被俘受戮。

金攻遼，陷其中京。

平郡王趙構受封康王。

夏約遼攻宋，遼主不聽。

是歲，宋諸路蝗災。

徽宗政和四年壬寅（1122）**胡宏**18歲。

遼天祚帝為金所敗西逃。金敗夏援遼之師。

宋童貫攻遼失敗。

徽宗宣和五年癸卯（1123）胡宏19歲。

吳乞買嗣阿骨打為金太宗。

徽宗宣和六年甲辰（1124）胡宏20歲。

遼將耶律大石諫天祚帝不聽，乃自立為王。

徽宗宣和七年乙巳（1125）胡宏21歲。

胡宏入京師，就太學，從楊時學河南程氏學。與張九成（字子韶）交遊甚善。

遼天祚帝為金所執，遼亡。耶律大石建西遼。

金大舉南侵，陷宋檀、薊、朔、武、忻、代等州，圍太原。

徽宗下詔罪己，讓位子桓，準備南逃。

太學生陳東上書請誅「六賊」。

欽宗靖康元年丙午（1126）胡宏22歲。

金兵繼續南侵，李綱領導開封保衛戰，以待勤王兵。

徽宗南逃。

欽宗使康王趙構與少宰張邦昌入質金營，並賦旨遣使求和納巾割地。

勤王兵集開封。李綱夜襲金營，計泄失敗，被革職。

金懼宋援兵之眾暫退兵。

胡宏離京返家，與父兄寓地荊門。值侯仲良（師聖）亦避亂於斯，受父命與兄寧從之游學。侯荊門對胡宏產生影響。

康王趙構與張邦昌自金營返。肅王樞為質金營。

詔誅童貫。

宋軍民保衛太原，英勇慘烈。

宋遣使再度求和，李綱因主戰再被免。

十月，金再度南侵，破宋東京汴梁。

欽宗靖康二年丁未（1127）胡宏23歲。

金掠徽欽二帝，金立張邦昌為楚帝，都金陵。旋在輿論壓力下還政隆祐太后。

五月，康王趙構即位南京，改元建炎，任李綱為相，岳飛、韓世忠等抗金。

八月，再罷李綱相，宗澤守汴。

十月，張邦昌死，高宗南逃。

高宗建炎二年戊申（1128）胡宏24歲。

宗澤卒。金兵大舉南侵。

西遼帝征服喀什噶爾。

高宗建炎三年己酉（1129）胡宏25歲。

宋「苗劉之變」，迫高宗讓位太子，旋被張浚、韓世忠等執戮，還政高宗。

金破宋徐、淮、泗州，高宗逃至杭州。金兵入揚州，高宗逃至江寧，改江寧為建康府。金兀朮破建康，入臨安，高宗渡海南逃。

岳飛、韓世忠等抗金有勝。

高宗建炎四年庚戌（1130）胡宏26歲。

宋鐘相起義。岳飛復建康。

金徙徽、欽二帝於五國城（今黑龍江依蘭縣），二帝始知高宗已繼位。

金立偽齊，使劉豫為帝，金縱秦檜南歸。

侯仲良估計戰亂將至荊門，勸胡氏父子再行遷徙，安國信從。胡宏遂與父兄再遷至湖南碧泉，卜地而居。

從此生根附近，授徒講學，湖湘學派因而得名。

高宗紹興元年辛亥（1131）胡宏27歲。

宋秦檜參知政事。

金以陝西地給偽齊，中原盡屬劉豫。

宋張浚、岳飛平江淮亂軍。

高宗紹興二年壬子（1132）胡宏28歲。

八月，秦檜初罷相，民始知其惡。

詔捕洞庭楊太（麼）。

高宗紹興三年癸丑（1133）胡宏29歲。

金與偽齊同在中原與宋作戰。

高宗紹興四年甲寅（1134）胡宏30歲。

岳飛復郢、唐、隨等州及襄陽。

岳飛進討楊麼。

宋下詔討劉豫。

是歲，胡安國《春秋傳》初成。

高宗紹興五年乙卯（1135）胡宏31歲。

金太宗歿，熙宗立。

宋高宗回臨安。徽宗卒於五國城。

楊時（1053—1135）卒。字中立，世稱「龜山先生」。

程門四大高弟之魁，胡宏曾師事之，對胡宏有較大影響。

宋高宗詔令胡安國纂修所著《春秋傳》，使之修訂完善。

是歲，岳飛擒殺楊麼。

高宗紹興六年丙辰（1136）胡宏33歲。

劉豫南侵受挫。

胡安國《春秋傳》最後完成，高宗謂：「深得聖人之旨」。

高宗紹興七年丁巳（1137）**胡宏33歲**。

　　金廢劉豫為蜀王。

高宗紹興八年戊午（1138）**胡宏34歲**。

　　高宗定都臨安，復秦檜相，罷趙鼎（李清照夫趙明誠之父）相。秦檜忌恨岳飛。

　　胡安國（1074—1138）卒。胡宏作〈有本亭記〉，以記其父之功，並抒弘揚道學之志。胡宏「布衣藜杖，尋壑經丘，勸課農桑。以供衣食」，在艱苦的生活條件下開始獨立治學生涯。

高宗紹興九年己未（1139）**胡宏35歲**。

　　宋大赦。北方義士起而抗金。金北攻蒙古，為其所敗。胡宏大約於是年作〈上光堯皇帝書〉。此時距徽、欽二帝被徙五國城九年，文中「自初年至於今」，不應為建炎元年，此「初年」約為紹興元年。故文中多次出現「引領東望，九年於此矣」,「又何忍以九年之久嘗試群臣哉!」等字樣。二帝徙五國城時，始知高宗即位，至此九年。

高宗紹興十年庚申（1140）**胡宏36歲**。

　　李綱卒於福州。

　　岳飛奉詔班師，「痛飲黃龍」夢滅，痛泣曰:「十年之功，廢於一旦」。

高宗紹興十一年辛酉（1141）**胡宏37歲**。

　　金主親祭孔廟。

　　宋罷韓世忠等兵權。

　　十二月，岳飛因「莫須有」罪名，被害於大理寺獄，時年三十九歲。

　　是歲，胡宏撰成《皇王大紀》。

高宗紹興十二年壬戌（1142）胡宏38歲。

宋使進誓表於金，稱臣、割地、貢銀絹。

金冊宋高宗為帝。

夏地震。

金宋互市榷場。

宋封秦檜魏國公，罷張俊樞密使。

高宗紹興十三年癸亥（1143）胡宏39歲。

宋置太學。

蒙古反金。

西遼耶律大石歿，感天皇后聽政。

高宗紹興十四年甲子（1144）胡宏40歲。

國學大成殿建成，司業高閌表請高宗視學。帝命秦熺（秦檜子）
執經，高閌講《易・泰卦》。胡宏見表，「移書責之」，謂高閌
「欺天罔人」，「平生志行盡皆掃地」。

高宗紹興十五年乙丑（1145）胡宏41歲。

張浚貶連州。

高宗紹興十六年丙寅（1146）胡宏42歲。

金割邊地與夏，並向蒙古求和。

劉豫死於金臨黃府（今內蒙古巴林左旗）。

西夏尊孔子為文宣帝。

胡宏於艱境中不幸喪子。

高宗紹興十七年丁卯（1147）胡宏43歲。

金與蒙古求和。金修《遼史》成。

宋趙鼎（1085－1147）卒。

胡宏妻唐氏亡。兩年之間，胡宏喪子亡婦，備受精神打擊。但

卻致書秦檜，不為所用。表現了「志於道」的士大夫高潔的精
神操守。

高宗紹興十八年戊辰 （1148）胡宏44歲。

金兀朮卒。金再割邊地與夏。

高宗紹興十九年己巳 （1149）胡宏45歲。

金完顏亮殺主亶，自立，改元天德。

高宗紹興二十年庚午 （1150）胡宏46歲。

宋施全刺殺秦檜不成，磔於市。

金主亮大殺宗室。

金主尊孔，並定襲封「衍聖公」俸格。

高宗紹興二十一年辛未 （1151）胡宏47歲。

宋韓世忠卒。忠與岳飛、張俊、劉光世並稱為「中興四大名
將」。

高宗紹興二十二年壬申 （1152）胡宏48歲。

襄陽大水。宋平定虔州亂軍。

高宗紹興二十三年癸酉 （1153）胡宏49歲。

宋禁南方民間殺人祭鬼。

高宗紹興二十四年甲戌 （1154）胡宏50歲。

宋張俊卒。俊雖與金作戰甚有功，但因其晚年附秦檜害岳飛，
故為世所鄙棄。

高宗紹興二十五年乙亥 （1155）胡宏51歲。

奸相秦檜（1090—1155）病死。

高宗紹興二十六年丙子 （1156）胡宏52歲。

宋欽宗死於金，宋人著述，多言為金所殺。

胡寅（1098—1156）卒。胡宏長兄，字明仲，學者稱「致堂先

生」，有《斐然集》等。

高宗紹興二十七年丁丑（1157）胡宏53歲。

高宗紹興二十八年戊寅（1158）胡宏54歲。

金謀南侵，宋選練義士以備。

高宗紹興二十九年己卯（1159）胡宏55歲。

張九成（1092—1159）卒。字子韶，世稱「橫蒲先生」。曾與胡宏同學於楊時。二人於靖康年間曾有過較密往來，學術上互相有所影響。張九成是從謝上蔡到陸象山的關鍵轉介人物。《宋元學案·上蔡學案附錄》引朱熹語云：「上蔡之說，一轉而為張子韶，子韶一轉而為陸子靜。上蔡所不敢衝突者，子韶盡衝突；子韶所不敢衝突者，子靜盡衝突」。有《橫蒲集》等。

宋召朱熹。

高宗紹興三十年庚辰（1160）胡宏56歲。

高宗立藝祖七世孫為太子，更名瑋。瑋，太祖次子德芳後。

高宗聞朱熹賢，召而不至。

高宗紹興三十一年辛巳（1161）胡宏57歲。

金大舉攻宋，宋下詔檄金背盟南侵，高宗親征御金。

金內訌，金主亮為部下所殺。

契丹耶律斡罕稱帝，擊敗金兵。

是歲，張栻奉父命往拜胡宏問學。宏始不見。栻托孫蒙正問緣，宏稱「渠家學佛」。栻乃涕泣求見。宏一見，「知其大器，即已所聞孔門論仁親切之旨告之」，稱「聖門有人，吾道幸甚」。並告誡張栻，為學是「終身事。天地日月長久，斷之以勇猛精進，持之以漸漬薰陶。升高自下，陟遐自邇，故能有常而日新，日新而有常」。張栻「益自奮勵，以古聖賢自期，作《希顏錄》

以見志」,並送與胡宏評閱。胡宏謂「敬夫作《希顏錄》,有志於道,大哉志乎!」,且勉勵張栻繼續努力,於「未精當中求精當」,如此發展,「而聖人可作,邪說可息」。

是歲,胡宏卒,享年57歲。張栻不負師望,後終與朱熹、呂祖謙齊名,並稱「東南三賢」。

胡宏「優游衡山之下餘二十年,玩心神明」,教授出一批著名的弟子,如張栻、彪居正、吳翌、胡廣仲、胡伯逢等,「卒開湖湘學統」,為理學和中國教育事業做出了不可磨滅的歷史貢獻。

胡宏歿後不久,朱熹、張栻、呂祖謙並疑所著《知言》,而胡宏其它弟子如彪居正、吳翌、胡廣仲、胡伯逢等捍守師說甚固,但較乏力。故朱熹強盛之後,《知言》幾至於不傳。對《知言》之疑義,惟呂祖謙迴護較多。

高宗紹興三十二年壬午(1162)

耿京於山東抗金,辛棄疾協行。

宋孝宗即位,詔昭雪岳飛冤案,復官改葬。

胡憲(1086—1162)卒。憲為安國從子,胡宏從兄,字原仲,學者稱「籍溪先生」,亦是湖相「名將」,且為師朱熹時間甚久。呂祖謙亦曾從學胡憲。故「三賢」皆為湖湘所傳。

孝宗隆興元年癸未(1163)

張浚封樞密使,進魏公。張栻得贊軍務。孝宗謂「朕依魏公如長城」。張浚出兵復靈壁、虹縣、宿州等,因部將不和,有符離之敗,被貶。

宋湯思退求和,張俊、胡銓、虞允文等力反。

李侗(1093—1163)卒。侗為程頤三傳弟子,從楊時、羅從彥

來，傳朱熹，世稱「延平先生」。朱熹集其言為《延平答問》。

孝宗隆興二年甲申（1164）

宋罷張浚，改判福州。途中繼續上書反對求和，行至餘干病篤，手書付子栻、枸稱：「吾嘗相國不能恢復中原，即死，不當葬我先人墓左」。後數日而卒。張浚（1097－1164），南宋中興名相。

胡銓再上書，以為四十三年大災，盡為議和所致。

宋罷湯思退，使竄永州，途中憂懼死。

是歲，張栻護父張浚喪至潭州（今湖南長沙），舟至豫章（今江西南昌），朱熹登舟哭之。與張栻作舟中三日談，認為張栻「名質甚敏，學問甚正」。

孝宗乾道三年丁亥（1167）

長沙之會。朱熹聞張栻得衡山胡宏之學，並主講長沙，與舊友范念德（伯崇）、門人林用中（擇之）同赴湖南拜會張栻。附近學者聞訊而至，盛況空前。胡宏大弟子之一彪居正亦至衡山會見朱熹，因怯寒未上山而返。朱熹與張栻講論游賞二月餘，就「已發」、「未發」的「中和問題」展開熱烈地討論，以朱熹基本接受張栻所持的胡宏的「性為未發」、「心為已發」「先察識，後涵養」的觀點而告結束。朱熹後來回憶說「講論之益不少」，又謂張栻「所見超詣卓然，非所可及」。自此三年中，朱熹與張栻書信往來頻繁，求教張栻並展開討論，直至「已丑之悟」。

翌年，張栻作〈胡子知言序〉，稱其「言約義精」，譽之為「道學之樞要，治制之蓍龜」。

是歲，宋金議和成。

孝宗乾道五年己丑 （1169）

朱熹40歲，自謂於「中和」問題有新醒悟，「亟以書報欽夫及嘗同為此論者」，是為〈與湖南諸公論中和第一書〉。對胡宏「性為未發，心為已發」始疑且生不滿。這是對《知言》進行致疑的開始。牟宗三認為此「己丑之悟」乃因朱熹「於此用不上力，故翻然棄之，而力反胡氏也」，並以為朱子〈中和舊說序〉中之「後得胡氏書，有與曾吉父論未發之旨者，其論又適與余意合，因是益自信」云云，乃「籠統」、「模糊」之合，非是生命至處合。（《心體與性體》第三冊154頁等）

孝宗淳熙十二年乙未 （1175）

鵝湖之會。「三賢既並疑《知言》，朱熹在取得張栻的基本一致意見的基礎上，始正式與陸象山論爭。呂祖謙約陸九淵、陸九齡兄弟等至信州鵝湖寺（今江西上饒）與朱熹等會，討論治學方法等問題。此間朱陸辨爭激烈，至不苟同。呂祖謙試圖調解，不成。這是理學史上盛況空前之會。

金葬宋欽宗於鞏洛之源，用一品官禮。

此前二年，胡實（1135—1173）卒。字廣仲，胡宏從弟，捍胡宏說與朱熹辨甚堅且固。

孝宗淳熙四年丁酉 （1177）

吳翌（1129—1177）卒。胡宏弟子，捐棄科舉，讀書講道，捍守師說甚固。

孝宗淳熙五年戊戌 （1178）

宋諡岳飛武穆。

孝宗淳熙七年庚子 （1180）

張栻（1133—1180）卒。胡宏大弟子，「東南三賢」之一。字

欽夫，又字敬夫，曾作為中介，使朱熹深受胡宏影響，後又附朱熹，與呂祖謙並朱熹共疑《知言》。世稱「南軒先生」，繼胡宏為湖湘領袖，使湖湘規模更盛。著述宏富，朱熹編《南軒文集》四十四卷，無名氏編《南軒先生問答》四卷，蔣邁編《南軒語錄》十一卷，並行於世。南軒對理學及中國教育事業亦做出了卓越貢獻。

陸九齡（1132—1180）卒。象山次兄，曾與象山共抗朱熹，後「幡然醒悟」，轉而傾向朱熹。世稱「復齋先生」。

胡銓（1102—1180）卒。胡安國弟子，字邦衡，立主抗金恢復，有盛名，著《澹庵集》等。

孝宗淳熙八年辛丑（1181）

呂祖謙（1137—1181）卒。「東南三賢」之一，與朱熹、張栻共疑《知言》，謂《知言》「過於正蒙」。朱子則認為《正蒙》規模大，《知言》小。著述宏富，有《東萊集》等，主編《皇朝文鑒》，世稱「東萊先生」。

理學因南軒、東萊之逝，結束了「三賢」並立的局面，理學的主流從此過渡到朱陸對峙分庭的新時期。朱熹因張、呂之逝，已無「制約」力量，更生輕陸之心。

孝宗淳熙十一年甲辰（1184）

李燾（1115—1184）卒。著《續資治通鑒長編》等。

孝宗淳熙十三年丙午（1186）

胡季隨（字大時，胡宏幼子）訪陸象山於臨安，象山以「識面為喜，款集為幸」。朱熹聞訊後急忙致信胡季隨，詆象山學術，爭取胡季隨站在自己一邊。胡季隨是張栻歿後湖湘之首。朱熹此舉表明湖湘學派仍較有影響力，故是朱陸雙方爭取的力量。

孝宗淳熙十六年己酉（1189）

　　金世宗卒。轄境之內美之為「小堯舜」。章宗繼位。

　　宋孝宗稱太上皇，子惇即位，是為光宗。

光宗紹熙三年壬子（1192）

　　陸九淵（1139—1192）卒。創「心學」，與朱熹辨難，互不苟
　　同，世稱「象山先生」，有《象山先生全集》等。「象山死，先
　　生（朱熹）率門人往寺中哭之，既罷，良久曰：可惜死了告
　　子」。雖因對手痛失而惜，但郤依然以為邪說，攻訐不減。

光宗紹熙四年癸丑（1193）

　　陳亮（1143—1193）卒。世稱「龍川先生」，有《龍川集》，曾
　　讚譽胡宏《知言》。

光宗紹熙五年甲寅（1194）

　　宋孝宗（1127—1194）卒。

　　光宗稱太上皇，子趙擴繼位，是為寧宗。

寧宗慶元元年乙卯（1195）

　　韓侂冑以「道學」為偽，罷朱熹經筵。

寧宗慶元二年丙辰（1196）

　　太常少卿胡紘上書言：「比年以來，偽學猖獗，圖為不軌，動
　　搖上皇，詆誣聖說，幾至大亂」云云，寧宗乃下詔，凡偽學黨
　　人，宰執暫停推薦。自是「偽學」之禁愈嚴。

　　張栻弟子游九言（？—1195）卒，胡宏再傳。

寧宗慶元三年丁巳（1197）

　　宋置偽學籍，列趙汝愚、朱熹、彭龜年、陳傅良、葉適、楊簡、
　　蔡元定等，以及武臣、士人凡127人之多。

寧宗慶元四年戊午（1198）

宋嚴禁偽學。

蔡元定（1135－1198）卒。是朱熹最親密的朋友、學生和助手。

有《皇極經世指要》及《律呂新書》等。

寧宗慶元五年己未（1199）

宋稍馳偽學之禁。

寧宗慶元六年丙申（1200）

朱熹（1130－1200）卒。是理學之集大成者。世稱晦翁，後諡
曰文，著述極富。卒訊聞，四方之士冒「偽學」之禁的危險，
數千人雲集信上（今江西上饒西北）送喪，一時空前絕後。韓
侂冑懼怕後禍，兩年後馳「偽學之禁」。

宋太上皇光宗（1147－1200）卒。

寧宗嘉泰四年甲子（1204）

陳傳良（1137－1204）卒。世稱「止齋先生」，有《止齋集》
等。

蒙古鐵木真擊敗乃蠻部。

寧宗開禧元年乙丑（1205）

宋史學家袁樞（1131－1205）卒。有《通鑑紀事本末》。

寧宗開禧二年丙寅（1206）

宋伐金諸路兵敗，金分九路大舉攻宋。

蒙古諸部尊鐵木真為大汗，是為成吉思汗。

彭龜年（1142－1206）卒。張栻大弟子，胡宏再傳。

清人集其散見之文為《止堂集》。

寧宗開禧三年丁卯（1207）

韓侂冑（1152－1207）為禮部侍郎史彌遠與楊皇后密謀誘殺。

冑為「慶曆新政」主將韓錡曾孫，曾輸家財二十萬以助伐金軍

用，多次興兵無功。斥朱熹、彭龜年等，與「慶元黨禁」。

寧宗嘉定元年戊辰（1208）

宋金議和成。金修防北邊。

蒙古滅蔑里乞部。乃蠻部屈出律汗奔西遼。

寧宗嘉定二年己巳（1209）

蒙古攻入西夏，並與金絕，不斷侵襲金地。

寧宗嘉定六年癸酉（1213）

蒙古攻金中都（今北京），大勝。金被迫於翌年遷都南京（今河南開封）。

夏掠金會州（今甘肅定西東北），旋被擊退。

吳獵（1143—1213）卒。張栻弟子，胡宏再傳。時人稱其為「湖湘表率」。全祖望謂其「宰相材也，惜乎宋不能大受之以極其施焉」。

寧宗嘉定十六年癸未（1223）

葉適（1150—1223）卒。曾對朱陸進行尖銳批判，傾向事功，世稱「水心先生」，有「水心集」、「習學記言」等。

陳淳（1159—1223）卒。朱熹高足，學者稱「北溪先生」，有《北溪全集》等。

寧宗嘉定十七年甲申（1224）

宋寧宗（1168—1224）崩。養子昀繼位，是為理宗。

成吉思汗率軍至印度東部鐵門關，大掠而回。

理宗寶慶三年丁亥（1227）

成吉思汗（1161—1227）卒。在位二十二年，滅國凡四十。第四子拖雷監國。翌年成吉思汗第三子窩闊臺立為大汗，是為元太宗。

理宗紹定六年癸巳（1233）

蒙古破金洛陽，金主入蔡（今河南汝南）。

蒙古修孔子廟。

理宗端平元年甲午（1234）

蒙古與宋共滅金。

理宗端平二年乙未（1235）

宋遣使通好蒙古。

真德秀（1178—1235）卒。朱熹再傳，是朱熹之後很有聲望的學者。有《西山真文忠公集》等。

理宗嘉熙元年丁酉（1237）

蒙古攻俄羅斯，又破宋光、夔等州。

魏了翁（1178—1237）卒。與真德秀齊名，學者稱「鶴山先生」，有《鶴山集》等。

理宗淳祐十一年辛亥（1251）

蒙古拖雷子，成吉思汗孫蒙哥即位。是為元憲宗。

理宗開慶元年己未（1259）

宋王堅固守合州，元憲宗蒙哥戰死合州釣魚城下。其弟忽必烈率軍北歸，並於翌年繼汗位，是為元世祖。

是歲，蒙古西征耶路撒冷之迦利利平原。這是蒙古西征以來第一次敗北。

度宗咸淳十年甲戌（1274）

宋度宗（1240—1274）卒。子顯繼位，是為恭帝。年4歲，理宗謝皇后聽政。

翌年，宋賈似道兵敗揚州，宋詔諸將勤王。宋與元焦山之戰大敗，張世傑等遁。宋人自是不復能軍。

宋德祐二年丙子（1276）

元伯顏執文天祥，宋帝被掠北去。文天祥走脫歸宋，宋以文天祥為樞密使，同都督諸路軍馬。

李庭芝、姜才等宋將戰死泰州（今江蘇泰州市）。

元軍攻陷長沙，湖相子弟「荷戈登陴」，十亡其九，湖湘學派實體遂不存。

宋祥興元年戊寅（1278）

文天祥戰敗，再度被執。

宋祥興二年己卯（1279）

宋張世傑等力戰厓山，不降。元命文天祥作書招之，文天祥作《過零汀洋》詩以示之，謂「人生自古誰無死，留取丹心照汗青」。元人無奈，四路強攻，張世傑兵敗。陸秀夫負幼帝蹈海，張世傑阻不止，亦死之。

宋亡。

元囚文天祥。

元世祖至元十八年辛巳（1281）

元理學家許衡（1209—1281）卒。

元世祖至元十九年壬午（1282）

冬十二月，忽必烈召文天祥至殿中，謂之曰：「汝以事宋者事我，即以汝為中書宰相」。答曰：「天祥為宋狀元宰相，宋亡，惟可死，不可生」，並稱「一死之外，無可為者」。初九日從容就義於柴口（今北京市萊市口）。後人輯其作為《文山先生全集》。

元成宗元貞二年丙申（1296）

宋象山後學王應麟卒。應麟於宋亡之後不出，有《困學紀聞》

等。

元仁宗皇慶二年癸丑（1313）

以宋儒周敦頤、程頤、程顥、張載、邵雍、司馬光、朱熹、張
栻、呂祖謙及元理學家許衡從祀孔子廟廷。

清康熙三十四年乙亥（1695）

黃宗羲（1609－1695）卒。所著《宋元學案》，將胡宏附於胡
安國之下，共為《五夷學案》。

清乾隆二十年己亥（1755）

全祖望（1705－1755）卒。續修《宋元學案》，用力甚深。謂
「紹興諸儒所造，莫出五峰之上」，「卒開湖湘學統」。始將胡
宏從《五夷學案》中分出，別為《五峰學案》。

參考書目

一、書籍

1. 尚書。

2. 詩經。

3. 周易。

4. 禮記。

5. 論語。

6. 老子。

7. 中庸。

8. 大學。

9. 孟子。

10. 莊子。

11. 荀子。

12. 呂氏春秋。

13. 揚雄　法言。

14. 董仲舒　春秋繁露。

15. 白虎通義。

16. 歐陽修　新五代史。

17. 元脫脫等　宋史。

18. 邵雍　皇極經世書。

19. 周敦頤　太極圖說。

20. 張載集。

21. 二程集。

22. 謝良佐　上蔡語錄　中文出版社。

23. 胡安國　春秋傳。

24. 胡寅　斐然集。

25. 徐夢莘　三朝北盟匯編。

26. 張栻　南軒文集。

27. 呂祖謙　東萊文集。

28. 朱熹　四書章句集注。

29. 朱熹　朱文公文集。

30. 朱熹　朱子語類。

31. 陸九淵集。

32. 陳亮集。

33. 真德秀　西山真文忠公文集。

34. 王曾　王沂公筆錄。

35. 朱國楨　涌幢小品。

36. 陸游　陸放翁全集。

37. 吳儆　竹洲文集。

38. 趙希弁　郡齋讀書附志。

39. 陳振孫　直齋書錄題解。

40. 宋會要。

41. 宋會要稿。

42. 李心傳　建炎以來繫年要錄。

43. 徐自明　宋宰輔編年錄。

44. 宋史紀事本末。

45. 許有壬　至正集。

46. 王守仁　陽明全書。

47. 嘉靖建寧府志。

48. 馬端臨　文獻通考。

49. 陳確集。

50. 王夫之　宋論。

51. 王夫之　讀四書大全說。

52. 顧炎武　日知錄。

53. 戴震　孟子字義疏證。

54. 焦循　雕菰集。

55. 焦循　孟子正義。

56. 四庫全書總目提要。

57. 嘉慶重修衡山縣志。

58. 趙翼　廿二史劄記。

59. 黃宗羲、全祖望等　宋元學案。

60. 福建藝文志。

61. 湘潭縣志。

62. 醴陵縣志。

63. 畢沅　續資治通鑒。

64. 陶澍　陶文毅公全集。

65. 吳乘權　綱鑒易知錄。

66. 諸子集成。

67. 歷代名儒傳。

68. 城南書院志。

69. 熊十力　新唯識論　中華書局1985年第一版第一次印刷。

70. 賀麟　文化與人生　商務印書館1988年8月第1版第1次印刷。

71. 錢穆　朱子新學案第二冊。

72. 范壽康　朱子及其哲學　中華書局1983年9月第一版第一次印刷。

73. 翦伯贊　中國史綱要第三冊　人民出版社1963年1月第一版，79年1月第二次印刷。

74. 陳鐘凡　兩宋思想評述　商務印書館民國二十二年十月初版，二十七年五月再版。

75. 吳康　宋明理學　華國出版社民國四十四年十月初版，五十一年增訂再版。

76. 侯外廬　中國思想通史四、五卷　人民出版社1956年8月第一版，80年2月第四次印刷。

77. 牟宗三　心體與性體第一冊　民國五十七年五月初版，八十年十一月第九次印行。

78. 牟宗三　心體與性體第二冊　民國五十七年十月初版，八十二年二月第九次印行。

79. 牟宗三　心體與性體第三冊　民國五十八年六月初版，八十年十一月第十次印行。
以上牟宗三心體與性體一、二、三冊均由臺灣正中書局出版發行。

80. 范文瀾　中國通史續編第五冊　蔡美彪等著　人民出版社1978年4月第一版第一次印刷。

81. 辛冠潔等主編　中國古代著名哲學家評傳續編三　趙宗正、

方立天等編　齊魯書社1982年9月第一版第一次印刷。

82. 鄧廣銘主編　中國歷史大辭典宋史卷　上海辭書出版社1984年12月第一版第一次印刷。

83. 韋政通　中國哲學辭典　臺灣水牛出版社83年3月20日初版三刷。

84. 韋政通　董仲舒　臺灣東大圖書公司　民國七十五年七月初版。

85. 韋政通　先秦七大哲學家　臺灣水牛出版社　民國82年12月10日初版四刷。

86. 張習孔、田珏主編　中國歷史大事編年二、三、四冊　北京出版社1987年10月第1版，92年3月第3次印刷。

87. 辭海縮印本　上海辭書出版社　1979年版。

88. 姜亮夫　歷代人物年里碑傳綜表。

89. 徐遠和　洛學源流　齊魯書社　1987年9月第一版第一次印刷。

90. 陳來　朱熹哲學研究　中國社會科學出版社　1988年4月第1版第1次印刷。

91. 陳來　宋明理學　遼寧教育出版社　1991年12月第1版，92年6月第2次印刷。

92. 陳谷嘉　張栻與湖湘學派研究　湖南教育出版社　1991年8月第1版第1次印刷。

93. 朱漢民、陳谷嘉　湖湘學派源流　湖南教育出版社1992年4月第1版第1次印刷。

94. 馮契主編　辭學大辭典中國哲學史卷　1985年12月第1版第1次印刷。

95. 吳海林、李延沛編　中國歷史人物辭典　黑龍江人民出版社 1983年11月第1版第1次印刷。

96. 趙吉惠、郭厚安編　中國儒學辭典　遼寧人民出版社　1988 年12月第1版第1次印刷。

97. 中國宋代哲學　河南人民出版社　1992年12月第1版第1次 印刷。

二、文章

1. 章太炎　四惑論　民報第22號。

2. 章太炎　東京留學生歡迎會演說辭　民報第6號。

3. 陳寅恪　鄧廣銘宋史職官志考證序　金明館叢稿二編。

4. 方壯猷　宋代百家爭鳴初探　中國哲學第八輯。

5. 鄧廣銘　談談宋史研究中的幾個問題　社會科學戰線 1986年第二期。

6. 劉述先　宋明儒之特質及其現代意義　中國文化論文集第七 集，臺灣幼獅文化事業公司。

7. 襲道運　宋儒的形上學在中國哲學史上的地位　國際宋代文 化研討會論文集　四川大學出版社1991年　成都。

8. 金諍　文官政治與宋代文化高峰　國際宋代文化研討會論文 集　四川大學出版社　1991年　成都。

三、信函

1. 韋政通致王立新　1994年5月5日

索 引

五畫

六畫

世界哲學家叢書（一）

書　　　　　　名	作　　者	出　版　狀　況
孔　　　　　　子	韋　政　通	撰　稿　中
孟　　　　　　子	黃　俊　傑	已　出　版
荀　　　　　　子	趙　士　林	撰　稿　中
老　　　　　　子	劉　笑　敢	撰　稿　中
莊　　　　　　子	吳　光　明	已　出　版
墨　　　　　　子	王　讚　源	撰　稿　中
公　孫　龍　子	馮　耀　明	撰　稿　中
韓　非　　　子	李　甦　平	撰　稿　中
淮　南　　　子	李　　　增	已　出　版
賈　　　　　誼	沈　秋　雄	撰　稿　中
董　仲　　　舒	韋　政　通	已　出　版
揚　　　　　雄	陳　福　濱	已　出　版
王　　　　　充	林　麗　雪	已　出　版
王　　　　　弼	林　麗　真	已　出　版
郭　　　　　象	湯　一　介	撰　稿　中
阮　　　　　籍	辛　　　旗	排　印　中
嵇　　　　　康	莊　萬　壽	撰　稿　中
劉　　　　　勰	劉　綱　紀	已　出　版
周　敦　　　頤	陳　郁　夫	已　出　版
邵　　　　　雍	趙　玲　玲	撰　稿　中
張　　　　　載	黃　秀　璣	已　出　版
李　　　　　覯	謝　善　元	已　出　版
楊　　　　　簡	鄭　曉　江 李　承　貴	排　印　中
王　安　　　石	王　明　蓀	已　出　版
程　顥　、　程　頤	李　日　章	已　出　版

世界哲學家叢書（二）

書　　　　名	作　　　者	出　版　狀　況
胡　　　　宏	王　立　新	已　　出　　版
朱　　　　熹	陳　榮　捷	已　　出　　版
陸　　象　　山	曾　春　海	已　　出　　版
陳　　白　　沙	姜　允　明	撰　　稿　　中
王　　廷　　相	葛　榮　晉	已　　出　　版
王　　陽　　明	秦　家　懿	已　　出　　版
李　　卓　　吾	劉　季　倫	撰　　稿　　中
方　　以　　智	劉　君　燦	已　　出　　版
朱　　舜　　水	李　甦　平	已　　出　　版
王　　船　　山	張　立　文	撰　　稿　　中
真　　德　　秀	朱　榮　貴	撰　　稿　　中
劉　　蕺　　山	張　永　儁	撰　　稿　　中
黃　　宗　　羲	吳　　　光	撰　　稿　　中
顧　　炎　　武	葛　榮　晉	撰　　稿　　中
顏　　　　元	楊　慧　傑	撰　　稿　　中
戴　　　　震	張　立　文	已　　出　　版
竺　　道　　生	陳　沛　然	已　　出　　版
真　　　　諦	孫　富　支	撰　　稿　　中
慧　　　　遠	區　結　成	已　　出　　版
僧　　　　肇	李　潤　生	已　　出　　版
智　　　　顗	霍　韜　晦	撰　　稿　　中
吉　　　　藏	楊　惠　南	已　　出　　版
玄　　　　奘	馬　少　雄	撰　　稿　　中
法　　　　藏	方　立　天	已　　出　　版
惠　　　　能	楊　惠　南	已　　出　　版

世界哲學家叢書（三）

書　　　　　名	作　　者	出　版　狀　況
澄　　　　　觀	方　立　天	撰　稿　中
宗　　　　　密	冉　雲　華	已　出　版
永　明　延　壽	冉　雲　華	撰　稿　中
湛　　　　　然	賴　永　海	已　出　版
知　　　　　禮	釋　慧　岳	已　出　版
大　慧　宗　杲	林　義　正	撰　稿　中
袾　　　　　宏	于　君　方	撰　稿　中
憨　山　德　清	江　燦　騰	撰　稿　中
智　　　　　旭	熊　　　琬	撰　稿
康　　有　　為	汪　榮　祖	撰　稿　中
譚　　嗣　　同	包　遵　信	撰　稿　中
章　　太　　炎	姜　義　華	已　出　版
熊　　十　　力	景　海　峰	已　出　版
梁　　漱　　溟	王　宗　昱	已　出　版
胡　　　　　適	耿　雲　志	撰　稿　中
殷　　海　　光	章　　　清	排　印　中
金　　岳　　霖	胡　　　軍	已　出　版
張　　東　　蓀	張　耀　南	撰　稿　中
馮　　友　　蘭	殷　　　鼎	已　出　版
唐　　君　　毅	劉　國　強	撰　稿　中
牟　　宗　　三	鄭　家　棟	撰　稿　中
宗　　白　　華	葉　　　朗	撰　稿　中
湯　　用　　彤	孫　尚　揚	排　印　中
賀　　　　　麟	張　學　智	已　出　版
龍　　　　　樹	萬　金　川	撰　稿　中

世界哲學家叢書（四）

書　　　　名	作　　者	出　版　狀　況
無　　　　著	林　鎮　國	撰　稿　中
世　　　　親	釋　依　昱	撰　稿　中
商　羯　　羅	黃　心　川	撰　稿　中
維　韋卡南達	馬　小　鶴	撰　稿　中
泰　戈　　爾	宮　　　靜	已　出　版
奧羅賓多・高士	朱　明　忠	已　出　版
甘　　　　地	馬　小　鶴	已　出　版
尼　赫　　魯	朱　明　忠	撰　稿　中
拉達克里希南	宮　　　靜	排　印　中
元　　　　曉	李　箕　永	撰　稿　中
休　　　　靜	金　煐　泰	撰　稿　中
知　　　　訥	韓　基　斗	撰　稿　中
李　栗　　谷	宋　錫　球	已　出　版
李　退　　溪	尹　絲　淳	撰　稿　中
空　　　　海	魏　常　海	撰　稿　中
道　　　　元	傅　偉　勳	排　印　中
伊　藤仁　齋	田　原　剛	撰　稿　中
山　鹿素　行	劉　梅　琴	已　出　版
山　崎闇　齋	岡田武彥	已　出　版
三　宅尚　齋	海老田輝巳	已　出　版
中　江藤　樹	木　村　光　德	撰　稿　中
貝　原益　軒	岡田武彥	已　出　版
荻　生徂　徠	劉　梅　琴	撰　稿　中
安　藤昌　益	王　守　華	撰　稿　中
富　永仲　基	陶　德　民	撰　稿　中

世界哲學家叢書（五）

書　　　　　名	作　　者	出　版　狀　況
石　田　梅　岩	李　甦　平	撰　　稿　　中
楠　本　端　山	岡田武彦	已　　出　　版
吉　田　松　陰	山口宗之	已　　出　　版
福　澤　諭　吉	卞　崇　道	撰　　稿　　中
岡　倉　天　心	魏　常　海	撰　　稿　　中
中　江　兆　民	畢　小　輝	撰　　稿　　中
西　田　幾　多　郎	廖　仁　義	撰　　稿　　中
和　辻　哲　郎	王　中　田	撰　　稿　　中
三　　木　　清	卞　崇　道	撰　　稿　　中
柳　田　謙　十　郎	趙　乃　章	撰　　稿　　中
柏　　拉　　圖	傅　佩　榮	撰　　稿　　中
亞　里　斯　多　德	曾　仰　如	已　　出　　版
伊　壁　鳩　魯	楊　　適	排　　印　　中
愛　比　克　泰　德	楊　　適	撰　　稿　　中
柏　　羅　　丁	趙　敦　華	撰　　稿　　中
聖　奧　古　斯　丁	黃　維　潤	撰　　稿　　中
安　　瑟　　倫	趙　敦　華	撰　　稿　　中
安　　薩　　里	華　　濤	撰　　稿　　中
伊　本・赫　勒　敦	馬　小　鶴	已　　出　　版
聖　多　瑪　斯	黃　美　貞	撰　　稿　　中
尼　古　拉・庫　薩	李　秋　零	撰　　稿　　中
笛　　卡　　兒	孫　振　青	已　　出　　版
蒙　　　　田	郭　宏　安	撰　　稿　　中
斯　賓　諾　莎	洪　漢　鼎	已　　出　　版
萊　布　尼　茨	陳　修　齋	已　　出　　版

世界哲學家叢書（六）

書　　　　　名	作　　者	出　版　狀　況
牛　　　　　頓	吳　以　義	撰　稿　中
培　　　　　根	余　麗　嫦	撰　稿　中
托馬斯・霍布斯	余　麗　嫦	已　出　版
洛　　　　　克	謝　啓　武	排　印　中
巴　克　萊	蔡　信　安	已　出　版
休　　　　　謨	李　瑞　全	已　出　版
托馬斯・銳德	倪　培　林	撰　稿　中
梅　里　葉	李　鳳　鳴	撰　稿　中
狄　德　羅	李　鳳　鳴	撰　稿　中
伏　爾　泰	李　鳳　鳴	已　出　版
孟　德　斯　鳩	侯　鴻　勳	已　出　版
盧　　　　　梭	江　金　太	撰　稿　中
帕　斯　卡	吳　國　盛	撰　稿　中
達　爾　文	王　道　遠	撰　稿　中
施萊爾馬赫	鄧　安　慶	撰　稿　中
康　　　　　德	關　子　尹	撰　稿　中
費　希　特	洪　漢　鼎	已　出　版
謝　　　　　林	鄧　安　慶	已　出　版
黑　格　爾	徐　文　瑞	撰　稿　中
叔　本　華	鄧　安　慶	撰　稿　中
祁　克　果	陳　俊　輝	已　出　版
尼　　　　　采	商　戈　令	撰　稿　中
彭　加　勒	李　醒　民	已　出　版
馬　　　　　赫	李　醒　民	已　出　版
迪　　　　　昂	李　醒　民	排　印　中

世界哲學家叢書 (七)

書　　　　名	作　　者	出　版　狀　況
費　爾　巴　哈	周　文　彬	撰　稿　中
恩　格　斯	李　步　樓	撰　稿　中
馬　克　斯	洪　鎌　德	撰　稿　中
普　列　哈　諾　夫	武　雅　琴	撰　稿　中
約　翰　彌　爾	張　明　貴	已　出　版
狄　爾　泰	張　旺　山	已　出　版
弗　洛　伊　德	陳　小　文	已　出　版
阿　德　勒	韓　水　法	撰　稿　中
史　賓　格　勒	商　戈　令	已　出　版
布　倫　坦　諾	李　　河	撰　稿　中
韋　　伯	韓　水　法	撰　稿　中
卡　西　勒	江　日　新	撰　稿　中
沙　　特	杜　小　真	撰　稿　中
雅　斯　培	黃　　藿	已　出　版
胡　塞　爾	蔡　美　麗	已　出　版
馬克斯・謝勒	江　日　新	已　出　版
海　德　格	項　退　結	已　出　版
高　達　美	嚴　　平	撰　稿　中
漢　娜　鄂　蘭	蔡　英　文	撰　稿　中
盧　卡　契	謝　勝　義	撰　稿　中
阿　多　爾　諾	章　國　鋒	撰　稿　中
馬　爾　庫　斯	鄭　　湧	撰　稿　中
弗　洛　姆	姚　介　厚	撰　稿　中
哈　伯　馬　斯	李　英　明	已　出　版
榮　　格	劉　耀　中	已　出　版

世界哲學家叢書（八）

書　　　　　名	作　　者	出　版　狀　況
柏　　　　格　　　　森	尚　建　新	撰　　稿　　中
皮　　　亞　　　傑	杜　麗　燕	已　　出　　版
別　爾　嘉　耶　夫	雷　永　生	撰　　稿　　中
索　洛　維　約　夫	徐　鳳　林	已　　出　　版
馬　　　賽　　　爾	陸　達　誠	已　　出　　版
馬　　　利　　　丹	楊　世　雄	撰　　稿　　中
梅　露　·　彭　迪	岑　溢　成	撰　　稿　　中
阿　爾　都　塞	徐　崇　溫	撰　　稿　　中
葛　　　蘭　　　西	李　超　杰	撰　　稿　　中
列　　　維　　　納	葉　秀　山	撰　　稿　　中
德　　　希　　　達	張　正　平	撰　　稿　　中
呂　　　格　　　爾	沈　清　松	撰　　稿　　中
富　　　　　科	于　奇　智	撰　　稿　　中
克　　　羅　　　齊	劉　綱　紀	撰　　稿　　中
布　拉　德　雷	張　家　龍	撰　　稿　　中
懷　　特　　海	陳　奎　德	已　　出　　版
愛　因　斯　坦	李　醒　民	撰　　稿　　中
玻　　　　　爾	戈　　革	已　　出　　版
卡　　　納　　　普	林　正　弘	撰　　稿　　中
卡　爾　·　巴　柏	莊　文　瑞	撰　　稿　　中
坎　　　培　　　爾	冀　建　中	撰　　稿　　中
羅　　　　　素	陳　奇　偉	撰　　稿　　中
穆　　　　　爾	楊　樹　同	撰　　稿　　中
弗　　　雷　　　格	王　　路	已　　出　　版
石　　　里　　　克	韓　林　合	已　　出　　版

世界哲學家叢書 (九)

書　　　　　名	作　　　者	出　版　狀　況
維　根　斯　坦	范　光　棣	已　　出　　版
艾　　耶　　爾	張　家　龍	已　　出　　版
賴　　　　　爾	劉　建　榮	撰　　稿　　中
奧　　斯　　丁	劉　福　增	已　　出　　版
史　　陶　　生	謝　仲　明	撰　　稿　　中
馮　·　賴　特	陳　　　波	撰　　稿　　中
赫　　　　　爾	馮　耀　明	撰　　稿　　中
帕　爾　費　特	戴　　　華	撰　　稿　　中
梭　　　　　羅	張　祥　龍	撰　　稿　　中
愛　　默　　生	陳　　　波	撰　　稿　　中
魯　　一　　士	黃　秀　璣	已　　出　　版
珀　　爾　　斯	朱　建　民	撰　　稿　　中
詹　　姆　　斯	朱　建　民	撰　　稿　　中
杜　　　　　威	葉　新　雲	撰　　稿　　中
蒯　　　　　因	陳　　　波	已　　出　　版
帕　　特　　南	張　尚　水	撰　　稿　　中
庫　　　　　恩	吳　以　義	排　　印　　中
費　耶　若　本	苑　舉　正	撰　　稿　　中
拉　卡　托　斯	胡　新　和	撰　　稿　　中
洛　　爾　　斯	石　元　康	已　　出　　版
諾　　錫　　克	石　元　康	撰　　稿　　中
海　　耶　　克	陳　奎　德	撰　　稿　　中
羅　　　　　蒂	范　　　進	撰　　稿　　中
喬　姆　斯　基	韓　林　合	排　　印　　中
馬　克　弗　森	許　國　賢	已　　出　　版

世界哲學家叢書（十）

書　　　　　　　名	作　　　者	出　版　狀　況
希　　　　　　　克	劉　若　韶	撰　　稿　　中
尼　　布　　爾	卓　新　平	已　　出　　版
默　　　　　　　燈	李　紹　崑	撰　　稿　　中
馬丁・布伯	張　賢　勇	撰　　稿　　中
蒂　　里　　希	何　光　滬	撰　　稿　　中
德　　日　　進	陳　澤　民	撰　　稿　　中
朋　諤　斐　爾	卓　新　平	撰　　稿　　中